全世界无产者，联合起来！

# 邓小平文选

## 第一卷

人民出版社

**图书在版编目(CIP)数据**

邓小平文选　第一卷/邓小平著. －2 版.
－北京:人民出版社,1994.10(2008.12 重印)
ISBN 978－7－01－002067－9

Ⅰ.邓…　Ⅱ.邓…　Ⅲ.邓小平－选集
Ⅳ.D2－0

**邓　小　平　文　选**

DENG XIAOPING WENXUAN

**第　一　卷**

人民出版社 出版发行
(100706　北京朝阳门内大街 166 号)
北京新华印刷有限公司印刷　新华书店经销

1989 年 5 月第 1 版　1994 年 10 月第 2 版
2008 年 12 月北京第 19 次印刷
开本:787 毫米×1092 毫米 1/32　印张:12.25　插页:1
字数:263 千　印数:597,101－605,100 册

ISBN 978－7－01－002067－9　定价:16.50 元

邮购地址 100706　北京朝阳门内大街 166 号
人民东方图书销售中心　电话 (010)65250042　65289539

邓小平

# 第二版出版说明

《邓小平文选(一九三八——一九六五年)》于一九八九年出版。现经作者同意,出版第二版,改称《邓小平文选》第一卷。

本卷第二版增补了四篇著作,主要是作者担任中共中央总书记期间的讲话。全书共收入四十三篇著作。

第二版对正文作了个别文字、标点的订正,并且增补了一些新的注释。

**中共中央文献编辑委员会**

一九九四年七月

# 出 版 说 明

这本文选,收入了邓小平同志在一九三八年至一九六五年这段时间内的重要文章、讲话,共三十九篇。多数是过去没有公开发表过的。

邓小平同志的这些著作,集中了他在“文化大革命”以前的主要言论,反映了他在抗日战争、解放战争、建国后十七年这几个历史时期,对军事、政治、经济、党的建设等方面作出的贡献。他的这些思想、理论,是毛泽东思想的组成部分,对学习研究党的历史有重要意义,特别是其中一些富有创造性的思想,对今天我国正在进行的社会主义建设和改革,将有重要的借鉴作用。

本书编辑过程中,对有些文稿作了少量的文字和事实的订正,对讲话记录稿则进行了文字整理。所有文稿均经作者本人审定。

**中共中央文献编辑委员会**

一九八九年一月

# 目　录

# 动员新兵及新兵政治工作*

（一九三八年一月十二日）

## 一

当前的战局，是处于暂时的局部的失利的境况，决不是抗日自卫战争的最后失败。战争的最后胜败，要在持久抗战中去解决。

今天的战争，要求我们充分运用半年抗战的宝贵经验。不仅应研究战略战术，而且还应以最大努力，利用一切可能，动员广大民众加入军队，补充现有兵团，组织新的部队，积蓄与扩大国家的武装力量，以支持长期艰苦的战争。

没有疑问的，中华民族的儿女，是要站在最前线与日寇拼命的，他们是能够以自己的血肉，换取民族的解放的。但这并不是说我们动员新兵的工作，没有任何的困难。首先，是由于历史上"好子不当兵"的传统观念我们还未能给以有力的克服；其次，是由于过去对民众缺乏民族的教育特别是抗日的教育，甚至在抗战爆发后，这一重大的工作，依然表现着异常的

* 本文刊载于一九三八年二月十二日国民革命军第十八集团军总政治部出版的《前线》周刊第三、四期（合刊）。邓小平同志作此文时任八路军政治部副主任。不久，调任第一二九师政治委员。

不够；第三，是由于我们今天征调壮丁的方式，还不无强迫的错误，这种错误的继续，造成了动员新兵的极大困难，且使入伍者缺乏坚定的意志与作战的勇气，甚至还可造成民众与政府、军队的对立，给日寇、汉奸以活动的口实与机会；最后，也由于对抗日军人家属的困难，没有切实实行政府所颁布的优待办法，给以最低限度的解决，使前线战士能够抛开家庭的顾虑而安心作战，并以这样的影响提高民众加入军队的决心和勇气。

假如我们冷静地回顾几个月来征调兵员的经验，我们当可看到在某些地区，正因为有了上述的缺点和错误，致使民众不能充分认识国家已经到了存亡绝续的关头，以最高的民族仇恨，奔赴抗日的前线，反会产生和增长避免兵役的心理。这种结果，将使民众不能充分了解政府积蓄与扩大国防力量，以争取抗战最后胜利的方针之重要，反会在部分人民中增加对于政府的不满情绪。这种结果，将使民众不能充分认识前线官兵的艰苦奋斗与国与家的关系，而热烈地拥护和慰劳军队，实现大革命〔1〕时代军民一致的优良传统，来争取抗战的最后胜利，反会增加部分民众厌恶军队不愿当兵的观念。日寇、汉奸、托派〔2〕之辈，则更利用这些缺点和错误，来进行其挑拨煽惑的阴谋，企图造成民变，以威胁和扰乱抗日的后方。这些严重的现象，即使是在一个两个村庄发生出来，即使在一极小部分民众中表现出来，已经足够引起我们的最高警惕了！

不错，这一时期的征调工作，已有其相当的成绩，前线军队一般地得到了相当的补充，但这决不能成为一种根据，认为我们还可以继续那些不好的征调方式。它纵然可以供给一时的补充，但绝不能满足长期抗战的需要。只有纠正那些不妥当的方式，才能保证今后动员任务的实现。

## 二

我们指出由于征调方式的不当，而可能产生的不好结果与影响，其意义不在于消极的批评，而在于如何去纠正，采取好的动员方式，使前线能够得到源源不绝的补充，益能组织足够数量的新军队。

必须了解，全国民众对日寇的侵略是深恶痛绝的，只要我们能采取较好的方式，去诱导他们，鼓动他们，必定能够很快地打破部分民众中的不健康的心理，必定能够鼓起他们最大的决心与勇气，自动地奔上前线，鼓励自己的夫、子、兄、弟上前线，为光荣的民族解放事业而战斗。这从某些区域进行动员工作收到显著成绩的例子中，可以充分地证明出来。

这些动员较好的区域，给我们显示出了一些可贵的经验。

在那里，进行了充分的宣传鼓动工作。运用了各种宣传的武器——戏剧、歌曲、壁报、群众大会、小的飞行演讲、个别谈话等等方法，向群众说明目前形势和生路，揭露敌人的残暴。经过广泛而深入的宣传后，民众的抗日热情很快地激发起来，自动加入军队的踊跃，是远远超过强征的效果。

在那里，进行了团结抗日积极分子与在群众中有信仰的分子（不是投机想升官发财的那些人）的工作，经过他们去进行招募，常常收效极大。

在那里，进行了抗日军人家属中的工作，召集了各军军人的家属开会，有可能时甚至举行会餐，向他们宣传解释各种抗日的问题，说明他们的光荣，给以光荣牌匾，并征询他们的意见。对于他们的困难，已在可能的范围内，向当地政府或民众团体提出意见，求得部分的解决。这些工作的结果，给了一切人民以抗日军人家属光荣的榜样，创造了不少妻子送丈夫、父母送儿子、哥哥送弟弟参加军队的新模范。

在那里，动员了政府和民众团体，来协同地进行这一工作，推动了这些组织进行宣传、慰劳与欢迎新兵上前线的工作。

在那里，驻扎的军队，首先起到了模范的作用。军队本身有了模范的纪律，与民众建立了密切的关系，举行军民联欢晚会，请民众吃饭（常是以连队为单位每家请一人代表）。这些工作给了民众以最切实的影响，使他们从经验中改变了惧怕军队的心理和“好子不当兵”的观念，给了政府与军队招募新兵以便利。

在那里，军队中已动员了自己的战士去进行招募工作。只要保证自己的战士不会扰民，态度和蔼，所收成绩常常是可观的。

最后，在那里，有些地区是处在敌人的后方侧翼，或者处在时常被敌侵扰的范围内，他们充分地运用了组织游击队的方式，动员敌人后方我接敌区域的群众进行广泛的游击战争。这些游击队本身的壮大与战斗力的增强，还逐渐成为正规的劲旅，实际上扩大了国防的力量；甚至在可能的时机，在不妨害与削弱游击战争的开展之条件下，还可动员一些游击部队加入正规的军队。这一方式的运用，在今天不少领土变为敌人后方的条件下特别重要，既是增强国防军队的一种良好手段，在持久抗战的战略上更有极伟大的意义。

我们热望全国一切军队能够得到适时的补充与扩大。在全国的征兵制还没有可能实施以前，我们盼望政府和军队都能运用这些经验。固然这些经验仍然是不充分的，但是只要我们毅然地抛弃强征的手段，而着眼于宣传、教育、组织、影响等等动员民众的方式，新的经验将不断地创造出来，动员的收获也必然日益丰富起来。

## 三

动员新兵的责任，在于一方面保证动员计划的完成，一方面还要从政治工作上，保证这些新战士具有高度的热情和自动性而开赴前线，这对于军队战斗力的提高，有非常重大的意义。这一工作依靠于动员机关和军队本身协同地完成。

用不良方式征调新兵，巩固部队与提高战斗力的工作自然是极困难的，急需接收新兵的部队，以坚强的政治工作，去弥补征调时的缺点。即是用好的动员方式征调新兵，也不能丝毫忽视这一工作。

必须认识，新战士在昨天还是一个老百姓，家庭的观念是浓厚的，部队的生活是不习惯的，军事技术是不懂得的。为着巩固新战士，使他们很快地习惯部队生活，很快地成为熟练的战士，我们必须进行许多切实而艰苦的工作。

我们不能同意这样的观点，以为完全用长官的严厉统制办法，就可以达到上述目的。固然，军队的严格的纪律与合理的统御是必需的，但是不够的，还要求政治工作的配合。我们不仅要武装战士的手足，尤其重要的是武装战士的头脑。完全采用压制的办法，其结果，纵然可以在表面上收到一些效果，也绝不是巩固的，更不会发扬战士的自动性，从战士自己的觉悟中发生出无比的战斗威力，尤其不能在任何困难环境中还会保持一致以支持艰苦的斗争。

政治工作，在巩固新战士与提高其战斗力上，是应该而且能够发挥其极大作用的。

在接收新兵的时候，必须协同征募机关，举行隆重的慰劳与欢送；在开赴前线的途中，尽可能组织沿途群众的欢迎与欢送；并在接收部队举行热烈的欢迎。

新战士到达部队之后，应首先了解征募时的情形，战士的情绪，以及可能发生的问题，针对这些，进行及时的解释，特别是立即加强抗日的教育，提高新战士的觉悟。

在部队中，应动员老战士，提倡友爱的精神，发动老战士帮助新战士学习军事和政治，反对老兵欺侮新兵的现象。同时，注意新战士的伙食及衣物的供给，尽可能减少新战士的困难与苦痛，使新战士的精神感到愉快。这是巩固部队的重要因素。

提倡合理的统御，采取更多的教育说服方式，推动新战士自觉地遵守纪律，努力学习。

提倡战士写信回家，告诉自己在部队的愉快生活，宣传家属抗日救国。允许战士家属到营地看望，并给家属以很好的安慰和招待。

做好这些工作，不仅可以补足动员时的弱点，且可生长将来动员的新的力量。我们希望做政治工作的同志，能以最大的努力去进行，我们还希望军事长官也能给政治工作以赞助。

新兵动员方式的改善，与部队政治工作的加强，将配合着战略战术的进步，锻炼出最大数量的有优良技术的有最高战斗力量的国防军队，最后战胜日本帝国主义。

# 党与抗日民主政权*

（一九四一年四月十五日）

## 一　三三制政权的实质是民主

三三制[3]的抗日民主政权原则，为我党中央所提出的真实政策，已取得广大群众的拥护，尤应为全党同志所奉行。因为这种政权表现为几个革命阶级对汉奸、亲日派、反动派的联合专政，既能合乎统一战线原则，团结大多数以与日寇、汉奸、亲日派、反动派进行斗争，又能保证由共产党员与进步势力结合起来的优势，所以这不仅是今天敌后抗战的最好政权形式，而且是将来新民主主义共和国所应采取的政权形式。

三三制政权具体的内容是什么呢？

第一，在组织形式上，无论行政机关或民意机关，共产党员只占三分之一或少于三分之一，进步势力占三分之一，中间势力占三分之一。在民意机关中，还可吸收少数右派分子参加。同时因为村是政权的基础，村长一级的共产党员，可以多于三分之一，但必须以村代表会、村工作人员中党员少于三分

* 本文刊载于中共中央北方局一九四一年四月十五日出版的《党的生活》第三十五期。

之一的比例，以为调剂。

第二，在政策性质上，必须照顾一切抗日阶级和阶层的利益，即照顾这一阶级，还要照顾那一阶级，必须放在争取多数、反对少数的基础上。对各个抗日党派都要保障其合法存在的自由权利。

第三，既是几个革命阶级的联合专政，既是在政权中有各个抗日阶级抗日党派的代表参加，就必然在政权中反映出不同的利益、不同的政治立场、不同党派阶级的民主政治的斗争。我们不但不惧怕这种民主政治斗争，而且要发展这样的民主政治斗争，因为它对于我们是有利无害的。

第四，既是几个革命阶级的联合专政，就必然产生政权中的优势问题。我党必须要掌握这种优势，所以产生了我党对政权的领导问题。优势从何而得？一方面从组织成分上去取得，这在三三制原则本身是包含着的；但更基本的是从民主政治斗争中去取得，即是说，主要从依靠于我党主张的正确，能为广大群众所接受、所拥护、所信赖的政治声望中去取得。确切地说，党的优势不仅在于政权中的适当数量，主要在于群众的拥护。民主政治斗争可以使党的主张更加接近群众，可以使群众从自己的政治经验中更加信仰我党。所以，只有民主政治斗争，才能使我党取得真正的优势。

由此可见，三三制政权的实质是民主问题。党在领导政权工作时，必须贯彻民主的精神。否则，即使你努力保证了党员不超过三分之一，也还是表现着对三三制的怠工。

## 二 反对“以党治国”的观念

假如说中国是一个半封建的缺乏民主的国家，则反映到党内的是：共产党员一般缺乏民主的习惯，缺乏民主政治斗争的常识与锻炼。

假如说西欧共产党带有若干社会民主党的不良传统，则中国党或多或少带有一些国民党的不良传统。某些同志的“以党治国”的观念，就是国民党恶劣传统反映到我们党内的具体表现。

党提出三三制的政策之后，在我们晋冀豫区，曾遭受到党内一部分人的抵抗，这也是忽视民主和“以党治国”的观念在作怪。最近虽有不少转变，但彻底纠正这种错误观念，还需要一个教育与斗争的过程。

几年来，“以党治国”的思想曾经统治了某些区域，甚至有些区域的领导同志还长期存在着这种顽固的思想。它所造成的恶果也不小，主要表现为：

第一，这些同志误解了党的优势，以为党员包办就是绝对优势，不了解真正的优势要表现在群众拥护上。把优势建筑在权力上是靠不住的。“一二九”北平学生运动〔4〕时，宋哲元〔5〕用了自己的权力——军队、监狱、警察、大刀、水龙去对付革命的学生，试问我们能说当时的优势是在宋哲元手上吗？这当然是说不通的。过去我们有些高唱优势的同志，认为共产党员占多数了，天下是我们的了，因而可以为所欲为了，于是许多过左的错误由之而生，中间分子对我不满，进步分子非常不安，群众对党的舆论也不好。除了阿Q主义者，谁能说党已经有了优势！

第二，这些同志误解了党的领导，把党的领导解释为“党权高于一切”，遇事干涉政府工作，随便改变上级政府法令；不经过行政手续，随便调动在政权中工作的干部；有些地方没有党的通知，政府法令行不通，形成政权系统中的混乱现象。甚有把“党权高于一切”发展成为“党员高于一切”者，党员可以为非作歹，党员犯法可以宽恕。其结果怎样呢？结果非党干部称党为“最高当局”（这是最严酷的讽刺，不幸竟有人闻之沾沾自喜！），有的消极不敢讲话，有的脱离我们以至反对我们，进步分子则反为我忧虑。结果群众认为政府是不中用的，一切要决定于共产党。于是要钱的是共产党，要粮的是共产党，政府一切法令都是共产党的法令，政府一切错误都是共产党的错误，政府没有威信，党也脱离了群众。这实在是最大的蠢笨！结果党的各级指导机关日趋麻木，不细心地去研究政策，忙于事务上的干涉政权，放松了政治领导。结果党员“因党而骄”，在政权中工作的党员自高自大，盛气凌人，自以为是，看不起非党员，自己可以不守法，不遵守政权的纪律和秩序。甚有少数党员自成一帮，消极怠工，贪污腐化，互相包庇。于是投机分子混入党内，从各方面来破坏党。几年来，我们在这方面是吃了不少亏的。

第三，这些同志尚简单避复杂，主要是他们自己不相信自己的主张正确，怕见人，怕通不过，以为一切问题只要党员占多数，一举手万事皆迎刃而解。殊不知这是麻痹党腐化党的使党脱离群众的最好办法。首先是关起门来决定复杂的政策问题，必然发生错误；其次是把非党干部、把群众看成任人摆弄的傀儡，必然脱离群众，引起群众的反对；再次是党和党员都会因此麻痹，失掉对于新事物的知觉，而逐渐腐朽。民主政治的好处，正在于它能够及时反映各阶级各方面的意见，使我们能够正确地细心地去考虑问题决定问题；它能够使我们从群众的表现中去测验我党的政策是否正确，是否为群众所了解所拥护；它能够使我们对事物感觉灵敏，随时具有高度的警惕性；它能够使我们党得到群众的监督，克服党员堕落腐化的危险，及时发现投机分子以及破坏分子而清洗出党；它能在民主政治斗争中提高党员的斗争能力，使党更加接近群众，锻炼党使党成为群众的党。

总之，“以党治国”的国民党遗毒，是麻痹党、腐化党、破坏党、使党脱离群众的最有效的办法。我们反对国民党以党治国的一党专政，我们尤要反对国民党的遗毒传播到我们党内来。

## 三 党对政权是采取指导与监督政策

然则党对抗日民主政权的正确领导原则是什么呢？是指导与监督政策。这就是说，党对政权要实现指导的责任，使党的主张能够经过政权去实行，党对政权要实现监督的责任，使政权真正合乎抗日的民主的统一战线的原则。党的领导责任是放在政治原则上，而不是包办，不是遇事干涉，不是党权高于一切。这是与“以党治国”完全相反的政策。

指导与监督政策的具体运用是：

第一，党要细心地研究政策，正确地决定政策，并经过行政机关或民意机关中的党团〔6〕，使党决定的政策成为政府的法令和施政方针。党的指导机关只有命令政府中党团和党员的权力，只有于必要时用党的名义向政府提出建议的权力，绝对没有命令政府的权力。

第二，今天在华北的抗日民主政权中，基本上保证了党的领导与优势，党的政策一般能够保证贯彻于政府的法令中，这个特点，必须认识。因此各级党部必须研究上级政府，特别是一个战略区的高级政府(如本区的联办〔7〕)的法令指示，并根据这些法令指示去指导同级政府党团的工作。党的责任是研究上级政令运用于本区本县的具体步骤和方式方法，及时检查执行程度，以保证上级政令之实现。所以党的各级委员会应把政府的领导，放在自己经常的议事日程中。如果发现上级政令有不妥处，或有不适合于本区本县之处，也只能经过党团提到政府讨论，由政府向上级呈报理由，党也应该把这些问题迅速反映到上级党部，设法改正。但党没有任何权力去命令政权工作同志不执行上级政令，或者自己来一套。过去某些地区，政府法令没有党的同等内容的通知，等于具文；某些党的领导同志根本不愿意研究上级政府的法令指示，甚至把上级政令故意置之高阁，单凭自己的聪明去指导同级政府工作，这等于胡行乱为！这等于叫政权工作同志犯法！必须切实纠正。上级政令中既然贯彻了党的政策，所以研究政府法令就是研究党的具体政策，不应该再等待上级党部的指示。不研究抗日民主政权的法令指示，就没有资格去指导同级政权。

第三，党要切实保证三三制。在各级参议会、行政委员会的选举中，在各级政府行政人员的配备选拔中，必须切实经过党的指导作用，以保证三三制的比例。自流主义的选举，无计划的选拔，都不能得到应有的成果。在村选及区级干部配备中，尤须注意及此，且应切实保证村区长的人选，掌握在党员和进步分子（也可吸收一部分有正义感且能执行上级政府法令的中间分子）手中。

第四，既然三三制的实质是民主问题，党要教育与责成政权中的党团和共产党员，首先自己具有充分的民主精神，高度的革命热情，和蔼的态度，积极的工作，刻苦的作风，和政治家的风度。他们在政权工作中，要能够坚持党的政治立场，要能够团结非党干部，要能够以自己的模范作用去影响非党干部积极负责地工作，反对"因党而骄"。党要实现对政权指导与监督的作用，首先就要从切实指导与监督自己的党团和党员做起。

第五，既然三三制政权是几个革命阶级的专政，有各抗日阶级抗日党派的代表参加，就必然有各个不同的政见不同的立场，也就必然有政治上的争论。只要是真正地发展民主，民主政治斗争也必将大大地开展起来。民主政治斗争之开展，正是好现象，因为它可以真正表露各阶级的意见和要求，也可以暴露某些党派的实质，使群众认清其面貌。我们共产党是不怕民主政治斗争的，因为我党的主张是正确的，只有那种不相信党的主张正确的右倾机会主义者，只有那种投机分子、官僚腐化分子、贪污分子，才惧怕民主政治斗争，惧怕把党的面貌放在群众面前。所以，党要有意识地去发展民主政治的斗争，首先要纠正某些同志中的武断不民主的错误，要使非党干部敢于讲话，讲所欲讲，敢于工作，不对我疑惧。做到这一步，那不仅民主政治开展有了内容，而且政府威信和工作效率都会大大提高起来。

第六，党要教育党员和群众，以正确的态度去对待政权，使大家懂得，今天的抗日民主政权不同于过去地主资产阶级专政的政权，全体人民对于抗日民主政权都应采取绝对拥护的态度。在人民中，要养成遵守抗日民主政权法令的习惯。在政权中工作的同志，要遵守政权的纪律和秩序，反对混乱现象，反对不尊重上级政权的行为。地方党、群众团体和军队的责任，是要扶植与帮助提高政权的威信，党和群众团体绝对没有捕人杀人等权力，不能对政府采取干涉的行为，军队不许把政府当作支差机关。也有这样的情形，个别地区的某些政府，不能保证接受党的领导，制定一些错误的法令，做一些违反人民利益违背统战原则的事情。现在有些区村政权就是这样。在实行民选之后，这种现象还有可能发生。在这样情形下，我们的态度应该是拥护而不是反对这个抗日民主政权，但是反对它的某一项错误的法令，反对某一个坏的行政人员。而且解决这样问题的办法也要适当。有的可采取政权内部斗争的方式，有的可采取在群众中作公开斗争的方式，有的可采取局部改组的方式，有的可采取公民罢免重新选举的方式，有的可采取自上而下的方式，有的可采取自下而上的方式，总以能教育群众、纠正错误、保证党的领导为原则。在解决这些问题时，绝不能采取非民主的不正当的方式，即使他是一个反革命，也必须经过民主斗争或合法手续，才能加以逮捕与处理，否则有害无益。

第七，党的指导机关要定期讨论政策，讨论法令，检查党团工作，要有专门同志管理政府党团和政府机关支部的工作。党对党团的指导也应放在政治原则上，给党团以灵活运用的余地，不可涉及细微，这样才能培养党团的能力。党对政府工作同志的理论学习、个人操守和党性锻炼，必须注意，遇有错误，及时纠正。但在公开场合，必须注意培养这些同志的威信。

## 四 党团的运用

为了保证党对政权的领导，为了统一党员在政府中的步调，在县以上的民意机关或行政机关中均应组织党团，由同级党部指定几个负责干部组成，人数以不超过七人为好，在同级党的指导与管理下（上下级党团不发生关系），执行下列任务：

第一，受领党给予的训令、命令和指示，把党的政策，党的决定，依靠自己的努力，取得行政机关或民意机关的同意，把党的主张变成政府的主张，并使之见诸实行。

第二，善于在政治原则下，团结共事的非党干部，让他们充分理解、乐于接受、赞助和执行我们的政策主张，大大发挥自己的工作积极性，并经过他们去达到团结各阶级各抗日党派，团结大多数之目的。

第三，利用一切机会扩大党的影响，解释与阐明党的主张；高度地发挥抗日民主政权的作用，提高其威信，真正做到政民一致，以加强反对日寇汉奸政权的斗争。同时，不放松一切机会反对一切破坏共产党和抗日民主政权的行为。

第四，指导在政府中工作的党员，统一党的行动。定期向同级党部报告党团的工作，并将自己在政权工作中的经验，发生的问题，党的政策主张在群众中在社会各阶层中的反应等等，迅速反映到党的指导机关，帮助党加强对政权的指导。

为着实现上述任务，党团同志的工作方式，必须注意下列问题：

甲、要民主。各种重要问题都要经过政府正式会议讨论，一般问题也要尽量征求非党干部的意见，取得大家的同意。比如当县长的同志，切不可大权在握，一切武断独断，要多找一些人商量，各科的事要经过各科去办，大胆地信任非党干部去做各种工作，而加以必要的指导和检查。

乙、要能团结人。每个党员都要接近非党员，在政治上去影响他们帮助他们，同他们一块工作，一块学习，一块讨论问题，避免过去党员与非党员格格不入的现象。特别对于中间分子士绅名流，尤为重要，过去我们同志对进步分子都团结不好，对他们更差了。我们同志的态度要谦和，要诚恳，要尊重其人格，尊重其意见；不要锋芒毕露，自以为是政治家，而要善于根据不同对象去进行政治解释工作。感情的联络也是必要的，因为这对政治上的接近是有帮助的。

丙、要坚持政治立场。遇到违反统战原则的意见或反对我党的行为，我们绝不能随声附和，也不应取缄默态度，而应根据不同对象进行解释或者出而反对。这里在方式上要讲究，一般采取诚恳的解释方法，只有对方是顽固分子或另有阴谋的人，才应加以有力的反对，并且要吸收非党干部一齐去反对。如果只是党员说话，非党员旁观，那也无异于说明我们工作做得不好。在我们提出一个意见或者一个提案时，应征求一些非党员，不仅进步分子而且中间分子，同我们联名提出。这种方法不单可以密切与非党员的关系，而且可以发挥大家的积极性。要吸收非党干部参加政策法令研究，也可以请他们起草文件，但在起草前，一定要好好讨论，确定原则后再起草，否则起草后要不得，加以全部否决，也会影响到非党干部的情绪。再者所谓坚持政治立场，并非遇事固执己见。须知我们要坚持的是政治原则，不是一切细小的技术问题，细小的技术问题如与总的方向无大损害（即使有些毛病），都是允许让步的。而且还要了解，我们自己常有考虑不周之处，非党干部常有许多正确意见，所以我们应倾听和虚心地接受他们的意见。

丁、不可经常地以党的名义提出意见，尤其不能够每个党员都代表党。只有大的事件大的问题，才用党的名义提出主张。只有党正式决定的代表才有权代表党说话，提提案，或与其他党派接头。党的代表的一切言论行动更要特别慎重，他所发表的文章、演说、提案等都必须经过党委员会的审查与批准，即使来不及也应经过党团的正式讨论，事后还要报告党委员会追认。一般同志，如果他是公开的共产党员，可以一个党员的面貌进行活动；如果他是一个秘密党员，可以进步分子的面貌进行活动。

戊、为了保证党的行动一致，党团内部必须有严格的纪律。首先，对同级党委负完全责任，并接受党委的严格监督。其次，党团内部要有民主的讨论，但一经决定必须一致行动，不能有个人的自由。党团对其他负责党员（如参议会中党团对所有参议员中的党员）有指导之责，党团的决议应通知他们，他们亦必须服从党团的决议。为了求得意志统一起见，党团可召集专门会议传达党团决定（或党委决定），进行讨论，这样更能保证行动的一致。党团对于普通党员则不必发生关系，如有意见可经过政府机关支部去解决。

己、党团没有超政权的权力，没有单独下命令下指示的权力，它的一切决议，只有经过政府通过才生效力。要反对把党团变成第二政权的错误。

庚、一切政府中的共产党员，特别是负责干部，必须成为工作中的模范，这是保证党的领导的重要条件之一。

## 五 政府机关支部的工作

政府机关支部的任务，基本上与一般支部相同，它没有党团的权力和责任。过去有些机关支部变成了第二党团甚至变成第二政府，这是错误的，必须纠正。

政府机关支部与一般农村支部的对象不同，它还有其特殊的任务，而且要有比较健全的支部委员会的领导，才能实现这些特殊的任务。

政府机关支部的特殊任务是什么呢？

第一，在本机关范围内，有系统地开展统一战线工作，不断地向非党员宣传马列主义和党的主张。要通过组织本机关工作人员的读书会、研究会、救亡室（民革室、救国堂）〔8〕、座谈会、学术演讲会等方式，来实现这个任务。

第二，党员以自己的模范作用，团结与推动非党员积极负责地工作。对于不接近群众，喜欢出风头，自逞英雄，“因党而骄”等现象，必须在支部中不断地进行教育，不断地进行批评斗争。

第三，党员在政权中要奉公守法，遵守纪律。如果发生党员有犯法舞弊等行为，除了行政上应依法惩治外，党内还应给以处分。

第四，支部无权干预各种行政工作，但支部要在群众中了解群众的问题、群众的意见和舆论，以及党员非党员的表现，及时通知党团和报告党委注意。支部有权检查所属党员个人的工作，但不是检查哪一部门的工作。

第五，支部直属于由党委指定的部门管理，不属于党团指挥。但党团的决议凡涉及应动员全支部党员执行时，应通知支部，支部亦必须执行。同时支部对党团、党团对支部均有互相建议之权。为工作上的便利，党团应有一同志与支部发生经常关系，以求密切地配合一致。

第六，支部的组织是绝对秘密的，不得以支部名义进行活动。

第七，支部定期向上级党部做报告，并接受其指示。

## 六　加强民主教育

随着民主政治的开展，民主教育比任何时候还要迫切，无论在党内或在群众中，过去这点都是极其不够的。

实际的政治斗争，是党员和群众的最好锻炼。我们除在学校中、民革室中、训练班中，应注意民主政治的教育外，对每一个民主运动都要精细地布置，不可丝毫草率，要使之完全符合民主政治的要求，真正动员起广大民众来参加，动员起全党来领导。如此，才会使运动本身收到效果，也才能教育党教育群众。

最近北方局向联办提议成立晋冀豫边区临时参议会〔9〕，已经联办通过。这是一个重大的民主运动。今年的村选，明年的县选，全边区大选，都一步步地临到我们面前。而在我们各种工作中，哪一件事里面都有民主问题。我党要善于在一切工作中，一切运动中，大大发扬大众的民主主义作风，与一切不民主的现象作斗争。有了民主主义作风，才有广大的群众运动；有了广大的群众运动，才有真正的布尔什维克〔10〕的党。

我们要在民主政治斗争中，保证党对政权的领导，我们更要在民主政治斗争中，使党成为群众的党！

# 一二九师文化工作的方针任务及其努力方向*

（一九四一年五月）

我讲三个问题。

一、文化工作服从于政治任务。

无论哪一种势力或哪一种派别的文化工作，都是服从其政治任务的。

今天的中国，不管在政治上、军事上和经济上，都存在着三种不同的势力，即抗战民主派，日寇、汉奸、亲日派，和大地主大资产阶级的反共顽固派。这三种势力的斗争，也尖锐地表现在文化领域。各种势力的文化工作都是与其政治任务密切联系着的，所谓超政治的文化是不存在的。

（一）日本帝国主义和汉奸亲日派的政治目的是要把中国变为日本帝国主义的殖民地，其文化工作方针是施行奴化政策，以奴化活动和奴化教育来腐蚀我们的民族意识，消灭民族爱国思想，摧残民族气节。他们毁灭中国的文化机关，焚毁中

---

* 这是邓小平同志在八路军第一二九师全师模范宣传队初赛会上的报告要点。报告原文刊载于一九四一年六月十六日第一二九师政治部出版的《抗日战场》第二十六期。

国的民族典籍，屠杀与监禁爱国的文化人、知识分子和青年学生，建立汉奸文化机关，豢养一批汉奸文人，鼓吹东洋文化，灌输“中日亲善”、“共存共荣”、“东亚新秩序”〔11〕等奴化思想，培养奴化人才。他们提倡旧文化、旧道德、旧制度，提倡复古、迷信、盲从、落后，组织封建迷信团体等，以实施其诲淫诲盗、毒化奴化政策。他们还制造谣诼流言，散布失败情绪，推行怀柔政策，破坏我抗战法令，妄图摧毁我抗日根据地。

敌人文化侵略的方法是多样的，其特点是善于迎合落后群众与农民的心理，善于以数量掩盖其质量上的（即政治上的）基本弱点，善于不厌其烦地重复宣传某几个中心口号，善于利用时机，抓住某些具体问题来进行欺骗宣传。我们应足够估计其危险性和毒辣性，与敌展开激烈的思想战是今天的严重任务。

（二）大地主大资产阶级的反共顽固派，在政治上具有抗日的不彻底性和两面性，在文化上鼓吹买办性的封建主义旧文化。反共顽固派对外奴颜婢膝，投降妥协，对内搞封建主义。他们提倡旧思想、旧制度、旧道德，主张尊孔、复古，保存“国粹”，读经救国。压制新文化运动，摧残新文化事业，封闭进步书店，禁售进步书籍报刊，压制抗日言论，镇压与取缔人民的反帝运动。宣传反共，排除异己，反对进步，鼓励倒退。组织封建迷信团体，破坏抗日军队、抗日政府和抗日根据地。颂扬独裁政治，反对民主政治，宣传“安分守纪”、“严守国法”，使人民任其宰割。

这种买办性的封建主义旧文化，对日本帝国主义的奴化政策起了帮助的作用，对民族前途危害至大，我们是坚决反对的。

（三）抗战民主派，在政治上主张团结抗战到底，彻底解放中华民族，建立新民主主义共和国；在文化上主张新民主主义的文化，中华民族解放的文化。什么是新民主主义的文化呢？洛甫〔12〕同志说，新民主主义文化是：

“民族的，即抗日第一，反帝、反抗民族压迫，主张民族独立与解放，提倡民族的自信心，正确把握民族的实际与特点的文化；

“民主的，即反封建、反专制、反独裁、反压迫人民自由的思想习惯与制度，主张民主自由、民主政治、民主生活与民主作风的文化；

“科学的，即反对武断、迷信、愚昧、无知，拥护科学真理，把真理当作自己实践的指南，提倡真能把握真理的科学与科学的思想，养成科学的生活与科学的工作方法的文化；

“大众的，即反对拥护少数特权者压迫剥削大多数人、愚弄欺骗大多数人、使大多数人永远陷于黑暗与痛苦的贵族的特权者的文化，而主张代表大多数人民利益的、大众的、平民的文化，主张文化为大众所有，主张文化普及于大众而又提高大众。”〔13〕

我们就是新民主主义文化的传播者与实行者。我们坚决反对殖民地文化，反对买办性的封建主义文化，而为新民主主义的政治目的服务。

二、本师文化工作的方针、任务及其努力方向。

部队的文化工作是政治工作的一部分。我们政治工作的方针和任务是什么呢？就是总政治部颁布的《政治工作条例

(草案)》[14]中指出的:“在抗日战争中,第十八集团军政治工作的基本内容是提高军队的战斗力,求得官兵一致,军民一致,团结友军,瓦解敌军,以争取抗日战争的最后胜利。”这同时也是文化工作的方针和任务。其具体内容应该是:

(一)加强对敌的文化斗争,展开激烈的思想战。要经常地了解与研究敌人,及时地不懈地驳斥敌人,开展我们的政治攻势。

(二)加强民族的爱国的宣传教育。无论对本军、友军,根据地和敌占区的人民,以及伪军,都需要灌输以民族的爱国的思想,提高其民族自信心与自尊心,随时给敌人的奴化政策以有效的打击。更要激励民族气节,反对动摇变节,提高对敌斗争的勇气,树立必胜信念。

(三)积极会同地方党组织、政权机关、群众团体及地方文化机关,宣传共产党的政策和主张,解释抗战法令,推行民主政治;向敌占区人民宣传根据地的一切善政和进步设施。

(四)提倡科学,宣扬真理,反对愚昧无知、迷信落后,加强马列主义的宣传。这不管对人民群众或部队,都是同等重要的。尤其需要加强部队的文化科学知识的学习,使科学为指战员所掌握,创造现代化的正规兵团。

(五)与人民打成一片,同人民建立血肉不可分离的关系。要了解人民大众的问题,并帮助他们解决这些问题;要帮助地方文化教育工作的推行;要启发指战员对文化宣传工作的热忱,使其成为新民主主义的宣传者与组织者;宣传教育部门应协同统战部门,进行文化统一战线工作。

(六)必须用一切办法和尽一切可能供给友军以文化食粮

即书报和宣传品，考究输送的技巧。设法组织互相参观互相观摩，融洽与友军的感情，扩大交朋友工作。

（七）大大地加强对外宣传工作。要通过文艺作品、报告文学、新闻通讯、摄影、绘画等，把我们真实的战斗生活反映到国际上去，流传到华侨中去，传播到大后方去。

抗战以来，由于部队文化工作者的努力，使部队的政治文化水平向上提高了一步，也为文化艺术工作奠定了初步的基础。但是，在进行中尚有不足的地方，这是在工作发展中所难免的。发现缺点是改进的开端。这些缺点表现为：

（一）“既少作高深的研究，又未深入群众底层”，《新华日报》华北版〔15〕五月三日社论中的这两句话，正是我们文化工作缺点之写照。我们文化工作在高深的研究上是很不够的，但在深入底层，为大众所接受所把握这方面，又何尝够了呢？这具体表现在对人民群众的文化宣传工作的薄弱，以及连队救亡室〔8〕工作和文化娱乐活动的死气沉沉。这是每个文化工作者都应注意的。我们要求把普及与深造结合起来。

（二）宣传内容不善于迅速地反映和宣传某一个紧急任务，不善于很及时地批驳敌人。比如演戏，一般是反映过去的事，这就不能使我们的文化宣传工作与当前形势配合起来，成为打击敌人的有力武器。为了及时，虽然我们有的作品在某些地方难免有些粗糙，但在宣传效果上来说是有意义的。

（三）某些作品缺乏丰满的现实内容和生动的艺术性，缺乏强烈的政治性，有的甚至与政治原则还有抵触之处，起了不好的作用。宣传形式不够大众化，往往不为群众所熟悉所喜闻乐见，也不善于多方面地多样地表现政治内容，有时在表现急遽多变的现实上显得无能。在形式的发展上应有两方面，一方面是向比较复杂的高级的形式发展，另一方面则应向比较简单的普及的形式发展。采用旧形式反映新内容的方法也是必要的，因旧形式在民间具有根深蒂固的潜势力，深为群众所喜爱，且其本身亦有可利用的价值。但采用旧形式必须以表现现实内容为主，方法则应是批判的有选择的利用。

（四）对文化工作者的创造性发挥得不够，同时对后起的文化工作者的培养工作也做得不够，致使今天部队有文化干部荒的现象，使连队文化宣传工作受到影响。

（五）对外宣传工作显得极微弱，“打哑巴仗”的现象严重存在，经常用各种方法对外宣传我们的战斗生活大为不够。我们虽设有随军记者，但由于大部分记者兼管编辑，以致影响了新闻采访工作。政治机关对此项工作具体指导不够，也是对外宣传工作削弱的一个原因。今后随军记者、旅的文艺组及政治机关，应加紧弥补对外宣传工作的缺陷，全师同志都应一致为加强这项工作而努力。

造成这些缺点的原因主要是：各级政治机关对文化工作的重要性及其特点认识得不够，对文化工作的指导做得不充分。某些地方对文化工作者的工作条件注意得不够，没有充分发挥他们的才能。吸收知识分子的工作也做得不够。文化工作者不够群众化，尚缺乏部队工作和群众工作的经验，致使文化工作被限制于狭隘的范围中，不能为大众所掌握。

今后部队文化工作应该怎样做？我没有很好地研究，只提几点意见：

（一）要同一切轻视文化工作的倾向作斗争，并应克服文化工作不大众化的现象。要经常鼓励文化工作者的工作热忱，大大发挥他们的积极性和创造性，使文化运动普及到连队中去，深入到群众中去，真正做到大众化。

（二）要造就大批的青年文化工作者，同时要提高原有文化工作者的素养。加强他们在文艺方面的修养和政治学习，给以必需的可能的工作条件，帮助他们渗透到现实的底层里去，更充分地发挥其才干，使他们能够真正担负起部队文化运动的组织和领导工作。

（三）文化工作者要不断增强自己在政治、文艺方面的修养和实际工作的锻炼，以提高自己，充实自己。应深切了解：只有提高政治素养，才能提高对文化工作的积极性与创造性，只有具有强烈的政治性和丰满的现实性之艺术品，才能有高度的艺术价值。作品要反映部队和根据地的现实，适合于现实的需要，就要既提高创作水准，又深入大众。提高自己，向大众普及文化，需要政治与文化的密切结合。

（四）文化工作者要具有虚心学习、认真探讨的态度。要将自己的作品就教于大众，倾听大众的意见。现实是一天天发展的。为了更有效地开展工作，学习是绝对不能少的，而要想学到一些东西，就要虚心，不虚心的人是会一无所成的。互相探讨是集思广益的好办法，一个作品经过大家研究和讨论，是会更臻完善、收效更大和不易发生毛病的。能接受别人意见，才能使自己进步。我们现有的文化工作者，一般说工作还仅仅入门，只有虚心学习，将来才会有伟大的成就。

三、关于宣传队工作。

宣传队是部队文化工作的基本队伍。努力提高自己，努力追求深造，努力做文化普及工作，都是万分必要的。要使宣传员成为文化教育的得力干部，使宣传队成为新民主主义革命的先锋军。

宣传队是培养干部的学校。不仅要培养文化工作的干部，还要培养政治工作的干部。在调动或提升宣传队的干部时，领导机关要照顾到宣传队的工作，切忌调之一空。宣传队的负责同志也要舍得让干部出去发展。总之，大家都要从大局着眼。

今后，宣传队在政治机关的宣传教育部门领导下要完成以下任务：

（一）组织部队的文化娱乐工作，帮助政治机关检查连队政治工作，帮助宣传教育部门检查连队宣教工作。要面向连队，深入连队，了解连队，加强实际工作的锻炼。

（二）要进行战时宣传鼓动工作，在任何情况下都应不间断地进行宣传鼓动工作。

（三）要推动并帮助连队不间断地进行对群众的宣传鼓动工作。

（四）要与地方文化工作者、小学教员等取得密切联系，建立广泛的文化统一战线，推动与帮助地方的文化运动。

（五）要努力学习，提高政治文化水准，提高工作技能，不断增进新的知识。

# 庆祝刘伯承同志五十寿辰*

（一九四二年十二月十五日）

热爱国家，热爱人民，热爱自己的党，是一个共产党员必须具备的优良品质。我们的伯承〔16〕同志不但具备了这些品质，而且把他的全部精力献给了国家、人民和自己的党。在三十年的革命生活中，他忘记了个人的生死荣辱和健康，没有一天停止过自己的工作。他常常担任着最艰苦最危险的革命工作，而每次都是排除万难，完成自己的任务。他为国家和人民的解放事业负伤达九处之多。他除了国家和人民的福利，除了为党的事业而努力，简直忘记了一切。在整个革命过程中，他树立了不可磨灭的功绩。

我同伯承同志认识，是在一九三一年，那时我们都在江西中央苏区〔17〕。后来都参加了长征〔18〕。而我们共事，是在抗战以后。五年来，我们生活在一块，工作在一块。我们之间感情是很融洽的，工作关系是非常协调的。我们偶然也有争论，但从来没有哪个固执己见，哪个意见比较对，就一致地做去。我们每每听到某些同志对上下、对同级发生意气之争，遇事总以为自己对，人家不对，总想压倒别人，提高自己，一味逞英雄，

---

* 本文刊载于《新华日报》华北版一九四二年十二月十五日《特刊》。

充“山大王”,结果弄出错误,害党误事。假如这些同志一切从国家、人民和党的利益出发,而不是从个人的荣誉地位出发,那又怎么会犯这样的错误呢?伯承同志便是不断地以这样的精神去说服与教育同志的。

伯承同志对于自己的使命,是兢兢业业以求实现的。过去的事情不用谈它,单以最近五年来说,奉命坚持敌后抗战,遵行三民主义〔19〕、抗战建国纲领〔20〕和党的政策,未尝逾越一步。他对于上级命令和指示,从未粗枝大叶,总是读了又读,研究了又研究,力求适应于自己的工作环境而加以实现,在实行中,且时时注意着检查,务使贯彻到底。“深入海底”,差不多是他日常教导同志的口语。

伯承同志热爱我们的同胞,每闻敌人奸掳烧杀的罪行,必愤慨形于颜色;听到敌人拉壮丁,便马上写出保护壮丁的指示;听到敌人抢粮食,马上就考虑保护民食的办法;听到敌人烧房子,马上提倡挖窑洞,解决人民居住问题;听到了有同志不关心群众的利益,便马上打电话或电报加以责备。还是不久前的事情吧,他看到村外的道路被水冲坏了,行人把麦地变成了道路,他便马上督促把路修好,麦地得到了保全。这类的事情,在他身上是太多了。他不仅率领着自己的部队,从大小数千次的血战中,来保护我们国家的土地和人民的生命财产,而且在日常的生活中,处处体现着共产党员热爱国家和人民的本色。

伯承同志热爱自己的同志,对干部总是循循善诱,谆谆教诲,期其进步。他同同志谈话的时间很多,甚至发现同志写了一个错字,也要帮助改正。在他感召下得到转变和发展的干部，何止千万。

伯承同志是勤读不厌的模范。他不特重视理论的研究，尤重视理论与实际的结合。他常常指导同志向下层向群众去学习，他自己也是这样做的。

伯承同志可供同志们学习的地方太多了，这些不过是其中的一枝一叶。他的模范作用，他的道德修养，他的伟大贡献，是不可能在短文中一一加以介绍的。

假如有人问，伯承同志有无缺点呢？我想只有一个，就是他除了读书工作之外，没有一点娱乐的生活。他没有烟酒等不良嗜好，他不会下棋打球，闲时只有散散步，谈谈天。他常常批评自己，对于时间太“势利”了。难道这真是他的缺点吗？这只能说是同志们对他的健康的关怀罢了。

在伯承同志五十寿辰的时候，我祝福他健康，祝福我们共同努力的事业胜利！

# 五年来对敌斗争的概略总结*

（一九四三年一月二十六日）

## 我们的对敌斗争

五年来，我们同敌人在华北进行一天比一天尖锐、严重的斗争，大致可以分作三个阶段。

第一阶段，敌人前进，实行正面进攻，在华北兵力较少，经验缺乏，更对我党我军估计不足，给了我们从对敌斗争中创立抗日根据地以非常优良的条件。此期我们充分利用了敌人的弱点，打开了局面。当华北中央大军南撤的时候，我党我军即提出了“坚持华北抗战，八路军与华北人民共存亡”的基本口号，确定了坚持敌后斗争的基本方针。这一阶段的对敌斗争，是环绕在打开局面，创造根据地与求得大发展的任务之上。其在本区的表现为：

在军事上，一九三七年我们先以一部在同蒲路北段作战，如在阳明堡火烧飞机〔21〕，随即全部沿正太线〔22〕作战，如七

---

* 这是邓小平同志在中共中央太行分局高级干部会议上所作《五年来对敌斗争的概略总结与今后对敌斗争的方针》报告第一部分的第二、四两节，刊载于中共中央太行分局一九四三年三月十五日出版的《战斗》增刊第十五期。

亘村、黄崖底、广阳战斗〔23〕，都是在敌侧背配合正面友军防御作战；只有在太原失守之后，才是本师单独作战，如在正太路粉碎敌人六路围攻〔24〕。一九三八年进行了三次反“扫荡”作战，其中尤以敌人调兵会攻徐州之前九路围攻〔25〕晋东南之被粉碎为最激烈，我大部分力量使用于邯长大道的伏击作战〔26〕，打退了黎涉沿线敌人，光复了长治地区，伸向道清路〔27〕活动，扩大了我们的影响，形成了晋东南根据地的局面；同时于一九三七年末，即对冀南派出东进小支队，作侦察式的活动，一九三八年春夏正式进入冀南，形成了冀南根据地的局面；当徐州、武汉会战〔28〕之际，我们组织了平汉线津浦线的破击作战，尤以在平汉线的十余次大破击，给了正面的国军以很大的助力。

在政治上，我们的“坚持华北抗战”的方针，打击了敌人“以华制华，以战养战”的方针。我们严重地打击了敌人的爪牙，打坍了晋东南、冀南广大地区的维持会〔29〕及为敌利用的封建组织，如会门〔30〕、自卫团、联庄会〔31〕等，建立了广大地区的抗日政府；消灭了六七万皇协军〔32〕及伪化了的土匪会门等封建武装，普遍成立了抗日游击队，发展了正规军数倍；进行了广泛而深入的抗日宣传和民族教育，激发了人民的抗日积极性，打击了敌人“招回流亡，恢复治安”的欺骗人民的诡计；游击队不断地在铁路两侧的活动，相当程度上打击了敌人的护路计划。

在经济上，我们尚无何种设施，亦未引起注意；敌人则有相当成就，但在广大乡村被我控制的条件之下，敌人未能达到“以战养战”的目的。

我们军事政治斗争的结果，把敌人束缚于点线之内。这是我们的大发展时期。

第二阶段，敌人回师华北，实行"治安肃正"计划〔33〕，华北斗争局面开始严重。此期我们的方针是"巩固华北，发展华中"〔34〕。其在本区的表现为：

在军事上，我们进行了十次反"扫荡"作战。一九三九年在太行区进行了敌人打通邯长公路及我们收复邯长大道的斗争；一九四〇年则由我们主动地展开了大规模的破击交通线斗争，以打击敌人的"囚笼政策"〔35〕，其最大者为冀南全年的破击交通线斗争，五月白晋战役〔36〕，特别是由八月二十日开始直至年底的百团大战〔37〕，破坏了敌人进攻重庆、昆明、西安的计划。一九四〇年全年之激烈战争的结果，敌我双方均有相当的削弱，敌人伤亡较我更大（九与七之比）。

在政治上，根据地日趋巩固。一九三九年我党我军仍有相当发展，群众有相当发动，抗日政权初具规模。而一九四〇年夏冀南、太行、太岳行政联合办事处〔7〕的成立，在统一本战略区强化根据地建设上，特别在对敌斗争上，有其重大的政治意义。这一阶段，我们几乎有一半时间处在寇奸夹击的困难局面当中，一方面顽固派进行蛮横的破坏抗日根据地的斗争，另一方面敌人则抓住机会挑拨国共关系，积极配合顽固派向我们进攻。一九三九年冀南、太行、太岳处在非常严重的局面。直至一九四〇年初，由于我党政策的正确，北方局和朱德、彭德怀英明的直接领导，人民的拥护，以及军事斗争的胜利，才打开了局面，既巩固了根据地，又巩固了国内的团结，打击了敌人挑拨离间的阴谋诡计。

在经济上，一九三九年我们仍然是忽视的，民生凋敝，军队供给极端困难，在敌占区只有需索而无工作，故征集资财亦无成绩，这是我们（主要是太行区）最穷困时期。一九四〇年我们才开始注意经济问题，在根据地注意生产和节约民力，在敌占区反对“把敌占区变为殖民地”的观点（结果又形成了完全不到敌占区工作的偏向），根据地民众才缓过气来。同时，一九三九年发行了冀南钞票〔38〕，加强了经济斗争力量，军需才有了保障。但在此期间对敌经济斗争的成效，则甚为微弱。

在反特务斗争上，我们只作了些防御工作，故敌人的特务政策仍有相当成就。

此一阶段，在巩固根据地方面，有了进一步的成绩，但忽视了敌占区工作，虽曾屡次提出纠正，转变很少。一九三九年在敌占区的需索政策，给了敌占区人民以很坏的影响，大大损害了我们的政治声望；一九四〇年的不到敌占区，没有挽救这个损失，这恰恰给了敌人以巩固占领区、扩大占领区的很大便利。而一九四〇年讨逆战争〔39〕后的冀南，一九三九年十二月政变〔40〕前后的晋东南，都产生了政策上“左”的错误，既损害了根据地的建设和巩固，又帮助了敌人扩大其社会基础。一九四〇年四月黎城会议〔41〕，克服了混乱，强调了巩固根据地的建党、建军、建政三大方针，有其明显的成绩，基本上是成功的正确的。但在部分问题上亦有其片面性的缺点和错误，如对根据地的群众工作及敌占区工作重视不够，对游击战争的分量估计不够，过分强调了正规军，编并地方武装，结果更便利了敌人的前进和造成了我们的退缩。这一阶段斗争的结果，我们在极困难的条件下，巩固了抗日根据地，开始建设根据地。但敌人亦有其相当的成就，这是与我们忽视了敌占区的政治工作和一些政策错误有关的。

第三阶段，敌人实行“治安强化”运动〔42〕，我们加强对敌斗争和根据地建设，双方都走向深入，斗争进入空前尖锐化的阶段。其在本区的表现为：

在军事上，我们进行了十九次大的反“扫荡”作战和五百一十五次反小“扫荡”与袭扰，两年作战达七千九百七十六次之多；我们于一九四一年初即强调了军区建设工作，纠正了对地方武装的编并与放任的错误，县区基干队建立与逐渐健全了，不少正规兵团地方化了。人民武装主要是民兵的建设，打下了群众性游击战争的基础，两年来有了相当的规模和战斗能力，开始起了很大的作用。游击集团的组成上亦有进步。这些都大大地增强了保护根据地的力量。一九四一年开始注意向敌占区开展游击活动，但各地对此了解较差，收效不大。一九四二年成立武装工作队，认真地注意了面向敌占区面向交通线，提出与加强格子网〔43〕内的斗争，特别是北方局、军分会〔44〕提出反蚕食斗争之后，收效很大。所以一九四二年五月以前，根据地还始终是退缩的，五月以后则完全改观。抗日政府的负担面在太行区有了相当的扩大；冀南则在根据地变质〔45〕的条件下，顺利地坚持平原游击战争；太岳亦有不少成绩，并开辟了岳南和中条山的局面。惟在某些区域，向敌占区发展的注意力仍嫌不够。

在政治上，一九四〇年底北方局指示了一套明确的政策，一九四一年成立了临时参议会〔9〕和晋冀鲁豫边区政府〔46〕，抗日根据地各方面的建设有了显著的进步；惟一九四一年对于发动与组织群众的工作，仍在忽视之列，所以民主建设等工作，还是架在云端之上而无确实的成就。对敌占区和敌占优势的游击区，北方局提出了革命两面政策的运用，开始某些地区不懂得这个政策的进攻性，反变成了主动的退缩，帮助了敌人的蚕食，纠正后获得了不少的成功，冀南对伪军的工作成绩尤大。在反对敌人的蚕食斗争，反对敌人的特务政策，在敌占区进行对敌斗争等方面，一九四一年没有多大成绩，一九四二年则各地都有大的进步。我们采取了“敌进我进”的方针，创立了少数格子网内的隐蔽游击根据地，无论太行、太岳和冀南，在这方面都积累了比较丰富的经验。

在经济上，我们在一九四一年即已提出加强对敌经济斗争，因在摸索之中，未获多少成就，冀钞对伪钞比值甚低，物价高涨即其一例。一九四二年则一改旧观，太行区不仅在根据地建设上有不少成绩，而且在对敌占区经济斗争上，也创造出一些经验，获得了初步的较大的胜利。不过冀南、太岳在经济斗争上仍然无力，敌人收获亦大，应加注意。此问题将有专门报告，勿庸多述。

在反特务斗争上，一九四一年前，对敌人破坏根据地千奇百怪的特务活动警惕不够，直至黎城离卦道暴动〔47〕、柴关暴动〔48〕的惊人事件发生后，才略有注意，但对敌人之毒辣性一般均认识不够深刻，虽群众运动发展之后有些进步，但至今仍是我们应该大声疾呼的事情。

在文化宣传上，我们曾于一九四一年进行了对敌三次政治攻势，在敌占区作了广泛的政治宣传鼓动工作，在打击敌人的“治安强化”运动和振奋人民抗日情绪上，起了不小作用。一九四二年继续进行了三次政治攻势，配合以游击活动，在某些地方曾结合敌占区民众反对捕壮丁、反对配给的斗争，而以反对敌人第五次“治安强化”运动的一次为最成功。这是因为过去几次政治攻势，一般只作了一些宣传工作，而反第五次“治安强化”的攻势则主动地抓住了反对敌人抢夺粮食斗争这个中心，组织了真正的一元化斗争，多支的小武装部队作了有力的行动，再配合以恰当的反汉奸、反维持、反特务的斗争和宣传鼓动工作，故成绩甚大。但必须指出：过去的政治攻势，也可以说五年来，我们都一般地忽视了敌占区的组织工作。照目前情形看来，在太平洋战争〔49〕爆发之后，经过了几次政治攻势和一九四二年的敌占区工作的前进，敌占区的状况与过去大大不同了，我们的政治影响大大地扩大了，人民都认识日本必败了，这就打下了我们在敌占区进行组织工作的基础。可是过去我们是不可容许地忽视了敌占区的组织工作，今后则是我们刻不容缓的任务了。

总起来看，在敌人五次“治安强化”的阶段中，前三次都未引起我们的警觉，麻痹的结果，敌人获得了很大的成功；后两次特别是第五次，我们进行了激烈的斗争，敌人虽仍有其相当成就，但未取得更大的效果，而我们则获得了很大的胜利。

以上就是我们对敌斗争的概述。

## 小　结

在五年来敌我斗争及其所引起的变化中，我们看到了些什么呢？

一、敌我双方都有强的指导能力，都有政治上的锐敏性。我们善于总结经验，研究敌人，提出对策。敌人也善于研究我们，接受经验，不断改进其方针政策。所以敌我斗争不仅是军事力量的竞赛，而且是全副本领的斗争；不仅斗力，更主要是斗智。今天敌我双方都进入有计划有组织的斗争阶段，这说明了今后的斗争将更加巧妙而尖锐。我们在此复杂斗争中，下层干部能力甚嫌不够，今后应切实注意加强下层，提高下级对敌斗争的能力。

二、在对敌斗争中，要掌握住持久战与敌强我弱的特点。所以我们的原则应是削弱敌人，保存自己，隐蔽积蓄力量，准备反攻。过去我们对此原则认识不够，常常发生暴露自己的错误，每次暴露的结果，都遭到敌人的报复或破坏，吃亏很大。今后在一切方面都要注意不暴露，善于隐蔽地从各方面积蓄力量，要使敌人看不起我们，要善于采取一切方式去麻痹敌人。惟有如此，才能积蓄起力量，也才能打到敌人的痛处。敌人也很注意隐蔽问题，如敌一一〇师团的文件即曾提出“不震荡敌人，不刺激敌人，突然的跃进”的策略，实际上也是这样做，而收到了效果（如每次“扫荡”、蚕食前的准备），故我们一方面要隐蔽自己，一方面也要善于发现敌人。

三、敌我斗争的胜负，决定于人民，首先是敌占区人民的态度。人民即使反对敌人而对我中立，也只是便利了敌人。所以我们要有正确的政策，不仅根据地的政策要正确，尤应在敌占区、游击区要有一套明确的政策，否则发生错误，易为敌所乘，而敌人则恰恰善于利用我们的弱点以弥补其在中日矛盾中的基本弱点。经验证明：过去有一时期因为我们政策错误，敌占区人民对我采取中立乃至反对态度，给了敌人以很大发展。经验又证明：敌占区工作不开展，根据地也要退缩；游击区不能坚持，不仅根据地要退缩，而且失却了向敌占区前进的有利阵地。经验还证明：在敌占区、游击区采取简单生硬的办法，是必然失败的，而必须照顾那里的环境，一切为保护人民利益打算，提出恰当的对敌斗争方法，才会得到人民拥护，也才能取得胜利。经验尤其证明：谁关心人民的问题，谁能帮助人民想办法去和敌人斗争，保护人民利益，谁就是群众爱戴的领袖。

四、无论在根据地或敌占区、游击区，一切政策、一切工作的出发点，都必须紧紧掌握住扩大中日矛盾的原则。这正打到敌人的痛处。现在敌占区开始起了有利于我的巨大变化，其基本表现就是人民抗日情绪大大增长，敌伪矛盾发展。我们应好好抓住这个基本特点去发展工作，掌握中日矛盾的实质，发展抗日民族统一战线，团结各阶层一切抗日人民对敌斗争。经验证明：在敌占区不应该去扩大中国人自己的阶级矛盾，基本是团结一切中国人对敌。能如此我们便能开展敌占区工作，反之我们便不能在敌占区立足。经验又证明：团结中国人对敌，也包含有斗争。斗争的内容，主要是反对那些不明大义、破坏团结、帮助敌人、自私自利的个别分子，而斗争方式也应是和平的、政治的。只有对于那种死心事敌、为人民所痛恨的汉奸、特务分子，才采取坚决打击的方式。在根据地亦应切实注意巩固团结问题，比如根据地的减租减息、合理负担法令〔50〕的执行，是为了充分发动群众打下统一战线的坚实基础，发挥其更伟大的抗日力量，这是完全必需的；但是在发动群众中，必须把它约束于统一战线之内，这仍是今后应该注意的。坚持根据地，需要广大的基本群众的发动，同样地也需要各阶层的团结，忽视了任何一面，都将发生错误而有利于敌人。

五、建设根据地（包括武装、政权、群众和党的建设）与对敌斗争，具有不可分离的联系性。经验证明：没有根据地，就不能坚持对敌斗争；没有对敌斗争，企图关门建设根据地，也要影响到根据地的存在。今后要更加加强爱护根据地的观念，努力建设根据地，进行顽强的保护根据地的斗争；同样要在敌占区组织强有力的斗争，以保护根据地。

六、敌我斗争形势是敌进我进。敌人一定要向我们前进，所以我们也一定要向敌人前进，才能破坏或阻滞敌人的前进，巩固我们的阵地。敌进我进的结果，华北根据地的游击性将不断地增加，敌占区的游击性也将不断地增加。在此犬牙交错的复杂斗争中，要求我们细心地了解敌人，善于发现敌人的规律，善于利用缝隙钻敌人的空子，以争取主动。敌人"扫荡"这一区域时，其他区域即应利用空隙展开对敌斗争，被"扫荡"区域亦应组织腹地坚持与外线活动相配合的反"扫荡"斗争，以取得主动。"敌进我进"的斗争，也表现于隐蔽斗争上，敌人伸入根据地的特务活动，和我伸入敌占区、伪军伪组织内隐蔽积蓄力量的斗争，也将是日益发展日益激烈的。总之，争取对敌斗争的主动，应是今后非常注意的问题。

七、我们作战的指导原则，是基本的游击战，不放松有利条件下的运动战。由于我们过去对这个原则认识不够，强调了正规军的建设，而在相当期间对地方武装与人民武装的建设重视不够，对地方武装发生了编并和放任两方面的错误，所以影响对敌斗争甚大。这也是对战争的长期性和敌强我弱的特点了解不够所致。今后(在反攻之前)根据地的游击性将不断增大,运动战在平原已无可能,在山地也可能缩到很小限度,所以应发展广泛的群众性的游击战争。这方面一九四二年已获相当成绩,此后还应加强其指导。对于武装的爱护和党员干部的军事化,亦应切实注意。

八、敌人对我实行“总力战”〔51〕,我们对敌亦提出了“一元化”的斗争。过去经验证明:一元化实行得好的地方,对敌斗争才有力量;如果内部磨擦,互相埋怨,结果只会放松或放任对敌斗争,遭受很大的损失。今后应根据中央对敌后根据地统一组织机构的决定〔52〕,认真实行一元化,从组织上保证军事、政治、经济、文化和敌占区的领导与各种工作的密切结合。领导要统一,步调要一致,以加强对敌斗争。

九、过去我们同志一般有坚持敌后抗战与取得胜利的明确观念,而尚未树立起巩固战后在华北阵地的明确观念。这从几年来忽视敌占区工作,可以证明。而国民党从抗战开始就着眼到打入伪军伪组织长期埋伏准备战后的问题,故先我取得先机,已有不小成就;我们则在战略上大大失算,需要从今后的努力来补救。我们同志对于我们在敌后斗争的一举一动都可以影响全国这种政治意义认识不够,所以往往缺乏全局观念,在言论行动上,政策决定上,都还有不慎重的地方,对中央的方针,还缺乏深刻的了解。这些就是中央指摘的闹独立性、党性不纯的主要表现。我们的责任,显然不仅是争取抗战胜利,而且是以建设根据地、坚持敌后对敌斗争去示范全国、影响全国,争取战后团结建国。我们一切政策行动都应不仅照顾到根据地本身，而且要照顾到对全国的影响。这个观念应在干部中特别在领导干部中树立起来。

十、我党中央和毛泽东同志，北方局和朱总司令、彭副总司令，对于敌后坚持的原则，历来都有明确的方针和指示。我们基本上执行了这些方针和指示，所以我们有几年来的成绩。但一到我们对中央和上级指示了解不够的时候，就要发生错误，如对游击战争的认识不够，对敌占区工作的忽视，影响很大，损失不小。这教训我们：每一个干部在自己的工作中，对于党中央和上级的指示，必须精细地研究，并使之适用于自己的工作环境。这将成为今后克服严重困难，取得抗战胜利与战后建国的重要保障。

# 敌占区的组织工作与政策运用*

（一九四三年一月二十六日）

敌占区组织工作的基本内容是“打入”工作，是在敌占区建立党和群众组织的基础，是在伪军伪组织内部发展革命工作，是革命两面政策的正确运用。

没有组织工作，就不能在敌占区、伪军伪组织的内部去积蓄力量，去起发酵作用，去打下我们的组织基础。过去，党曾屡次提出这个问题，但在实际工作上，我们不但远远不及国民党努力，严格说来，简直还没有真正开始。

过去，我们某些部门也曾做了一些尝试，个别的是收到效果的，但大多数是失败的。我们曾抽调一部分干部派到敌占区，企图打入伪军伪组织中去，但因为派出的干部多与当地的工作对象缺乏一定的联系，始终得不出一个结果来。我们一般不善于从广大的敌占区或伪军伪组织内部去物色打入人才，不善于争取敌占区的知识分子、开明进步人士去实现打入工

---

* 这是邓小平同志在中共中央太行分局高级干部会议上所作《五年来对敌斗争的概略总结与今后对敌斗争的方针》报告第三部分的要点。报告原文刊载于中共中央太行分局一九四三年三月十五日出版的《战斗》增刊第十五期。

作，不善于争取伪军伪组织内部的两面派成为革命两面派，变为我们的打入干部，不了解只有他们才与敌占区或伪军伪组织具有密切的联系，只有他们才具备打入工作的现实条件。实际上这样的机会过去是不少的，问题是我们轻易地放过了。在伪军伪组织中，有一些是可以争取成为革命两面派的，个别的已经成为革命两面派。试问，我们除了对他们作些宣传，发生联系，取得情报之外，又做了多少工作，使其进步，成为打入生根的组织力量呢？甚至有某些很好的关系，因为我们自己工作的混乱，不守秘密，而遭受敌人的破坏，这更是痛心的事。由于主观主义的作法、关门主义的狭隘作风和相当满足于现状的观点，使我们的敌占区工作始终停留在宣传阶段，所谓组织工作至今还只是口号。反观国民党，从抗战开始，它就着眼于在敌占区积蓄力量，着眼于战后优势，努力争取伪军伪组织，派人打入、长期埋伏，在敌占区建立它的党和特务组织，依靠封建势力为基础，以掌握各种封建组织乃至帮会、土匪，其成绩是不可轻视的。我们对此，能不警惕！

时间不容许我们再稽延了。为反攻及战后作准备，要求我们加紧敌占区的组织工作，以紧张的缜密的工作，打下反攻和战后的基础。

今天我们在敌占区虽仍处于劣势，但是敌占区一年来的变化具备着空前有利于我们进行组织工作的条件：敌占区人民同日寇的矛盾空前增长，今后还会日益加剧，人民抗日情绪增长，大大地扩大了我们进行组织工作的社会基础；我党我军及抗日民主政府在敌占区的威信大大提高，而且经过几年的努力，我们已有不少的进行组织工作的线索；伪军伪组织人员一般是华北人，有身家顾虑，且已逐渐相信华北是与八路军共产党不能分离的；国民党威信在逐渐下降（这是它的特务政策和在敌后破坏抗日工作的结果），其组织基础也有了部分削弱。

但是我们也有困难：敌人的特务方法高明，对伪军伪组织的掌握将会特别加强，对敌占区的控制政策将会加紧；国民党特务的破坏和借刀杀人政策，必将是我们日常工作中接触到的障碍；我们本身缺乏在敌占区进行组织工作的经验，关门主义宗派主义的狭隘作风影响到工作的开展，特别是干部掌握政策的能力还差，缺乏秘密工作的经验和常识。

我们要利用有利的环境，尤其要注意克服困难，主要是克服自己方面的困难，并从工作中创造许多宝贵的经验。

现在说几个具体问题。

一、打入工作。

打入工作是组织工作的第一个问题，是开门见山的问题，不能打入就谈不到一切。

打入的对象是很广泛的，打入到敌占区群众中去，打入到敌占城市中去，打入到伪军伪组织中去，打入到黑团、帮会、土匪中去，打入到一切组织中去，而伪军应该是目前打入的主要对象。

打入工作的任务是：长期埋伏，进行隐蔽的、巧妙的、谨慎的宣传组织工作，积蓄力量，提高自己和革命者、抗日分子的地位，以待时机，配合反攻，适应革命的需要。因此必须善于掌握革命两面政策的运用，善于进行公开工作和秘密工作的联系。至于供给情报，应该是次要的，只能在不妨碍其基本任务与秘密条件下才可以去做，或只供给带紧急性的特殊重要性的情报。尤其不可要求他们购买物资或向他们需索，以免易于暴露。

打入者的人选应是多方面的，或由根据地物色派去；或由敌占区物色人员，特别是知识分子和进步的士绅名流；或由现有伪军伪组织的关系中争取转变为革命两面派分子，而以后两者为主。打入的干部应多，尤要注意派精干人选透入其内部去发展组织。只要我们能够从敌占区和伪军伪组织内部去找干部，是能够解决这个问题的。从根据地找出一批干部来派到敌占区去工作也是必要的，但派出者必须是与敌占区有关系有打入条件的同志，否则作用不大。同时，我们必须抽调一些有敌占区工作经验或条件的同志加强敌占区工作部门，担负训练联络等工作。

对打入人员的训练是很重要的，训练时间要短，内容要简单，任务要明确而不复杂。训练要采取座谈讨论的方法，启发他们尽量提出问题，然后给以明确的解答，切忌党八股〔53〕的灌输的方式，有的则只能采取个别谈话的方法。

派出之后，必须保持经常的联系（但不是随便来往），帮助其解决打入的困难，如活动费的可能帮助，方法上的指导等，此时要预防其遇难而退的心理，鼓励其打入的决心。打入之后，尤要加强政治联络工作，随时帮助其解决工作中的困难，使其了解政治形势，勿使迷失方向而趋堕落腐化。

打入工作是一个巨大的耐心的组织工作，过去经验是很少的，必须在今后努力中，创造经验，积累经验，以解决这个重要问题。

二、革命两面政策的运用。

革命两面政策的问题，一九四一年初北方局就提出了，两年来收到不少成果，但在开始运用时，也曾发生一些偏向，有的犯了自动退却的错误，结果丧失了自己的阵地，扩大了敌人的控制面；有的一度取消了人民武装与游击战争，招致了人民的不满和失败情绪的增长，引起了一些混乱。其原因是不了解革命两面政策的本质是向敌占区的进攻。把革命两面政策误解为退却方针，当然要发生错误。因此首先要确定，革命两面政策是属于敌占区或敌占优势的游击区范畴的政策，是一种进攻政策。

在敌我交锋的斗争中，经常要发生区域的变化，敌占区可能变为游击区乃至游击根据地，根据地也可能变为游击区乃至敌占区，所以我们在指导上，不仅要着眼于有利时的进攻，而且要着眼于不利时的退却，但是无论进攻或退却，都应该有计划、有步骤、有秩序，这样才能巩固与坚持阵地，否则必然引起混乱。

其次，我们有不少地区、不少同志，对革命两面政策内容的认识还是模糊的，把革命两面派与两面派混淆起来，以建立一些普通关系或者能从两面派手上得到一些情报为满足，甚至对敌人的汉奸两面政策丧失警觉，这也是不正确的。因此必须确定，革命两面政策是深入到敌人（主要是敌占区和伪军伪组织）内部的进攻政策，它所包括的范围是很广泛的，包括着革命两面派的建立，两面派的争取，一切可能力量的利用，而其主要目标则是革命两面派的建立与发展，以便依靠他们去团结与组织一切可能的力量，进行对敌斗争，保护人民利益，在敌占区和敌伪组织内部积蓄力量，以待时机，配合反攻或反正。

第三，革命两面政策不仅有革命的抗日的这主要的一面，还必须有不得已而应付敌人的一面，而其应付敌人的一面，正是为了掩护其革命的抗日的一面。没有抗日革命的一面，就不能称为革命两面政策，同样，忽视了应付敌人的一面，也无法实现革命两面政策。这里区别革命两面派与两面派是很重要的。两面派的特点是应付敌人又应付我们，而革命两面派的特点则是一切努力为着积蓄力量，保护人民利益，准备反攻，即使不得已而应付敌人，也是为着这样的目的。我们应以这样的标准去判别谁是革命两面派，谁是两面派，以及如何去建立与发展革命两面派。我们许多同志不懂得这种区别，所以以利用两面派为满足，而忽视了革命两面派的建立。因此必须确定，革命两面政策以及革命两面派的两面性，与两面派的两面性有区别。革命两面政策是以非法的对敌斗争为主，但又必须善于充分地运用合法形式、合法地位来掩护配合非法斗争，善于利用公开工作来掩护秘密工作，否则，便谈不上在敌占区进行对敌斗争，或者陷于盲动而遭失败。

以上三项是谈革命两面政策的性质问题，下面谈它的运用问题。在运用上又要分别两种不同的范围：一是在伪军或上层伪组织内的运用；一是在敌占区或敌占优势的游击区的乡村中的运用。前者是带革命两面派活动的性质，后者是带群众活动的性质。

先说革命两面政策在伪军、上层伪政权中及半伪化的封建组织封建武装中的运用：

第一,充分利用与掌握日伪矛盾及伪军伪组织内部的矛盾,是其工作的基本出发点,应主动地扩大日伪矛盾,抓住每一个矛盾的缝隙,乘机发展自己的工作。

第二,广泛开展交朋友工作,取得同事、下级特别是上级的信任,以提高自己的地位,增加自己的活动条件。但在交朋友中要注意适合自己的身份,不可因此引起他人的嫉妒和猜疑。

第三,利用自己的地位,以非常隐蔽和巧妙的方法,进行宣传组织工作,但不可操之过急。组织形式应是多种多样不拘名义的,最好是用灰色的或敌人不注意的名称,组织不宜大,以众多的独立的小组为适宜。

第四,采用各种方法,利用各种机会,争取同事、下级特别是上级成为两面派,乃至革命两面派。

第五,随时注意在隐蔽的方式下,照顾中国人特别是革命抗日分子的利益。

第六,对死心踏地的汉奸及借刀杀人分子,应不惜采取各种手段加以消灭。对特务分子,在其没有危害我们时,应采取“敬鬼神而远之”的态度。各地经验证明,我们对此问题处理不郑重是要吃亏的。

第七,只作紧急关头的或重要的情报供给。

第八,任何时候都要注意秘密工作,善于隐蔽自己的面目。在环境于己不利时,或能够增强自己地位时,甚至把革命的一面缩小到最低限度,也是允许的。总之,一切要从长期隐蔽、以待时机的利益着想。

第九,活动的重点应该放在伪军方面。在其他方面的活动，也应力求逐渐发展到伪军方面。

第十，革命两面派的活动，是一个残酷的斗争，斗争的形式是多样的复杂的，既要防备敌特的耳目，又要防备国特的破坏，所以我们的活动应该是大胆的而又非常谨慎的。一切不夸张、不蛮干、不暴露，脚踏实地去做，就一定能够收到效果。

再说革命两面政策在敌占区或敌占优势的游击区的乡村中的运用。这样的地区的乡村，必须具备下列条件：

第一，它必须是全乡全村一致对敌的。为此，必须有很好的统战工作以团结各阶层；尤其必须坚决肃清死心踏地的汉奸。团结全村一致对敌的工作，不能认为是简单的问题，而是要经过斗争才能达到的。这里，一个最基本的环节，就是看能否把大多数人民群众发动起来实行对敌斗争，大多数群众发动起来了，问题就可以迎刃而解。

第二，它必须有武装斗争的配合。不仅应有外面的公开的武装的配合，而且还应有本村的小型的隐蔽的武装的配合。没有外面武装斗争的配合，就不容易欺骗敌人；没有本村的武装，常使配合不及时，而且这也正是发展广泛群众游击战争所需要的。各地经验证明，游击战争成了实行革命两面政策的重要组成部分之一。武装的掌握是争取村中优势的重大问题，要力求掌握在我们和革命分子的手中。这种武装的组织必须是短小精悍的，绝对秘密的，其活动一般只应限于夜间，使敌人认为这是八路军游击队干的。

第三，它的各种组织形式，表面上不能不是伪组织的一套，但其实质则必须是抗日的。在政权方面，应建立统一战线的类似民主政权的村民代表会，一切实权不操于村长而操于代表会。必须认识，惟有这样的政权，才能保证村民一致对敌，才不致为敌利用，才能照顾与保护人民的利益。不能设想地主阶级统治的政权能够实行革命两面政策，最多只能是应付敌人又应付我们的两面派（当然程度上各有不同），更说不上保护人民的利益。至于群众团体，除了原有工作基础的村庄还可保持其原有组织形式外，一般应力求单纯，组织统一的抗日救国会。

第四，它必须由一村的一致发展到几村乃至一个区域的一致，才更便利于应付敌人欺骗敌人。否则，少数村庄过于突出，易遭破坏。

具备了这些条件，才配称为实行革命两面政策的村庄，它不仅可以顺利地进行对敌斗争，而且可以真正地保持我们的优势。

由此可见，革命两面政策的范围，包括革命两面派的工作，对两面派的争取，乃至对一切可能用的人的利用，但必须以发展革命两面派为目标。当然，这不是说我们可以放松对两面派的工作，过去许多两面派对抗日作了不少的帮助，而且两面派是最广泛的，也是争取成为革命两面派的基础。

由此可见，革命两面政策是合法斗争与非法斗争、合法形式与非法形式、公开工作与秘密工作的配合，它主要是发展非法的秘密的一面，但必须有合法公开一面的掩护。

由此可见，革命两面政策的运用，是一个严重的斗争，必须依靠精细的组织工作，耐烦地脚踏实地地一点一滴地去做，才能取得预期的效果。盲动、乱干、急躁或粗枝大叶，都必然招致失败。

三、发展敌占区的游击战争与创造隐蔽的小块游击根据地。

敌占区(当我武装能进入作经常活动时,则已变为游击区)应以非法斗争为主。非法斗争的最高形式是武装斗争,是游击战争的开展。

敌占区中日矛盾的发展,有利于两面派的争取和革命两面派的建立,更有利于游击战争的开展,甚至隐蔽的小块抗日游击根据地的创造。今后我们必须有计划地去开展敌占区的游击战争,开辟隐蔽的小块游击根据地。这不仅从积蓄力量准备反攻和战后着眼,而且是坚持山地根据地和平原游击战争的重要环节之一,是熬时间争取胜利的重要手段。

尽管敌占区存在着开展游击战争的良好的条件,但在敌占区建立小块游击根据地仍然是一个艰难的创造,如果以为随便可以干起来那只是一种幻想。有的地区的经验认为,要达到建立隐蔽根据地的目的,应该是稳扎稳打,应该经过政治攻势首先从政治上创造成熟的条件,是很有理由的。开始时,应切实了解当地的具体情况,派遣小的游击部队伸入作跳跃式的进出游击,并物色与当地有联系的干部进入或随游击部队工作,进行群众的和社会的准备,以模范的纪律和明确的政策去扩大影响,进行宣传和组织工作,争取两面派和建立革命两面派,利用中日矛盾去提高各阶层对敌斗争的热情与勇气,利用一切可能建立本地的隐蔽武装。完成了这样的准备工作,我们便有可能派出或由本地生长出小型游击队,坚持当地的经常的游击战争。

敌占区游击战争的坚持,必须由以八路军名义出现的游击队(不管是派出的或是由本身生长的)与当地群众小型武装相结合,缺乏哪一方面都会显得没有力量。没有以八路军名义出现的武装,就不能起欺骗敌人、迷惑敌人的作用,没有本地的群众武装,也会使基干游击队"裸体跳舞"而终于不能存在。

在敌占区坚持活动的武装,不管是基干的或群众的,它的活动都必须采取隐蔽的方式。基干部分采取时隐时现的方式最为有利,而群众部分则应完全是夜间活动,且须假借八路军的名义出现。

敌占区游击战争的主要任务,是保护人民利益,减轻人民(特别是本区本村人民)对敌的经济和劳役负担,特别是保护壮丁粮食不被敌人捉去抢去,打乱敌人的统治秩序,阻止敌伪对人民的摧残,维系人心,打击敌伪的特务奸细活动,并在十分有把握不暴露自己的条件下,打击小股敌伪,以达成在敌占区坚持斗争和积蓄力量的目的。敌占区游击战争必须与革命两面政策相结合,而成为执行革命两面政策的主要依靠。游击武装在活动中要考虑的两个问题:第一是照顾人民利益,凡是能够保护人民利益的事,应努力赴之;凡是可以招致敌人摧残人民的事,都应谨慎从事。第二是处处力求隐蔽,不夸张、不暴露、不大吹大擂,使敌人捉摸不住而麻痹起来。

敌占区隐蔽游击根据地的存在与坚持,不只是发动群众与坚持游击战争,而且必须与争取伪军伪组织的工作,争取封建武装(自卫团〔31〕、会门〔30〕、土匪等)的工作相配合,在中国人一致团结对敌的方针下去进行这些工作。对于敌人不可过于刺激,一切从长期坚持着眼,引起了敌人的警觉是非常不利的。总之,那里必须是合法斗争与非法斗争的配合,切不可忽视合法的一面而走入盲动，要防止胜利冲昏头脑的蛮干行为。

此外，不仅在我们的周围，而且要在附近的敌占区灾荒区域，开始组织游击战争的准备工作，这是从战略着眼的重要步骤。

四、尽一切努力保护中国人的利益。

我们的游击队武工队工作人员在敌占区的活动，必须以保护中国人利益为前提，这是保存国力与积蓄力量的问题，是在敌占区发展革命工作的起点。如果我们在敌占区的活动不能与人民的利益结合起来，那末我们不仅不能建立隐蔽游击根据地和发展革命两面派，而且将没有我们立脚的余地。革命两面政策的实质，就是建筑在保护人民利益的基础之上去发展革命抗日力量的。

在敌占区保护人民利益，包括两方面的问题：一是团结各阶层对敌，减轻人民对敌的负担；一是在对敌负担和日常生活中照顾基本群众的利益。后者应约束于共同对敌的范围之内。

在敌占区及敌占优势的游击区，不可能避免对敌负担，而只能是减少对敌负担。对敌负担是多方面的，如人力物力的被掠夺，敌伪人员的敲诈，村款的大量负担与严重的贪污浪费等等，所以要从各方面去减少人民的负担。

减少对敌负担是一个复杂的斗争，有非法斗争，也有合法斗争，这是革命两面政策的具体运用。采用武装斗争的配合，伪装八路军劫回民夫、壮丁和被敌伪掠夺的金钱资材等方法，过去收效很大。其最显著者为反对敌人第五次“治安强化”运动〔42〕中的粮食斗争，这次斗争完全粉碎了敌人的灌仓计划〔54〕。我们的武装活动给了人民以很好的借口去欺骗敌人保护自己，至少也达到延缓时间或少负担的目的。这是属于非法的斗争。

合法斗争方式也是必须采用的。虽然在敌人的统治下合法斗争的范围是很小的，但只要它能够多少于人民有利，也就必须充分利用。即使采用合法方式毫无结果，也可暴露敌人的凶恶面貌，给人民以政治经验，逐渐走入非法斗争乃至武装斗争的阶段。经验证明，合法斗争的巧妙运用，也可以收到一定程度的效果。必须指出，过去在保护敌占区人民利益方面，我们做的工作还非常之少，甚至某些地方还存在着只要同时对我负担就以为满足的观点，这是非常有害的。特别是对保护壮丁的斗争，显得非常无力与办法很少，应引起今后的严重注意。

在对敌负担和日常生活中照顾基本群众的利益，不仅是必要的而且是可能的。除了敌人完全统治的我们毫无工作基础的地区（这样的区域正在缩小），凡是我们游击战争特别是政权力量能够经常达到的区域（这样的区域正在扩大），都应该提出与解决这个问题，只是在不同区域不同工作基础的条件下，要有程度上的差别和方法上的不同而已。

要教育党员和干部善于从当地群众日常生活中去发现问题，寻求机会解决问题。照顾基本群众利益的方法很多，比如，在对敌负担中坚持合理负担〔50〕原则；利用人民拥护抗日政府的热情，宣传政府法令，鼓励实行法令；村游击小组保护全村的利益，提出减租减息〔50〕；不放松对每一个租佃关系、债务关系和主雇关系乃至一般的民事案件加以调解等等。又比如，当敌占区人民向抗日政府提起民事诉讼时，应乐于接受，秉公办理，以调解方式为主，而适当照顾基本群众利益。秉公办理的实质，就于基本群众有利。农村中这类问题是很多的，我们很可以按照实际情形，帮助基本群众解除很多痛苦。当然，在要求上不宜太高。不能一区一村地去做，可以一家一家地去做。减租减息，不能是二五减租、分半减息，可以少减一些。只要于基本群众有一点利益，都要积极地去做。同时，照顾基本群众利益必须与团结对敌的利益求得一致。

在敌占区或敌占优势的游击区，无论对敌斗争或解决阶级关系问题，都必须着眼于当地群众的发动，使每一个要求都成为群众自己的要求，而给以应有的配合和援助，并且要随时注意组织群众、建立秘密党的工作。惟有这样，才能锻炼群众，发挥伟大的力量。同时，必须注意群众的教育，特别是使群众从自己的经验中相信我们主张的正确。任何脱离群众、不问群众态度如何的干法，必然要失败的。

五、宽大政策与镇压政策的运用。

宽大政策与镇压政策的运用，应求恰当。我们不仅要防止乱干的复活，始终反对乱杀暗杀造成社会混乱的行为，而且应防止另一偏向，即放纵与听任汉奸破坏分子的活跃。

我们镇压的对象，主要是那些死心塌地的汉奸特务和对抗战危害很大而为群众最痛恨的破坏分子、借刀杀人分子和坚决反动的叛徒。对于那些胁从分子、次要分子，应采取争取的方针，给以回头的机会。经验都证明，只有真正痛击那些坚决反动的敌人的爪牙，才能争取那些动摇的分子。有些地方对于应该杀的汉奸破坏分子不敢杀，是不正确的。我们只是反对乱杀暗杀，而不是应该杀的也不杀，这是要弄清楚的。

对于伪军伪组织，我们在政治上必须采取反对的立场，至于对具体的对象，要分别情况采取打击或争取的方针，而以瓦解其组织，减弱其反动性，以孤立日寇，利于革命抗日工作为目的。

六、合法斗争与非法斗争的配合与联系。

这也是一个公开工作与秘密工作的配合与联系问题，是在敌占区、游击区和打入伪军伪组织内部工作中必须解决的问题。

要解决这个问题，必须了解什么是合法斗争与非法斗争，什么是合法形式与非法形式。所谓合法与非法，都是对敌人来讲的。合法斗争就是敌人允许的斗争，非法斗争就是敌人不允许的斗争；合法形式就是敌人允许的形式，非法形式就是敌人不允许的形式。合法斗争与合法形式是相关联的，没有合法的形式就没有合法的斗争。敌人并不允许我们有什么斗争，只是这种斗争是用合法形式表现，而为合法形式所隐蔽，才得到了敌人一定程度的许可。非法斗争则是用非法形式出现的，是敌人不许可的。合法斗争的形式是多样的，如请愿、告状、利用伪组织活动等等，都是敌人今天一般还许可的。非法斗争的形式也是多样的，如示威游行、抗缴粮款、拒绝维持、组织革命团体，乃至暴动、反正、武装斗争等等，而以武装斗争为非法斗争的最高形式，这些都是敌人不许可的。

在敌人统治下，有没有进行合法斗争的可能呢？事实回答是有一定限度的可能的，各地群众曾进行了不少这样的斗争。群众有没有进行合法斗争的勇气呢？事实回答是有的。在新被敌人占领的区域，由于敌人为使人民就范开始采取高压政策，而人民又没有在敌人统治条件下对付敌人的经验，所以一般表现不出什么合法斗争。但是经过了一些时间，群众往往摸索出一些对付敌人的办法，因此便产生了在某种情况下也可以和敌伪斗争的经验和心理。

既然在敌人统治下合法斗争的可能是很小的，而且效果不会是很大的，所以我们必须以非法斗争为主。但是，即使是这样，也不应该抛弃任何一点合法斗争的可能，因为它不仅多少可以使人民少受一些损失，而且可以帮助非法斗争的发展。合法斗争与非法斗争应该是密切配合的，合法斗争可以掩护非法斗争，非法斗争也可以帮助合法斗争，而且必须注意以非法斗争去掩护合法斗争，非法斗争不能暴露合法斗争。所以我们不是抛弃任何一种斗争的问题，而是讲求两者如何配合与联系的问题。

如何配合与联系呢？

首先谈合法斗争与非法斗争。这两者都是可以独立进行的，如过去敌占区往往没有任何非法形式的斗争，也可以独立地进行一些合法的斗争，但是惟有互相配合，才能收到大的效果。

其次谈合法组织与非法组织。这是组织形式问题，是充分利用合法形式来掩护非法组织的建立、存在与发展的问题。我们的革命两面政策，就是利用合法形式来达到建立、发展非法的抗日革命组织与进行非法斗争的目的。我们打入到伪军上层伪组织中，就是要利用敌人的组织形式和敌人给予的地位来发展革命工作和革命组织，并且还可以从了解敌人中，来保护革命组织。所以用各种方法钻进敌人的组织是非常重要的。

同时，打入的革命分子可以而且应该利用我党、我军和抗日政府的行动和主张，抓住机会进行革命工作。如我们发布了对敌军的主张，就应该运用巧妙的和不暴露的方式透露给工作的对象；如我们打了胜仗，就可以乘机散布失败情绪，甚至为对方着想，提出“还是要与人家勾搭一下才行”，以达到建立两面派和发展革命两面派的目的。

再次谈公开工作与秘密工作。公开工作的目的，是为着建立秘密工作。没有公开工作的掩护，秘密工作是很难建立的，有了公开工作的掩护，才更保护了我们工作的秘密性。

再次谈公开武装与隐蔽武装。它们也是互相帮助互相配合的，有了公开武装才能掩护隐蔽武装的存在，有了隐蔽武装才能掩护公开武装的活动与坚持。

以上这些，都说明合法斗争与非法斗争、公开工作与秘密工作，是密切联系着、配合着、互相帮助着的。因此，当我们布置合法斗争时，一定要想到非法斗争的配合，布置非法斗争时，也要想到合法斗争的配合。所谓联系与配合，不是把合法与非法、公开与秘密混淆起来，或由一个人去兼任两种工作，这样的结果没有不暴露而遭失败的。必须着重指出，我们虽然不允许抛弃合法与公开的一面，甚至有一点公开合法的可能都要尽量利用，但是我们的目的，却是发展非法与秘密的一面，这才合乎我们积蓄革命力量、削弱敌人力量的要求，忽视了这一点，就会陷入合法主义的错误。同时，在进行合法斗争时，我们一方面要领导群众争取斗争的胜利，一方面必须充分暴露敌人的狰狞面貌。在斗争胜利后要指出这种胜利是有限度的，是中国人民团结一致斗争的结果，是抗日军队政权帮助的结果，以免在群众中增加对敌的幻想。如果合法斗争失败了，更应抓紧机会鼓励群众对敌斗争的情绪。在合法斗争中，我们还应充分了解敌人，掌握敌人内部的矛盾。过去有些同志把敌人看成非常一致的整体，完全是主观的错误的想法。

估计到敌后斗争的犬牙交错此起彼落的特点，决定了公开工作与秘密工作、合法斗争与非法斗争具有很大的变动性。尽管我们主观上要扩大非法的一面，但客观条件常常与我们的愿望相反。有时某些地区变成了我们的隐蔽根据地，于是扩大了非法斗争的一面；有时则因为敌人的摧残，又大大缩小了非法斗争的可能。这样的变动性，要求我们在任何时候都要采取稳重的方针，不暴露自己，不过于刺激敌人，随时都有坚强的秘密工作的准备。这样，即使环境恶劣，我们也能作有秩序的退却，而不致吃大亏。

七、把政治攻势经常化。

所谓政治攻势经常化，就是除了大的重要事件和带全局性的问题之外，一般不进行带全区性的政治攻势，而是根据各分区特别是各县的具体要求，去经常地布置一个分区、一个县乃至一个小的区域的政治攻势。惟有这样的政治攻势，才更能抓住中心，与当时当地的具体斗争要求相结合，也才能真正地打到敌人的痛处，并与人民的利益更密切地结合一致。

过去政治攻势积累了许多经验，都应很好采用。同时应指出，过去政治攻势更多的是作了广泛的宣传工作，对于敌占区的组织工作，尚未提到议事日程之上。过去在敌占区宣传鼓动，给今后组织工作奠定了基础，这是重大成绩，今后的政治攻势，不仅仍应强化宣传鼓动，而且必须提高到组织阶段，成为敌占区组织工作的重要武器。

为此，我们在政治攻势中，必须有计划地去团结敌占区开明进步人士特别是知识分子，帮助他们形成抗日组织，或动员他们秘密地到根据地参观；必须注意秘密党的建立，谨慎地发展党员；必须加强争取两面派及帮助两面派成为革命两面派的工作；必须注意帮助当地人民对敌进行合法斗争与非法斗争，保护人民的利益，从斗争中锻炼群众的抗日勇气；在条件成熟时，我们还必须建立群众的隐蔽的游击小组或其他形式的抗日武装，建立隐蔽的小型的游击根据地，这正是我们今后政治攻势的重要目标。

武工队仍然是今后对敌开展政治攻势的骨干，必须加强其力量，在组成中应有与当地人民息息相关的队员，这样才能使政治攻势经常化。因此必须提高边地游击队（县区基干队）的军事政治质量，使之成为能够担负进行政治攻势的力量。同时为了加强组织工作，必须在政治攻势一元化的斗争中，加强党特别是抗日民主政府在敌占区活动的比重。

八、在敌占区建立党。

这里只提出这个任务，而不谈如何建立的方法，这方面的经验我们许多同志是很丰富的。几年来我们完全忽视了这个基本的工作，现在不能再马虎下去了。

敌占区秘密党的任务，是从各方面去隐蔽地积蓄力量，以待时机。在组织上要力求隐蔽精干，在活动范围上要力求广泛。我们的党员要钻进一切敌伪组织和地方封建团体中去进行自己的活动，纠正过去闭门训练、自视清高等关门主义（实际是一种等待主义）的倾向。

# 根据地建设与群众运动*

（一九四三年二月二十日）

一、根据地建设的规律。

在讨论中有同志提到根据地建设的规律性问题，这个问题在彭德怀同志的小册子〔55〕中已经回答了。一个革命根据地除了必须具备的地理、敌情、时机等条件外，其本身必须具备着革命的武装、政权、群众组织和党等四种力量。彭德怀同志说："革命根据地的巩固不巩固、健全不健全，就决定于上述四种组织的巩固不巩固、健全不健全。"这四种革命力量是缺一不可的，缺了一种都不能形成革命根据地。这四种力量又是互相配合的，任何一部分不得力都会影响到其他部分，互相配合不好也会使根据地受到损害。

有人会问：根据地的创立是先有武装还是先有党和群众运动呢？这是一种机械的提法。实际上，有的地方是先有党和群众运动，实行农民暴动，自己创造武装和政权，形成根据地，然后又用这个武装和政权的力量去扩大根据地，创造新的根据地。有的地方则是先有了革命武装，以武装力量打开局面，

---

* 这是邓小平同志在中共中央太行分局高级干部会议上所作结论第三部分的第一节，刊载于中共中央太行分局一九四三年三月二十五日出版的《战斗》增刊第十九期。

建立党、政权和群众组织，形成根据地。但是，不管哪个在先，只有在上述四种革命力量形成起来的时候，才有革命根据地。

有人会问：这四种革命力量哪种更重要，哪种是中心环节呢？我以为这同样是机械的提法。实际上，这四种力量既然是缺一不可的，所以是同等重要的。假设一定要定个先后的话，则应根据中国革命的特点、战争的特点，将武装放在第一位。但必须懂得，只有武装，没有党、政权和群众力量，武装斗争便不能支持而会走向失败，历史上有些区域由于单纯军事观点而失败的例子，证明了这点。只有群众运动或坚强的政权工作，而没有坚强的足够的武装，或军事路线发生错误，也会使根据地失败，党政工作群众工作垮台，第五次反“围剿”〔56〕失败后退出中央苏区〔17〕的例子，证明了这点。没有坚强的政权工作，财经建设、除奸司法等工作无成绩，不仅不能建立根据地的秩序，而且要影响到军需民食，这样也会影响到根据地的巩固与坚持，太行区一九三九年的例子可以证明这点。最后，没有坚强的党的领导和党的组织基础，没有党的一元化的领导，党的领导不贯彻于武装、政权、群众组织等各系统中，党的领导发生错误，都要影响到根据地的建设、巩固与坚持，许多例子证明了这点。所以说，哪种力量最重要最中心的提法是不对的。但是，是否我们应该在任何时间任何条件下，都同等地去注意这些工作呢？不是的。党的指导要依据于当时当地的情形，提出当时注意的中心。如政权工作薄弱就加强政权工作，群众工作薄弱就加强群众工作。当然，在加强这一工作时，要有其他几种力量的配合。例如，在华北的开辟阶段，与历史上的前例又有其不同特点，首先抓住以强大的八路军的力量打开局面为中心，接着把中心放在建立政权，自上而下地建立、发展党和群众组织，建设财政经济，建立社会秩序。这样就抓住了规律性，因而获得了伟大成绩。又如在巩固阶段，我们应以执行土地政策、发动群众为中心，并建设健全的民主政治制度，但在这一点上我们过去执行中央、北方局的指示不够，在一九四〇年、一九四一年注意群众工作不够。这正是我们的历史教训。

有人会问：武装、政权、群众、党四种力量如何联系与配合呢？首先是党的领导问题，党是领导一切的核心。在没有党的地方，革命队伍的责任是建立党与发展党。根据地的党的责任是要善于掌握几种力量的联系与配合，根据不同条件去决定自己注意的中心方向，在解决这一中心工作时要求得其他工作的配合。武装力量的责任是保卫根据地，保卫革命政权，保卫人民利益，建立党而又服从党的政治领导，建立革命政权而又服从政府的革命法令，参加群众工作，发动群众，而又为群众所帮助、所监督。政权的责任是服从于党的政治路线和政策的领导，扶植群众运动和照顾基本群众利益，巩固统一战线，爱护军队和解决军队的供给、补充。群众团体的责任是在党的政治领导之下，独立地去进行发动、组织与教育群众的工作，把群众的认识提高到政治斗争武装斗争阶段，使群众形成一个自觉自为的阶级力量，去与地主资产阶级实行统一战线而又巩固统一战线，诱导群众执行政府的革命法令，号召群众参加与拥护革命军队并把自己武装起来加入民兵。这就是这几种力量的配合与联系。有了武装就有了一切，或有了群众就有了一切的说法，只有在一定条件下才是对的，否则是有毛病的。

还要着重说到的是,我们敌后抗日民主根据地的巩固,还要看统一战线巩固的程度,这也是一个决定条件,也应引起我们注意。

以上就是根据地建设的规律。

有人还会问:我们过去是否掌握住根据地建设的规律呢?肯定地回答,一般是掌握住的,所以才有这几年坚持与建设根据地的伟大成绩。否认这一点,就不能解释为什么我们能坚持,根据地能日趋巩固。但是,我们有无缺点和错误呢?我们的回答是,有的,如一个时间内武装政策中的偏向,相当一个时期内对群众工作的忽视,几种力量的联系与配合还很不够。假如没有这些偏向,我们的工作会做得更好,根据地会更巩固些。有人说我们根据地还不巩固,当然是不正确的。

中央、北方局历来就有建设根据地的明确方针,我们的偏向或错误,就是对中央、北方局的指示研究不够、执行不够的结果,这正是我们的历史教训。

今后在残酷斗争中,我们必须正确掌握根据地建设的规律,提高根据地的巩固程度,并以最大努力保卫我们的根据地。如果我们没有根据地,则抗日与民主政治的建设乃至反攻将无所依托,切不要忘记历史上没有根据地时候的痛苦。

二、群众运动的规律。

群众运动有其自身的规律,党在指导群众运动中,必须掌握住这种规律。过去由于我们对中央、北方局的指示执行不够,所以今天的群众工作没有获得应有的成绩。

什么是我们指导根据地群众运动应掌握的规律呢?第一

是发动群众，在发动群众中组织群众、武装群众；第二是在发动群众之后，立即注意整理与健全群众组织生活；第三是在发动与组织群众中注意群众的政治教育，在发动与组织任务完成之后，应将重心转入教育群众，把群众运动提高到民主政治和武装斗争的阶段，使群众形成一个自为的阶级力量，去参加统一战线，去参加群众性的游击战争，以巩固既得的政治经济权利；第四是把群众的经济斗争政治斗争约束于统一战线范围之内。不了解这些发展的规律，不懂得诱导群众运动逐渐由低级向高级发展，就会使运动脱节，就不能逐步地提高群众到自为阶级的阶段，也就不能保卫其既得的利益。

有人说，过去我们应该划定一个阶段来集中力量发动群众，没有这样做是个损失，是个缺点。这种说法是很对的。但是也有人说，过去没有划定一个阶段来发动群众，就是没有掌握住根据地建设的规律性和群众运动的规律性。这种说法是不能同意的。应否划定一个阶段，是发动群众的方法问题，而不是规律性问题，不能设想任何地区任何时间都能划定一个阶段来做群众工作。例如中共六届六中全会〔57〕提出巩固华北，以进一步深入群众工作为中心，但并未指出要划出一个阶段来做；又如华中群众工作做得很好，但一九四一年还未提出划出一个阶段问题，这不等于中央或华中局没有掌握住群众运动的规律性。而且认识是个发展的过程，只有在今天来看过去，才知道我们如果在一九四〇、一九四一两年划出一个阶段来做，是最好的办法，没有这样做，是一个很大的缺点。特别要指出，过去我们对群众运动指导的主要错误，不是没有划出阶段的问题，而是没有在巩固阶段以执行减租减息〔50〕、雇工增资[58]等土地政策为中心去发动群众的问题。

有人说，过去我们放过了相当的时机，没有把群众充分发动起来。这是对的。但不能说，过去我们没有发动群众。我们不仅有抗战初期广大而深入的抗日发动，反磨擦斗争中热烈的群众运动，而且有今天冀南的中国人大团结的群众运动，这些发展的政治意义是丝毫不可轻视的。就是在减租减息发动群众上，我们也做了一些工作。特别对去年下半年的成绩，要有足够的估计，只是各地成绩大小不同，如太行比太岳、冀南要略好些。

接受历史教训，是为了今后的工作，但不是把历史上可能做的，机械地搬到今天来运用，而要看今天的具体条件，来决定如何去做。今天太行、太岳还可以划定一个时间来发动群众，但在冀南根据地变质[45]后的广大游击根据地（除少数基本根据地），就没有这个可能了。冀南今天是密切结合对敌斗争去适当照顾基本群众利益的问题，是以对敌斗争为中心去发动群众的问题，而不是以减租减息、雇工增资为中心去发动群众的问题了。就是在太行、太岳区也要注意到今天敌后残酷复杂的斗争的特点，对封建地主不能机械地去划分打的阶段和拉的阶段，而应是又打又拉，打中有拉，拉中有打的正确运用，打的时间要求缩短，不宜过长。这是新条件对我们的要求。

发动群众、组织群众、教育群众的工作是困难的，是需要时间的，不能要求过急。但认为“一年做不好有二年，二年做不好有三年”，也是不好的。太岳、太行区一般应在今年内克服不平衡，完成发动群众与组织群众的任务。冀南应大胆地去发动群众、组织群众，但主要是在对敌斗争中，而不是在执行土地政策中去发动组织群众。土地问题在冀南无疑是应居于次要地位的，就是在太行、太岳，也要约束于统一战线之内。所以在冀南单独提出削弱封建的口号，是值得考虑的。

冀南游击根据地发动群众的标准是什么呢？我以为：第一，广大群众自觉地积极地参加对敌斗争，不仅先进部分，而且落后部分都参加了斗争；第二，在对敌斗争中，基本群众参加了人民武装（公开或隐蔽的），并掌握了这些武装；第三，在村政权中，基本群众自觉地参加，真正实现了“三三制”[3]；第四，在对敌斗争中适当争得基本群众自身的利益，并巩固了与地主资产阶级的统一战线，共同对敌；第五，有了群众自己的组织，或在统一战线的组织中取得了基本群众的优势；第六，群众相信党和八路军，懂得只有跟着我党我军走，才能得到自己的解放。

有人说，似乎这样的标准要求在冀南不成问题了。这是空洞乐观的估计，实际上还差得很远。没有正确的政治领导，没有艰苦严密而有贯彻力的组织和教育工作，这样的要求是不能完全达到的。

三、发动群众与巩固统一战线。

这是一个如何把群众斗争约束于统一战线范围之内的问题，是照顾到既能发动群众又能巩固各阶层团结的问题。这里只说几点认识上的问题。

（一）把打的阶段与拉的阶段结合起来，实行打中有拉，拉中有打，打得要恰当，拉得要及时。当然在各个县、区还有划分打与拉的阶段的必要，但打的阶段不宜过于拖长。在打的时候，应更多采取说理方式，争取开明分子来影响其他地主实行减租减息，即使他们假开明，也有好处，也应鼓励；只有对个别顽固分子，才经过一番孤立工作之后，实行斗争的方式。在拉的时候，要防止地主的反攻，特别要教育群众自动地去团结地主。

（二）是削弱封建，而不是消灭封建。我们的方针是既要改善群众的生活，也要使地主保有一定的经济地位。过去有个别地方执行减租清债等法令时，有些过分的地方，应该纠正。政府的法令是一般的原则，在执行中必须依据上述方针，加以恰当的执行，尤应纠正算很久以前的老帐的办法。

（三）削弱封建不只是在经济上，而且表现在政治上思想上。在政治上打垮地主阶级的统治，实行"三三制"民主政治，其本身就是削弱封建阶级在政治上的地位，但绝不能解释为消灭封建阶级的政治地位。地主阶级只要它是抗日的，不反对民主政治的，它就有参加"三三制"民主政权的权利。所以我们在政治上，不仅要保障群众的人权、政权、财权、地权，还要保障地主的人权、政权、财权、地权。在群众运动中不能提倡侮辱地主人格的行为，如打人、唾口水等。尤其在党的领导上，应防止这些现象成为风气，因为这些做法，会失掉社会同情，有碍团结地主抗日，也妨碍争取落后群众卷入斗争。削弱封建阶级的政治地位，是一个严重的斗争。过去的经验证明，地主阶级，特别是大地主，非常重视其政治上的统治地位，减租减息他们还比较容易接受些，一触及到政权问题，就要遇到他们的严重反抗。所以没有群众自觉地参加政治斗争，要想削弱封建阶级的政治地位，是不可能的。

（四）团结地主抗日，只靠方式上的讲究是非常不够的，主要应使之能够生活，能够保有一定的经济地位，保障其合法的财权，否则即使我们态度很好，即使选他当了代表和参议员，都会无济于事。这点在解决具体问题时，应加以注意。

（五）群众“左”可怕不可怕的问题。只有当我党能够及时掌握与恰当纠正“左”的现象时，“左”才是不可怕的，如果让“左”的东西发展到破裂统一战线的地步，那就是值得可怕的。我们共产党人，不仅要认识世界，而且要改造世界，不仅要当群众的学生，还要当群众的先生，党不是要发展群众运动中的自流性，而是要使党的方针在群众运动中获得实现。这就说明了党的指导的作用。

（六）对富农应采取削弱其封建部分、奖励其资本主义部分的方针。如何解决这个问题呢？主要在政策法令上要照顾这两个方面。同时在斗争中，不能把富农与地主一样看待。过去斗争的对象，富农占的比例不小，这是一种不正常的现象。今天各地已经发生了某些过分的现象，应注意作适当的纠正。

（七）群众运动要求深入，但亦应注意其规模。例如，应该讲究这一区域对另一区域斗争的声援，这一群众团体对另一群众团体斗争的声援，召开必需的一定范围的群众会、群众干部会、代表大会等等，都是很重要的。这样，既可以使群众斗争的经验教训普及，可以影响落后区，争取运动的平衡，又可以提高群众的阶级觉悟和自信心，还可以培养群众的领袖。

四、党与群众团体。

所谓群众团体的独立性，是在组织意义上讲的，在政治上必须保障其在党的政治领导之下。党对群众团体，应加强其政治领导，不应在组织上去包办。群众团体的工作，应由群众团体自己去讨论和执行。党对群众团体的政治领导,也不能直接下政治命令,而是经过党团[6]去实现。过去各地对群众团体的认识是不清楚的,一般是包办与放松政治领导两个毛病都有的,今后应加纠正。同时,在提出群众团体的组织独立性时,又要防止群众团体脱离党的政治领导的倾向,防止党团脱离党的领导的闹独立性的倾向。

今后的群众运动,应做到由群众团体特别是农会去出面领导,党务工作干部、军事工作干部去从事群众运动时,可以群众团体面目出现,或经过群众团体的介绍。只有这样,才能培养起群众自身的组织观念,培养群众团体的威信,也只有这样,才能培养出群众的领袖。

同时,党对群众运动的指导必须加强,要派遣很好的与群众有联系的干部到群众团体去作负责工作,特别要注意提高下层群众团体的工作能力。对于各种群众团体,不可能加以平均的注意,今天应特别加强党对农会工作的领导,首先健全农会的组织和生活。

各救国会组织在区以上仍采取救国联合会的形式,不必变动,但在村一般应分开组织。上级救联人数尽量减少,把干部充实到下层去。

群众团体的经费,应逐渐做到自给,政府给以足够的津贴。今后群众团体的经济开支,可以自己负责,不必由政府审核。

党应用最大努力去培养大大小小的群众领袖,要知道群众领袖是最值得珍贵的,没有他们是不能支持最困难的斗争的。

五、政府在群众运动中的地位。

政府对于群众运动应是扶植的态度，所以不应对群众运动采取旁观或漠不关心的官僚主义态度。但是群众运动应该是群众自觉自动的运动，所以政府也不要采取干涉或代替包办的态度。

敌后抗日民主政府，是统一战线的政权，是在我党政治领导之下的政权，它的施政纲领和法令，是符合于党的政策的，是既照顾了工人、农民又照顾了地主、资本家的，所以是有利于基本群众的。我们在群众运动中实行减租减息、合理负担〔50〕等有利于基本群众的事情，就是在执行政府的法令；而政府在公布了这些法令之后，还必须保障其实现，所以把群众运动和政府态度对立起来是不对的。党和群众团体在指导群众运动中，政府在扶植群众运动中，都是保证这些法令的实现，都是要把群众运动约束于政府法令之内，亦即是约束于统一战线范围之内，所以群众团体和政府对群众运动的立场是一致的，只是在各自的岗位上有其不同的态度和作法。

政府对群众运动的正确态度是什么呢？

（一）当某一地区还没有实行减租减息、合理负担等法令时，应派人下乡解释政府法令，督促实行，并坚决表示不准不实行的态度。

（二）当群众已经发动起来，实行减租减息等斗争时，政府人员应尊重这种自下而上的群众运动，尊重群众自觉自动的阶级觉悟，不应采取自上而下的干预或包办群众斗争，不应利用政府权力，采取行政手段去过早结束群众斗争。这种干预、包办的方法在表面上可以使群众容易得到利益，但是妨害了群众的自觉性，使群众不会相信自己的伟大力量，更不能提高群众的觉悟达到政治斗争的阶段，这是有害的方式。

（三）在群众斗争中，政府人员的工作是加强政府法令的解释工作，这实际上就帮助了群众运动。

（四）当群众与地主发生争执时，政府采取坚持法令秉公办理的态度，这也实际上帮助了基本群众。

（五）当群众运动中发生过左行动时，政府人员首先应通知党或群众团体加以说服纠正，或商定互相配合加以纠正，切忌简单地采取行政方式处理。但当这种“左”的行动影响太大，特别是为反动派利用，造成社会秩序的混乱时，政府就应出面干涉制止，制止后仍须对群众进行充分的解说工作。

（六）在群众运动中，政府人员应对地主士绅进行工作，主要是解释政府法令，劝说他们遵行。不能在地主面前去打击或批评群众团体及其干部，以致增高地主气焰。如群众团体或干部有失理处，可以加以解释，同时指出地主的不合理。

（七）政府人员在群众面前应处处尊重群众领袖，帮助培养对群众领袖的信仰。同时，党及群众团体在群众运动中，亦应提高抗日民主政府的威信，如在群众中损害了政府的威信，是非常有害的。

军队参加群众运动还是很重要的。过去取消民运部门，是因为当时对地方工作成绩估计过高，加上军队干部有些工作方式生硬，影响到有些地区要求军队不要打乱了地方工作的步调，今天看来这是不妥当的。今后军队不仅要派干部以群众团体（主要是农会）的面目，或由群众团体介绍，去参加地方工作，而且军队还应参加群众斗争。这不仅可以帮助群众运动，更主要的对军队本身是很好的活的教育。当然在参加时,不一定要抬着机关枪和大炮。军队派到乡村工作的干部,必须统一于当地党的领导之下,在当地群众团体的工作计划之下步调一致地工作。

六、村级工作。

一切工作的基础在村,我们必须注意村级工作的领导。关于村级工作的一般原则,彭德怀同志的小册子中都提出了。村级工作是很复杂的,各级党必须继续研究与解决村的工作问题。

我们在简政中,把行政村扩大,固然增加了工作上的一些困难,但不如此会增加人民很多负担,所以不必改变,而要注意于讲究在大村条件下,如何进行领导工作的方式。

# 太行区的经济建设*

（一九四三年七月二日）

敌后抗战是一个极复杂、极艰难的斗争，我们已经胜利地渡过了整整的六年，并且已经奠定了继续坚持争取最后胜利的基础。以八路军这样窳劣的武器，四年来没有得到一个铜板一颗子弹的接济，而能战胜各种困难，与强大的敌人进行短兵相接的斗争，这不能不是一个奇迹。究竟它的秘诀在什么地方呢？如人所共知的，我们有一个毛泽东的战略战术指导原则。依据这个原则，从无数的战斗中，才创立、保卫与巩固了各个抗日根据地，才箝制了日寇在华总兵力的一半，减轻了大后方正面作战的负担。如人所共知的，我们同敌人进行了严重的政治、文化和反特务的斗争，大大地发扬了根据地和敌占区人民的抗日积极性，坚定了人民的民族自尊心和自信心。然而，还有如人所共知的，就是我们在敌后还在极端困难的条件下，进行了经济战线的斗争，而且获得了不小的胜利。也正是因为有了这一经济战线的胜利，我们才有可能坚持敌后抗战六年之久，并且还能继续坚持下去。

敌后的经济战线斗争的尖锐程度，绝不亚于军事战线。敌

---

* 本文刊载于一九四三年七月二日延安《解放日报》。

人对我们的经济进攻，是与军事、政治、特务的进攻密切结合着的，是极其残暴的。在敌占区，敌人实行了无穷尽的人力、物力的掠夺。人民的负担超过了全部收入的二倍到三倍，粮食、金钱没有了，还不得不以家具折价缴纳负担。而人力的掠夺尤足惊人，大批壮丁被捉走服役，支差难以数计。据敌酋宣布："华北封锁沟的长径等于长城的六倍，环绕地球一周的四分之一"。这都是敌占区人民的血汗堆积起来的。因此，形成了敌占区连年的歉收和今年严重的灾荒。而敌人又利用这个灾荒挑拨人民到根据地抢粮，企图形成抗日根据地与敌占区中国人之间的严重对立。对抗日根据地，敌人实行了一面封锁一面掠夺的政策，封锁我们的必需物资，吸收我们的有用物资（如粮食），不断地对边地蚕食和在每次"扫荡"时大肆抢掠摧毁——杀人、捉壮丁、烧房子、毁农具、抢耕畜、烧粮食、损毁青苗。敌人极尽残暴之能事，其目的则在于"毁灭抗战生存力"。在敌人这样的摧残之下，人民创伤极其深重，如不采取有效办法，一旦人民元气耗尽，一旦军需民食没有保证，敌后抗战的坚持是不能设想的。太行区就在这样的警惕下，加强了对于经济战线的注意。

敌后的经济战线，包含了两个不能分离的环节，一是对敌展开经济斗争，一是在根据地展开经济建设。没有对敌斗争，谈不上根据地建设，没有根据地建设，更谈不上对敌斗争。我们各种具体的经济政策，都是照顾了这两方面而订出的。抗战初期，我党中央和毛泽东同志就提出了"自给自足、自力更生"的经济建设方向，六年来我们就在这个方向下进行我们的建设的工作。经过了无数曲折，遇到过不少的困难，到现在，我们才摸索出了一条道路，这条道路使我们不仅保障了抗战的需要，保护了人民的利益，打击了敌人的掠夺计划，而且为反攻和战后建设做了不少的准备。

那末究竟我们做了些什么，并且获得了什么经验和教训呢？

首先，我们确定了发展生产是经济建设的基础，也是打破敌人封锁、建设自给自足经济的基础，而发展农业和手工业，则是生产的重心。经验告诉我们：谁有了粮食，谁就有了一切。战时粮食普遍缺乏。我们处在农村只能以农业生产为主。敌人在城市最缺乏的是粮食的供给，我们有了粮食，不但军民食用无缺，而且可以掌握住粮食和其他农业副产物去同敌人斗争，并能换得一切必需的东西。同时只有农业的生产，才能给手工业以原料，使手工业发展有了基础；而手工业的发展，正可以推动农业的生产，正可以抵制敌货的大量倾销，实现自给自足的经济。

发展生产，不能是一个空洞的口号，而需要正确的政策和精细的组织工作。我们的减租减息〔50〕和交租交息的政策，给发展生产开辟了一条广阔的道路。凡是减了租息的地方，广大劳动人民的抗战热情和生产积极性都大大增强了。而在减租减息之外，政府还规定必须交租交息。以减租减息交租交息政策稳定各阶层的关系，加强各阶层的团结，号召各阶层人民努力生产积蓄，由自给自足向着丰衣足食的道路前进。为了达到这个目的，政府还颁布了重要法令，规定“存粮存款不负担”，“雇工工资一半不负担”，“羊群不负担”，“负担照抗战后平年应产粮计算，多收产粮归人民自己”等等，并奖励劳动英雄和

“吴满有运动”〔59〕的参加者，这就是在限制封建剥削下促进国民经济发展的方针。这也正是孙中山先生给我们指示出的道路。我们的工商业政策，给了发展农业和手工业以很大的便利，政府规定的工业负担是最轻的，因而手工业，特别是家庭纺织业，近年来有了相当的发展。较大工业的建设，则因为游击战争的环境的限制，几乎是不可能的。

在生产的组织与领导方面，抗日民主政府与群众团体曾经尽了很大的努力。我们的军队也积极地参加了这个战线，给人民以不少的鼓舞和帮助。农业生产是贯穿于全年而又富于季节性的事情，严格说来，无所谓农闲时间。犁地、选种、下种、选苗、锄草、夏收、秋收，还要适时地积肥、施肥（第二年的肥料头一年六月就要开始准备）——我们在春耕、秋耕、夏收、秋收的时候，都做了巨大的工作。我们发动人民的生产热忱，反对懒汉，组织劳动力并实行调剂，改良种子，解决牲畜农具的需要，发动儿童拾粪，号召妇女参加生产，调解租佃关系和主雇关系，以及发动植树、修渠、打井、造水车等事业，所有这些，无一不是非常具体的工作。同时政府每年还举办了数百万元到千万元的低利和无利的贷款。凡是于人民有利的事情，无不尽力提倡与实行。正因为我们注意了生产的组织与领导，人民许多困难被克服了，“增加生产、改善生活、准备反攻”的口号，响遍了太行山的每个角落，获得了生产战线上年复一年的胜利。我们的军队，除了自己生产解决一部分军费之外，每到农忙时候，漫山遍野，都是穿着军服的人，同老百姓在一块劳作。而且恰恰在这样的季节，正是敌人向根据地进行带摧毁性的蚕食和“扫荡”的时候。所以军队不但要帮助人民生产，还要同民兵一块保护人民的耕种收割，这正是军民能够打成一片的理由，也正是我们军队之所以被称为人民子弟兵的理由。

手工业的发展还是不够的，但就现有的成绩已经大大地减少了敌占区货物的输入。这里没有外来的洋油、香烟、肥皂和奢侈品，自制的香烟等已够本区供给有余，且有部分的出品，如布匹、毛巾等棉织物和纸张，能够往外运销。我们所缺少的是食盐和火柴，来源虽并不困难，但现在也正逐渐制造火镰作为火柴的代用品。

去冬今春，太行区的旱灾面积占根据地的五分之一，而敌占区流入的灾民还有很大的数目。这是几年来最困难的关头。我们组织了巨大的救灾工作和春耕运动，现在大致已经渡过了难关。只要雨水不缺，人民很快就可缓过气来。我们救灾的办法，除了部分的社会互济之外，基本上是靠生产。政府拿出了大批款子，贷给灾民。有的是纺织贷款，如武安一县就贷款组织了两万多妇女参加纺织生产。她们每天劳动所得，可以维持一个半到两个人的生活，妇女地位大大提高了。有的是水利贷款，今年修渠贷款即达四五万元，工人全系灾民，每人每天三斤小米的工资，可以节余一部分养家。我们曾从产粮的敌占区获得粮食来低价（相当市价的一半或三分之二）卖给灾民，而运输这些粮食的都是灾民，可以得到运输工资养家。合作社也到处发展起来了。在敌占区的灾民，是流离失所与大批的死亡；在抗日民主根据地，灾民比往年要苦一些，但在政府有计划有组织的救济之下，仍然充满了对敌人对自然作斗争的活力。我们的军队和政民干部，在灾荒严重的区域，成了生产的主力军，专员、县长、司令员、政治委员都亲率干部战士去帮助灾民种地,更给了灾民以很大鼓舞。现在下种间苗已经完毕,只要雨水及时,不致形成连续性的灾荒。大批来自敌占区的灾民,得到政府和人民的帮助,解决了他们居住、粮食、农具、种子等困难,开出来的荒地,青苗已经长成了。

在组织和领导人民生产的事业上,我们也并非万事如意的。主观主义和粗枝大叶的毛病,妨碍了不少工作的进步。在抗战初期,曾有支差过多、浪费民力的现象,这个毛病很快就得到了克服。政府规定只有专员公署和军分区以上的机关才有支差的权力,在农忙时禁止支差,军队应自己背粮驮炭。这是一个很大的善政。以后我们又发现了一些形式主义和官僚主义的作风,如过多的群众会议、干部会议,乃至人民武装过多的放哨和操练,都妨碍了农民的耕作。因此,曾具体规定了会议、下操的时间,取消平时的岗哨。我们的干部对生产的事情了解太少,常从主观的愿望去决定问题。比如在春耕时,才提出儿童拾粪的口号,才注意到选种等工作,这是何等的荒谬!又如对发展手工业的领导,很多还是空洞的号召,忽视了群众问题的具体解决。合作运动也还不能令人满意。这些还有待于今后的努力与纠正。

其次,说到我们的负担政策。我们实行的是钱多多出,钱少少出的原则,是量入为出与量出为入的配合,既照顾人民的负担能力,又照顾抗战的需要。而更重要的,是使负担办法适合于奖励发展生产的需要。上面所说的“存粮存款不负担”等法令,都是为着这个目的:减轻人民的负担。我们除了一贯地提倡节约、反对浪费和严惩贪污(贪污五百元以上的处死刑)之外,还实行了连续两次的精兵简政,一九四三年度公粮比一九四二年度减少了百分之十六到十七，这是实际的效果。历史上最大的病政之一，是村款的浩大。我们很早就实行了以县为单位统筹统支的办法，规定村无派款权，改革了这个病政。边区临时参议会〔9〕通过的统一累进税〔60〕办法，将于今年在太行区实行，这更确实照顾了各阶层的利益，负担面有了扩大，完全符合中共中央规定负担人数达到总人数百分之八十的政策。统一累进税实行以后，不仅可以进一步奠定财政的基础，而且必然提高各阶层的生产热忱。

再次，我们的税收贸易政策，是采取"对外管理对内自由"的原则。争取出入口平衡是我们努力的目标。为了便利对敌斗争，我们把税收和贸易两个部门，置于工商管理局的单一领导之下，用严格的税制来保护根据地的经济，并使对敌斗争容易得到胜利。我们禁绝了一切奢侈品，限制了非必需品的输入，同时组织根据地非必需品和多余物品如药材、草帽等等的输出，以换取外来的物资。为此，我们组织了带群众性的缉私工作，给缉私者以较高的奖励，严惩舞弊营私。组织商人参加对敌经济斗争，甚为重要。所以，对敌占区贸易不能采取政府统制一切的办法，而是管理的办法。对内尤不能垄断，而应采取贸易自由的办法。对于商人的投机行为，则利用公营商店及合作社的力量，加以压抑。实行这种办法的结果，大大加强了对敌斗争的力量，增加了税收，繁荣了市场，保障了人民的需要。太行、太岳物价之低，在很长一个时候，为他区所不及。今年灾荒的克服，我们实行的粮食调剂和棉布交易起了极大的作用。当然，在这方面，我们的同志也曾发生过错误，比如一个时期曾打断对外的交易，开始时对商人作用的认识不够，以及对内的合作社统制思想，都停滞了根据地的经济建设。还有，在对外贸易中，组织了过多物资的输出，忽视了掌握物资以与敌人斗争的重要，也一度使我们吃了很大的亏。而工商管理部门，热心于贸易投机，忽视了生产合作事业的发展，忽视了一点一滴地去开发输出的物资（如发动人民挖药材，收买猪鬃等），都是很大的毛病。这些，是我们纠正过了或正在纠正的错误。

我们的货币政策，也是发展生产与对敌斗争的重要武器。货币政策的原则，是打击伪钞保护法币〔61〕。我们鉴于敌人大发伪钞，掌握法币，大量掠夺人民物资的危险，所以发行了冀南钞票〔38〕，作为本战略区的地方本币。实行的结果，打击了敌人利用法币的阴谋，缩小了伪钞的市场，强化了对敌经济斗争的阵容，给了根据地经济建设以有力的保障。为了保障本币的信用，我们限制了发行额，大批地贷给人民和投入生产事业，取得了人民的热烈拥护，本币的信用是很巩固的。我们不断地对敌占区进行政治攻势以及适时地利用物资，给了伪钞以相当的打击。但是不能因此对伪钞作出过低的估计，过分地估计了它的动摇程度，而作出冒险的或失当的处置。

最后，在敌占区和游击区，我们采取了减轻人民对敌负担、保护人民的利益的方针，作为一切敌占区政策的出发点。敌人掠夺粮食，我们就帮助人民采取武装的以及各式各样的方法打击敌人的抢粮计划；敌人要抓丁，我们就组织壮丁逃跑，并与人民共同打散集合的壮丁。诸如此类的斗争，几年来没有一天停止过。没有这样短兵相接的尖锐斗争，敌占区同胞的惨状不知变成如何的程度了。

这些就是太行区经济建设的简略介绍。从这里，我们得到了些什么经验呢？我们的经验是：第一，敌后的一切离不开对敌的尖锐斗争，我们每一点经济建设的果实，都是用血换来的。第二，没有正确的政策，就谈不上经济建设；而这些政策的订定，必须以人民福利和抗战需要为出发点。第三，任何一个经济建设的事业，没有广大人民自愿地积极地参加，都是得不到结果的。第四，将大批的得力干部分配到经济战线上去，帮助他们积累经验，才能使经济建设获得保障。

今后斗争更加残酷，抗战胜利还要经历一个相当的过程。毛泽东同志告诉我们：战争、生产、教育，是敌后的三大任务〔62〕。我们一切为着战争的胜利，生产正所以保障战争的胜利，教育则为战争、生产而服务，把三者密切地结合起来，就是不可战胜的力量。所以，百倍地加强经济建设的领导，应该是今后始终贯彻的方向。

# 在北方局党校整风动员会上的讲话*

（一九四三年十一月十日）

同志们：

党中央和毛泽东同志去年提出的整风〔63〕号召，在全国，尤其在陕甘宁边区，收到了很大的效果。这次整风在党的历史上是空前的，不仅对于我们中国党的建设有其伟大的意义，就是对于世界各国党也是很重要的贡献。

大家知道，整风的目的是要以无产阶级的马列主义的思想，去克服存在于我们同志中的非无产阶级的非马列主义的思想，使我们全党思想更加统一，意志更加集中，全体同志更能团结在以毛泽东为首的党中央的周围，一心一德地去完成中国革命的事业。自然，我们的整风运动要从每个同志自己着手。党是由许多个人集合组织起来的，个人把思想作风整好了，就可以使他担负的工作得到改进，因而党的力量也就增强了；如果我们所有的同志都把歪风去掉，那我们党不知要增加

* 这是邓小平同志在中共中央北方局党校第八期开学时作的整风动员讲话，刊载于一九四三年十二月四日北方局、第十八集团军总司令部直属机关学委会出版的《整风周报》第二期。

多大的力量!整风运动是我们建党的百年大计,每个同志都要自觉地参加。

但是,整风的意义是否真为所有同志所了解呢?我以为直到现在,大家的了解还是非常不深刻的,不但一般同志,就是领导同志了解也很不够。否则就无法解释:为什么经过了一年半的时间,我们的整风还没有整起来。因此,当着本期党校开学和太行区全体机关部队开展整风运动的时候,再来说一说整风的重要性,不是没有意义的。

党中央和毛泽东同志为什么提出整风号召呢?我以为这是毛泽东同志在总结了党的二十一年历史的经验教训之后,特别是研究了党的现状之后,提出来的使党进一步布尔什维克〔10〕化的方针,使党在思想上更好地武装起来、一致起来,顺利地领导中国革命走向胜利的方针。

现在,我们党有二十二年多的历史了,其间经过了三次大的革命战争〔64〕,我党始终站在最前线,为着民族和人民的解放事业而英勇奋斗,我党始终引导着中国革命向前发展、向前迈进。但是我们也有好几次挫折和失败的教训,而每次的挫折或失败,都是学风、党风、文风三风不正占统治地位的领导所形成的恶果。例如,第一次大革命〔1〕是我党积蓄了力量干出的一个轰轰烈烈的大革命,可是被大革命后期不长时间的陈独秀机会主义〔65〕领导断送了。又如党在克服陈独秀机会主义之后所积蓄起来的力量,又在李立三同志冒险主义〔66〕的领导之下,遭受了很大的挫折。苏维埃后期的"左"倾机会主义〔67〕统治时间更长,给予我党的损害也更大,苏区红军和白区党的基础,都在这种三风不正占统治地位的领导之下,大部弄垮了。这些教训告诉我们，当着党的领导正确的时候，我们党的工作和革命运动一定是发展的；当着三风不正占了党的统治地位的时候，就会把我们长期艰苦创造起来的基础弄垮，就会使革命遭到挫折和失败。主观主义、宗派主义、党八股[53]的统治时间愈长，给予党和革命的损害也就愈大。这是一方面的教训。

还有另一方面的教训，就是我党自从一九三五年一月遵义会议[68]之后，在以毛泽东为首的党中央领导之下，彻底克服了党内"左"右倾机会主义，一扫主观主义、宗派主义和党八股的气氛，把党的事业完全放在中国化的马列主义，即毛泽东思想的指导之下，直到现在已经九年的时间，不但没有犯过错误，而且一直是胜利地发展着。这种事实我们大家都知道得很清楚。的确，在以毛泽东思想为指导的党中央的领导之下，我们回忆起过去机会主义领导下的惨痛教训，每个同志都会感觉到这九年是很幸福的，同时也会更加感到三风不正对我们的毒害了。凡是研究了一下党史的人，一定会深感整风的重要的。

现在我们有了这样好的党中央，有了这样英明的领袖毛泽东同志，这对于我们党是太重要了。但这是不是说问题已经完全解决了呢？没有的。有了中央正确的领导，还必须有忠实执行中央指示的各级党的组织和干部。如果我们各级党的组织和干部还充满着主观主义、宗派主义、党八股这些歪风，中央的正确领导是无法实现的。而这些歪风，这些非无产阶级的思想意识，恰恰在我们干部中和各级党的组织中还是相当严重地存在着，曾给了我们工作以不小的损害。毛泽东同志号召整风当然不是无的放矢，而正是针对着我们的弱点提出来的，是一针见血的指示。我们大家可以好好回忆一下几年来自己的工作，反省一下自己的思想意识，就会懂得这一点。拿太行、太岳、冀南这几个区域来说吧，几年来我们的工作，在中央的领导之下，是有成绩的，但是由于我们同志，特别是我们这些负责的同志还有不少的歪风，给予工作的损害也是令人痛心的。比如我们在大发展时期〔69〕，拉夫式地发展党的组织，直到现在还损害着党的巩固和战斗力的增强；我们同志中的宗派主义，把大批的乡村知识分子排斥到国民党方面去了，在“三三制”〔3〕政权中始终不善于团结非党人士，不善于扩大巩固统一战线；长期的“左”的财经政策，“左”右摇摆（基本是“左”）的锄奸政策，形式主义的生产领导，简单生硬的工作方式等等，无时无地不发现许多的歪风。这些歪风给了我们很多损害，有些坏影响现在还未肃清，有的将来还要自食其恶果。凡是反省了一下自己工作的人，一定会懂得我们不整风是不行的。

至于说到我们自己，一定要承认：不仅普通的党员，而且有不少相当负责的干部，都存在着不同程度的思想不纯、作风不正的问题。我们可以毫不夸大地说，许多同志的思想意识中都存在着非无产阶级的东西。过去我们同志对自己往往是估计过高的，党的组织对干部的了解也是不深刻的。整风经验证明：认识自己不是一件容易的事，人们常常是夸大自己好的一面，对于自己的弱点总是原谅的，还往往把弱点看成优点。所以必须在集体的整风中，经过自己的努力和别人的帮助才能发现自己的弱点，重新认识自己，改造自己。各地整风的材料证明：有些同志虽然为革命奋斗了多少年，最近经过了深刻的反省和别人帮助之后，才认识到自己还不是一个完全的无产阶级战士，还没有最后地确立自己的革命人生观，或者是组织上入了党，思想上还没有完全入党，一只脚跨进了党门，还有一只脚是站在门外的。这样的同志，经不经得起大风浪呢？假如不改造，当然是很困难的。可惜这样的同志是很不少的，甚至有不少作了地委委员的干部，思想上的毛病还是很大的。老实说，现在不是自己有无毛病的问题，而是毛病多少、严重程度如何的问题。毛泽东同志说主观主义等歪风在今天不占统治地位，这是对全党来说的，我们自己就不应原谅自己，以为自己只有残余的歪风，值不得那样严重地重视与警惕，事实上对许多同志说来，就不只是残余，有的还是主观主义、宗派主义这些东西占了自己思想的统治地位。这些歪风在各个区域的表现程度也是不同的，有的区域少一点，有的多一些，有的还是歪风占了统治地位，致使那个区域遭到失败（如山东的湖西地区〔70〕）。总之，不管哪个区域，哪个同志，毛病都是有的，只是多少的问题。我们应细心来考察自己，认识自己，这是改造自己、健全自己的基础。

彭德怀〔71〕同志说：没有自身参加整风的人，是不会认识整风的重要的。的确，上期党校的经验也证明了这点。许多同志对于整风的认识，都是随着整风的逐步深入而逐步深刻起来的，直到他获得了认识自己、改造自己的效果时，才从切身体验中认识到整风力量的伟大。

以上是说的整风的重要性。

整风既然这样重要，为什么一年半的时间，我们还没有整起来呢？我以为主要的是在领导上对整风的认识还很不够，所以抓得不紧，办法想得不多。客观上有无困难呢？当然有的，如战争环境、工作繁忙等等，但绝不是主要的；只要我们充分认识整风的重要，就会想一切办法去克服困难。

在这次党校开学的同时，全太行区开始整风运动。我们一定要克服过去的毛病，认真地贯彻下去，完成整风运动的任务。要达到这个目的，不致像过去一样半途而废，首先是领导问题。领导上一定要抓得很紧，每个负责干部要亲身参加整风，认真突破一点，积累经验，以指导其他。同时，这次还采取了一些具体办法，如每个部门、每个机关，只留少数人坚持工作，大多数干部集中整风，这种办法比过去半日整风半日工作的办法要好，容易行得通，大家精神也能贯注些。照现状看来，只要不半途松弛，一定会做出成绩的。

领导上对整风是更注意了，但更重要的是每个同志要具有正确的整风态度。因此，根据上期党校的经验，向参加本期整风的同志提出下列几点意见：

第一，每个同志都要下定决心把自己的思想作风整好。首先好好地认识一下自己，看看自己的思想意识有无毛病，毛病在什么地方，然后才会决心改造自己。过去有些同志到党校，目的只是想听听报告，这种想法是错误的。要知道整风主要靠自己下苦功夫。要自己抱有高度的革命热情和对党负责的精神，才会胸怀坦白，才会有“脱裤子”的精神，也才会把思想作风整好。没有这种决心的人，或者只是企图“秘密”地改正错误，不肯露出“尾巴”的人，是绝对整不好的。上期党校有些同志就吃了这个亏，于党于个人都是无益有害的。

第二，每个同志还要具有帮助别人整风的勇气，这是我们对党、对同志应有的态度。我们不但要有自我批评的精神，还要有批评的精神，要反对那种庸俗的小资产阶级的自由主义态度。上期党校的整风经验证明：冀南区有些同志毛病不少，但是由于他们有坦率的自我批评和批评的精神，所以收到很好的成绩；太行区有些同志就因为缺乏这种精神，收效不如冀南同志大。当然，我们批评的目的是为了帮助同志，治病救人；对于别人的批评尤应虚心采纳，作为自己反省的参考，即使是别人对自己的一点感想，也是可贵的。

第三，整风要与检查工作联系，这是理论与实践联系的方法。这里所说的检查工作，不是专门的总结工作，那是要在整风完成之后才能做的。现在整风中联系检查工作的目的，是为了更容易打通自己的思想。上期有些同志在开始时，专力于泛泛地检查工作，结果变成了躲风的幌子，这种毛病也是要预防的。

第四，整风中思想上是会感到有压力的。当着一个同志把真理与个人利害对立起来的时候，没有胸怀坦白“脱裤子”精神的时候，特别在别人的帮助与批评之下，自己总是畏首畏尾的时候，一定会苦闷的。这时，我们就要好好地帮助他，使他认识整风不是对人而是对事，在真理面前屈服是可贵的精神，绝不是耻辱。要鼓励他把心中的一切讲出来，以便大家帮助。就是对于那种“两条心”的失足分子，也应好好地鼓励他向党坦白，使他懂得对党说了，党是一定对他宽大的。过去的整风经验证明：当着一个同志经过一番内心的斗争和别人帮助，最后讲出了一切之后，他的精神会马上愉快起来，自己整风更会积极，帮助别人也更会努力。对于这种同志，我们应给予热情的鼓励和欢迎。

第五，要提倡知无不言言无不尽的态度，对同志、对自己、对上级都应抱有这种态度。在整风期间，如果对北方局、对分局、对区党委有什么意见，都应该坦率提出。虽然在工作岗位上有上下级之分，但不应顾忌这种区别，无论上级对下级，下级对上级，都要坦白直率，互相帮助。我们整风的小组长、学委[72]负责人，都要从整风的积极分子中去选择，而不应拘泥于平时工作岗位的高低。

同志们！在党校本期开学的时候，我只提供这几点简单的意见作为大家的参考。同志们离开工作岗位，专门进行整风，机会是很难得的，时间虽很紧，只要我们有改造自己、改造工作的决心，就一定能够收到很大的效果。几个月之后，我们对自己的认识，对工作的态度，都会面目一新，党的事业一定会有更大的进步。

# 创建巩固的大别山根据地*

（一九四七年八月二十七日）

（一）我军已胜利完成渡过淮河、进入大别山之跃进任务，敌人追击计划完全失败。今后的任务，是全心全意地义无反顾地创造巩固的大别山根据地，并与友邻兵团配合，全部控制中原。

（二）实现此历史任务，要经过一个艰难困苦的过程，发展半年以上的时间。如不大量歼灭敌人和充分发动群众，要想站稳脚跟是不可能的。因此，我们应切勿骄躁，兢兢业业，上下一心，达成每一个具体任务。

（三）应向全军说明，我们有完全胜利的把握。首先是有陈谢兵团〔73〕在伏牛山、豫西、豫南广大地区及山东大军〔74〕在陇海路南北的互为配合。其次是我当面敌人只有二十三个旅，兵力分散，战斗意志薄弱，此次尾我失败，战略上愈显被动。再次是大别山区有长期的革命传统，且保存有游击战争的基础，我们有许多本地干部。特别是党中央、毛主席的英明领导，全军上下一致的决心和信心，胜利是有把握的，虽有困难也是能

---

* 这是邓小平同志起草的以中共中央中原局的名义向所属部队发出的指示，八月三十日又以刘伯承、邓小平名义上报中央军委。毛泽东同志阅后批示，转发彭德怀同志、东北局和华东局。

够克服的。

（四）应向全区群众说明，我们是鄂豫皖子弟兵的大回家，他们的子弟在华北胜利了，壮大队伍了；说明蒋军必败我军必胜的条件；说明我们决不再走。我们的口号是与鄂豫皖人民共存亡，解放中原，使鄂豫皖人民获得解放。

（五）在军事上，我们在最初一个月内，不求打大仗，而是占领城镇，肃清土顽，争取打些小胜仗（一两个团一次的歼灭战）。同时，特别注意引导大家熟悉地形，习惯生活，学习山地战，为大歼灭战准备条件。但必须了解，如果我们不在半年内歼灭十个旅以上的敌人，就无法使群众相信我们不会再走而敢于起来斗争，我们也就会遇到更多的困难。因此，任何时候，全军都必须有高度的战斗意志和战斗的准备。

（六）充分发动群众及其游击战争，同我们一块斗争，是实现我们战略任务的决定条件。而我军严格三大纪律八项注意〔75〕，严整军风纪，是树立良好影响，使群众敢于接近的先决条件。各级必须专门检查实现，万勿忽视。

# 跃进中原的胜利形势与今后的政策策略*

（一九四八年四月二十五日）

这次我到豫陕鄂区来，看到情况很好，这是这里的党政军各同志努力的结果，也是从去年七月起全国性反攻的结果。大家希望我谈一谈最近的形势，我想，就拿我们豫陕鄂区根据地的雏形已经具备这个事实，也大体上可以说明问题了。九个月来，全国战局有了新的发展，各个区都无例外地转入反攻。我们由黄河到长江跃进了一千里。这个跃进的意义可不要小看了，中国从北到南没有多少个一千里，从长江再跃进一千里就到了广东、福建的边界，下剩不到一千里了，蒋介石的反动政权就要垮台了。这个跃进的事实表明战略形势起了巨大变化，正如毛主席在《目前形势和我们的任务》的报告中所说的，由于我们的反攻，已经扭转了战争的车轮。我们击破了蒋介石的反革命计划，使之由进攻转为防御，由外线转到内线，而我们则由防御转为进攻，由内线转到外线，改变了战略形势。

我们几个野战军[76]出来以后，是吃了苦头的，特别是大

---

* 这是邓小平同志在河南鲁山召开的豫陕鄂前委和后委联席会议上的报告。

别山的部队遇到了好多困难。豫陕鄂的部队情况好一些，但总没有在太岳内线那样舒服。鉴于这种情况，或许有人要问：我们的反攻是不是早了一点呢？迟一点好不好呢？事实证明，反攻是恰当其时的，迟了就要犯错误。因为蒋介石的反革命战略方针是要把战争扭在解放区打，这是他从长期反人民战争中得到的经验。如果有同志参加过十年苏维埃时期的内战〔77〕，就会懂得这一点。那时不管在中央苏区〔17〕，还是鄂豫皖苏区或湘鄂西苏区，都是处于敌人四面包围中作战。敌人的方针就是要扭在苏区边沿和苏区里面打，尽情地消耗我苏区的人力、物力、财力，使我们陷于枯竭，即使取得军事上若干胜利，也不能持久。在反对敌人的第五次"围剿"〔56〕时，要是按照毛主席的方针，由内线转到外线，将敌人拖出苏区之外去打就好了，那样苏区还是能够保持，红军也不致被迫长征〔18〕。可惜"左"倾机会主义者不这样做，中了蒋介石的计。这次蒋介石又想用这个办法对付我们，扭在解放区打，来削弱我们的人力、物力、财力，使我们不能持久，封锁我们不能出来，好使他保持三万万人口的后方完整而不受损失，来供应他作战。这个如意算盘是高明的，但是还有更高明的毛主席，他从确定自卫战争的方针时起早就看清这一点。他告诉我们，开始必须在内线打，打到一定时候，也就是削弱敌人到相当程度之后，就要打到外线，到蒋管区去打。这样就可以击破蒋介石反革命的毒辣的战略方针。因为在战争初期，我们的装备还不够优良，作战经验还不丰富，内线便于消灭敌人，便于组织和发展我们的力量，便于积累经验，所以先在内线打是完全必要的，也是取得了胜利的。从一九四六年七月到一九四七年六月，我们全国各个战场在第一年的自卫战争中，消灭了一百一十二万敌人。我们把分散的游击部队组成了野战军，积累了丰富的作战经验。这时时机成熟了，就应该转到外线，否则就要吃亏。拿冀鲁豫来说，经过一年的内线作战，农民的鸡、猪、牲口看见的不多了，村里的树也少了，试问，扭在解放区打，我们受得了吗？如果我们只想在内线作战要舒服一些，就中了敌人的毒计。

现在我们出来九个月了，收获是很大的。有些同志往往不了解这一点。拿我们那边几个纵队来说，在第一年打了很多胜仗，去年七月份二十三天消灭敌人九个半旅，可是一到大别山，前后才歼敌四个旅，因此就有个别的人怀疑是否局面变坏了。其实只要好好地算算帐，就会懂得的。首先，从战略上我们由防御转为进攻，前进了一千里，占领了四千五百万人口的区域，经过奋斗已能控制的有二千万人口的地区，其他二千五百万人口的地区散布着我们的游击战争。在这里，敌人搞不到兵，搞不到粮食。这就是说，在敌人控制的三万万人口里面，去掉了将近六分之一。其次，看看消灭敌人的数目。据最近宣布的战果，全国战场自一九四六年七月到一九四八年二月，共歼敌将近二百一十万人，三月份至少歼敌十几万人。这就是说，反攻以后九个月的战绩就已经达到第一年的数目，我们吃了苦头，但是换得了更大的胜利，对敌人的打击更沉重了。从中原三支野战军来看，在鄂豫皖，大别山的几个纵队是有削弱，减员约百分之十五，但江汉发展了百分之百，桐柏发展了百分之五十；豫陕鄂这边发展了百分之百；豫皖苏也是发展的。所以，从总体上说，力量比过去大了。

同志们对大别山一定感到是个谜，原先我们占领了二十多个县城，后来一个也没有了，野战军主力也从大别山转到淮北去了，这能不能说是胜利呢？我说，这也是胜利了。大家知道，中原战略地位非常重要，正当敌人的大门，其中大别山是大门边。我们反攻以后，它代替了敌人重点进攻的山东和陕北，是敌人兵力集中最多的战场。中原形势决定于两个山，一个是大别山，一个是伏牛山，敌人最关切的还是大别山，它比伏牛山更重要，中原要大定就要把大别山控制起来。大别山是一个战略上很好的前进的基地。它靠近长江，东面一直顶到南京、上海，西南直迫汉口，是打过长江的重要跳板，敌人时时刻刻受到我们过江的威胁。大别山，敌人必争，我也必争，这是艰苦斗争的过程。我们在大别山已经建立了两个军区，有一千二百万人口，普遍地完成了开展游击战争的布置，留下的军队散布在每个角落，县、区武装政权都组织起来，我们已经站住了脚，敌人无论如何打不走我们了。事实说明，我们就是游击姿态，也站住了脚。于是，我们野战军才逐步抽出来作宽大机动作战。而前一个时期这样做是不可能的。大别山的斗争已前进了一步，前进到当地的人民和部队已经能够坚持大别山的斗争了。现在，中原吸引了蒋介石南线的一半以上的兵力，保证了其他地区的胜利展开。虽在全国范围吃苦头最多，付出了代价，但换取了战略上的主动，取得了全局的胜利。所以，党中央和毛主席在评论战局的时候，第一讲到中原，对中原的成绩估计得很大。

我们有些共产党员，马列主义的思想方法太少，看见自己头上有一小块云，就认为天下都是云，凭直觉来看问题，凭自己脑袋上面有没有乌云来判断革命胜利或失败，这样，遇到困难就不会看到光明和胜利，就没有不悲观失望的。我们的力量是发展的，胜利不小，不过外线作战确实不如内线作战痛快、舒服。革命就是不能那样舒服，往后还要更艰苦，越接近胜利斗争越艰苦。谁都希望革命快些胜利，可是，问你敢不敢胜利，问题就来了。不一定希望胜利的人就敢于胜利。要胜利就要吃苦。北方的很多部队不习惯南方生活，就怕过长江。但是，敢于胜利，就要过长江。敌人还统治着几万万人口的地区，只有打过长江去，打到敌人的心脏，才能取得全国的胜利。怕过江的人最懦弱，屈服于困难的人就是革命不坚决的人。真正的英雄，就是要克服困难，准备吃苦，准备勇敢坚决地打过长江。地方工作的同志也是一样。这是路线问题，是革命坚决不坚决的问题。所有中原的同志，都负担着艰苦的任务，全国都在望着我们，我们应该更好地来努力。

同志们一定要问，多久才能胜利呢？任弼时同志的报告〔78〕指出，如果我们不犯错误，三五年一定胜利，大家听了又惊又喜。喜的是胜利确定了，惊的是还得三五年，实在挨不过。要晓得三五年并不算长，而且还要力争才能取得胜利。因为我们中国有四万万五千万人口，全世界才二十万万人口，我们的胜利就是世界四分之一人口的胜利。中国共产党成立只有二十几年，还不满三十岁，四万万五千万人口的中国革命，在中国共产党的领导下很快就能成功，真是很幸福很好的了。

说到三五年内就要胜利的条件是不犯错误，在哪些问题上不要犯错误呢？正如中央提出的，有五个问题，在任何一个问题上犯了原则的错误就要失败。

一、战争问题。上面已经说过，在党中央和毛主席的精心领导下,二十一个月的自卫战争打得很好,我们的军事力量继续在发展,再过一段时间数量上就可以同国民党军队平衡,现在质量上已经高过他们。我们最重要的是不要骄傲,特别是打胜仗的部队,更要兢兢业业。敌人有了失败的经验,更狡猾了。我们不要被胜利冲昏头脑,要不断总结经验,提高战斗力。只要能够保持每月歼敌八个旅,十万人,一年总共达到第一年的标准即九十七个旅,一百一十二万人,敌人非失败不可。今后,我们要更加机动灵活,精细地寻求战机。我们的胜利决定在"脚",发现战机,就要敢于奔袭敌人。要敢于走路,或者脱离敌人,或者远道去打击敌人。

二、土改问题。在全国土地会议[79]以前,党内有些同志思想上忽视土改,有的甚至有很大抵触,这是非常危险的。什么叫做革命?革命就要反帝反封建,而帝国主义的支柱是封建主义。不反对封建主义,不进行土改,就不能支持长期战争,革命也不会成功。就是把南京占领,不进行土改,封建主义的统治基础还在,也是不行的。所以反对封建主义是中国革命的一个根本任务。土地会议以后,这种严重的倾向性的问题在全国范围大体上克服了。土地改革不仅是喊几个拥护的口号,它牵涉很多政策问题,需要很好解决。拿新区来说,个别地区土改有成绩,但总的是做得不大好的。

三、整党问题。我们党内组织上和思想作风上不纯的情况是严重的,它会使党丧失战斗力,不能完成革命的任务。因此,为着克服这些现象,非整党不可。如果不整,党确实要腐朽。凡是经过整党的,不论抵抗土改,贪污胜利果实,或背着山头包袱的人,绝大部分都能挽救过来。但整党要整得对,要教育同志、团结内部，要从思想上解决问题。毛主席说，只要没有丧失起码的共产党员资格的人，都要挽救，都有办法挽救。像土改要有正确政策一样，整党也要有正确方法。全党同志都应该接受整党，谁也不能强调特殊。大家知道，我们每一个人都有缺点和错误，只是轻重大小不同，因此，人人都要反省，来一个自觉运动。不能自觉的，别人来帮助。确实不能挽救的，要洗刷出去。这是整党的严肃性。中国革命的队伍大得很，任务又多，共产党员担负的责任很重。党领导得好不好，中央的路线政策执行得如何，要看共产党员合不合标准。毛主席指示正确，我们如果搞自由主义，处处违反，还是要失败的。经过整党，我们的意志统一了，中央的路线政策能够贯彻执行了，战斗力增强了，人民解放事业才能成功。

四、工商业政策问题。在苏维埃后期〔80〕，敌人的封锁很严重，盐卖到一块钱一钱。但我们的政策也有错误，把工商业搞垮了，自己给自己筑一道长城。我们进到中原时，各个区都无例外地违反政策，自食其果。很多同志把原因推到战争身上，说工商业者关门是被敌人抢劫了，很少有人觉得是自己搞糟了。真实的原因找不出来，错误就不能纠正，就会困难重重，有钱买不到东西，有东西（如大别山的木头）出不了口。把油坊搞掉了就买不到油。大别山的锅厂，以及与锅厂有联系的煤窑、小摊贩等，能养活三万人，锅厂一停工，这三万人就立刻无法生活了。像鲁山街上这个小市场，如果倒闭了，起码有一万人失掉生计，马上向你伸手要饭吃。我们这个区有三万人靠种植烟草生活，如果纸烟厂垮了，不能出口，这三万人马上没有饭吃，没有衣穿。究竟是打倒了资本家，还是打倒了老百姓？我看这不是打倒了资本家，而是打掉了人民的生计。官僚资本是指的四大家族那个集团，不是官僚加资本，不然县长开个店也得没收了。如果我们在工商业问题上搞得不好，解放区的经济无法建设，人民的生活要受影响，那时国民党不叫我们走，我们也得走，革命就要失败。所以要解决好工商业政策问题。私人工商业是新民主主义经济不可缺少的一部分，我们要扶助它发展。

五、杀人问题。如果乱杀人，一定要失败。我们到大别山以后，部队很苦，纪律不好，老百姓当时对我们提出两个问题，一是你们可以搞得好些吗？二是你们还肃不肃反？过去张国焘[81]就犯了乱杀人的错误。这次，岳西有一个地主出身的工作员，在一个乡杀了很多人，影响到附近几个乡的工作都垮了。有些被杀的所谓狗腿子，十有八九是穷人。杀人解决不了问题。有些群众讨论杀人问题时，一面举着手，一面低着头，散了会没走到家就失悔。说明错杀了人必定要脱离群众。

总起来说，在土地会议以前，右的情况很严重。今天，从全国范围来说，主要的倾向是“左”，也有右的倾向，但不是主要的。右的倾向，表现在有的人搞土改不积极，一看见中央提出要讲政策策略，就以为有根据了，说慢慢来吧，我也讲些策略。有的人对整党熟视无睹，强调我这里特殊，我有我的山头，你就不能照顾一下？整党是严肃的事情，不能拿什么山头、过去的熟人或私人关系来原谅，搞那些封建的东西。争取教育是整党的方针，我们要严肃地对待任何犯错误的人，必须开展批评与自我批评。在今天的整党中，不论是思想、成份不纯，贪污腐化，作风不好，违反纪律，对战争厌倦，怕过长江吃苦头等等，都要从思想上好好整一整。最近，恐美病似乎有发展。有的人说，给蒋介石几万万美元和枪炮，我们已经知道没有多大用处了，现在就是怕美国出兵，怕美国的原子弹。很多同志不相信毛主席讲的美帝国主义是纸老虎的论断〔82〕，以为美国出兵凶得很，我们非失败不可。这对一个革命者来说是要不得的。特别是作为共产党员，反帝反封建是我们的革命纲领、革命任务，我们为什么要怕帝国主义？不要说美国出兵不是那样容易，就是出兵，我要反问：你还革命不革命？还要不要反帝这个纲领？还够不够得上是无产阶级的先锋队？具有优良品质的共产党员，应该回答：和他干，干到底！就要有这个气魄。鲁迅先生常常骂的奴才相，共产党员是不能有的。我们要敢于藐视美帝国主义，鄙视那些怕外国人的奴才相，要发扬正气。美国出兵是世界问题，他叫喊出兵是吓唬人的，我们要从思想上树立明确的观念，他出兵也一样能被打败，我们一样能胜利。我们要敢于胜利，一切右的思想情绪都得加以克服。

“左”的倾向，表现在土改中划阶级“左”，把地主富农同样对待，侵犯中农，对中农采取拒绝态度；新区工作中犯急性病，打击面宽，工商业政策“左”。这个“左”由来已久，抗战八年，工商业政策就有“左”，对中央的有关指示、六届六中全会决议〔83〕未能认真研究执行，结果是打击了我们自己。现在如果不克服“左”的偏向，就不能把土改搞好，也不能把根据地的经济建设好。

这些问题，都涉及政策和策略。我们要用心研究毛主席的《新区土改要点》〔84〕，任弼时同志的报告，这两个文件基本上可以解决新区土改问题。毛主席提出的策略原则是：利用矛盾，争取多数，反对少数，各个击破[85]。这十六个字，通俗易懂。什么叫多数？百分之七十的贫雇农，加上百分之二十的中农，这是基本力量，这才叫多数。我们要经常拿百分之九十来做标准，看看是否代表了百分之九十的人的利益，是否得到他们的拥护。前一阶段土改中一般是把百分之二十的中农丢开了，而百分之七十的贫雇农里面实际上又只是贫农团专政。所谓贫雇农路线，是错误的。正确的路线应该是依靠贫雇农，巩固地联合中农，消灭封建制度。什么叫利用矛盾，各个击破？这是在百分之十的地主富农里面运用的，就是在某一时间内，集中力量，打击一部分，中立一部分。《新区土改要点》指出，打击地主，中立富农，对大、中、小地主区别对待，总的打击面不得超过户数的百分之八，人口的百分之十。这是为了扫除群众运动的障碍。如果大、中、小地主不分，甚至打到富农和中农头上，就像作战一样，是自己给自己筑起障碍。策略的意义，在于排除障碍，使得我们可以大踏步前进。这不是为地主打算，而是更容易团结和领导群众，把事情办好。我们的同志普遍缺乏这种策略思想，甚至拒绝这种思想，打击面很大，弄得障碍重重。大别山就发生这种情况，把小地主、富农"逼上梁山"，拿起梭镖和我们干，群众也受到摧残。最近我们一提出纠正，土顽把枪放下来了。贫农们都说，你们早这样就好了。所以大别山的同志容易了解这种策略思想，因为他们受到的"报应"又猛又快。豫陕鄂这边会不会体会得那样深刻？没有吃亏的，也应该懂得。总之，不要多树敌，应该中立的中立，应该麻痹的麻痹，凡是今天不反对我们的，对我们都有利。如果说这是迁就地主，不搞土改，那就错了。我们是坚定不移地搞土改的，我们这样做只能使土改进行得更快，否则就叫欲速则不达。

再拿工商业来说，也要有正确的政策。我们在这方面有过教训，你以为是争取多数，实际上是脱离多数。资本家做生意，当然要赚钱，而且要有剥削，但是一个商号倒闭了，或者我们把它没收了，要影响到比资本家剥削所得多得多的人民的生计。我们要看看自己的脚究竟站在哪里，怎样做才是更好地为群众。说不让资本家剥削，听起来是革命思想，一算帐就知道这不是革命思想，并可使革命遭受失败。我大军在中原，几十万人要吃饭，要穿衣，不注意工商业，根本不能维持。我们要组织自己的经济，供应战争的需要。我们的原则是艰苦奋斗，供给标准如果和华北一样，是完全超过现实可能的，应该依据新区的条件，有个适当的限度。我们的财政要有很明确的政策，很正当的办法，光靠印票子不行。有了统一的方针、政策和计划，再加上华北的帮助，问题就可以解决。在新区，不管哪方面的工作，如果不知道利用私人工商业，就不可能解决供应问题。新区和华北不同，华北有大批的公营合作社，有将近十年积蓄的力量，六年以上的经验，新区则没有这样的基础和条件。所以我们要善于利用原有的私人工商业，逐渐组织自己的经济，在群众运动中就要注意这个问题，包括地主富农的工商业在内，一律不准没收，不准停业，如群众分了的，要赶快组织恢复生产。同时，要和商人讲统一战线，争取他们支持我们发行的票子。我们给商人贷款，让商人入股。组织经济不是一天的事，要不断检查税收标准和工商政策，把着眼点放在战争供应和人民生计上面。我们反对投机垄断，也要允许商人赚点钱。没有一定的政策，现实问题就不能解决。

我们常常说，政策和策略是党的生命。如果没有政策和策略，党的路线就是空的。正确的路线一定要用正确的政策和策略来保证。全党同志都要学好党的政策和策略，这样，我们才会无比的强大，谁也不能战胜我们。

# 贯彻执行中共中央关于土改与整党工作的指示*

（一九四八年六月六日）

## 一

鉴于我们以往在新区所犯的急性病的错误，脱离了群众，孤立了自己，在对敌斗争与确立根据地的事业上，造成了许多困难，所以全区都应根据五月二十五日中央关于一九四八年的土地改革工作和整党工作的指示〔86〕，重新地全盘考虑我们的工作方针和策略步骤。中原全区四千五百万人口，我们业已基本上控制的区域约二千万人口，游击区约一千万人口，还没有到过我们部队的崭新区约一千五百万人口。而在控制区和游击区的三千万人口中，实行了分田的不超过四百万人口，其余的地方大都只分了浮财。因此，在极大部分的区域，包括没有真正分配土地的控制区及一切游击区和崭新区，都应根

---

* 这是邓小平同志为中共中央中原局起草的关于执行中央土改与整党工作指示的指示。上报中央后，毛泽东同志于六月二十八日代中央复电，完全同意中原局这个指示，并增写了两段文字。中央将这个文件转发给各中央局、分局、前委。邓小平同志当时任中共中央中原局第一书记。

据中央指示,"充分利用抗日时期的经验,实行减租减息[50]和酌量调剂种子食粮的社会政策和合理负担[50]的财政政策,以便联合或中立一切可能联合或中立的社会力量,帮助人民解放军消灭一切国民党武装力量和打击政治上最反动的恶霸分子。在这类地区,既不要分土地,也不要分浮财,因为这些都是在新区和接敌区的条件之下,不利于联合或中立一切可能联合或中立的社会力量、完成消灭国民党反动力量这一基本任务的"。就是在那些已经分了土地的地方,因为问题很多,也应根据这个方针,从现有的实际情况出发,专门研究,订出办法,分别地实行调整。

## 二

在执行中央这一方针的时候,可能遇到的最大障碍是某些干部的抵触,因此必须使干部从过去所犯"左"倾急性病的严重教训中来认识中央这一指示的全部正确性。我们过去的重要教训是:

子、我们制订的方针和计划,不是从新区的客观实际出发,而是从主观的愿望出发。我们到新区不调查不研究,简单地抱着半年完成土改的意愿,不管敌情是否许可,不管群众的和干部的准备程度,忽视了群众工作的艰苦性,把少数勇敢分子的行动误认是大多数群众的行动,把大军进入后群众一时的热劲,误认是多数农民已经有了分配土地的觉悟和要求,因而不是有步骤有分别地去领导群众,取得胜利,而是轻率地决定实行土地改革。事实证明,这是行不通的,而且是有害的。以大别山为例，有几十万人的地区分配了土地，国民党军结合地富势力很快组织起反攻，集中力量首先打击这些区域或其他工作较好的区域。而这些区域又都是一些突出的孤岛，也便利于敌人的打击，所以很快受到严重的摧残而全部塌台，工作最好的地方所受的摧残也最厉害。就分配土地的内容来说，很多都是假的。或者是地富领导的假分；或者是群众一度得到而又在敌情严重和地富威胁下，秘密将土地归还地富，改成租佃关系；或者是少数勇敢分子(其中不少是流氓分子或与地主有联系的分子)霸占果实，而大多数贫雇农没有分到，或分得很坏很少的土地；或者是农民只敢要弱小地富和中农的土地，而不敢要有势力的地富的土地。这种情况各地区都差不多，大都是由于当地群众并未真正发动起来和组织起来，大多数农民还没有分配土地的真实要求，而由外来干部用行政命令、包办代替的方法实行分配的结果。经验证明，当我们在军事上还没有取得面的控制，国民党和地富武装力量还没有在当地被肃清，大多数农民还没有分配土地的要求和组织起来，本地的正派的区村干部还没有大批涌现出来，而外来干部又尚未熟悉情况和联系群众的时候，就马上实行土地改革，不仅是主观主义的，而且是冒险主义的。

丑、我们从领导机关到干部，一般地没有正确政策和策略的思想。经过毛主席和中央历次指示之后，虽然比较好些，有些地区业已开始获得良好反映，但一般体会并不深刻，甚至还有抵触的。由于我们反攻后对中原战局过于乐观，对新区地富力量仍然强大认识不足，以为枪杆加土地改革可以解决一切，所以在政策和策略上普遍犯了严重的“左”的错误。事实上，在新区存在着广泛的反蒋统一战线的力量。在地富中，特别在知识分子中，并不是没有开明士绅和左翼分子，如安徽有反对国民党桂系〔87〕的力量，河南有反对国民党汤恩伯〔88〕的力量，我军刚到时，一般中小地主都没有跑等等。但是由于我们打倒一切和一次解决问题的"左"倾幼稚病的思想，忘记了毛主席"利用矛盾，争取多数，反对少数，各个击破"〔85〕的策略原则指示，忘记了抗日时期的宝贵经验，或在过早实行土改上，或在筹粮筹款的负担政策（即打土豪的政策）上，或在工商政策（消灭地富的资本部分）上，或在打人、捉人、杀人问题上，把一批可能联合或中立的社会力量，迅速地赶到国民党方面去并且拿起武器来同我们对立。其结果打击面大，树敌多，不是孤立了敌人，而是孤立了自己。

寅、我们普遍实行了走马点火、分浮财的政策。事实上分得最多的只是一部分勇敢分子，大多数基本群众并未得到或很少得到利益。这种办法虽然也起到一时刺激群众热情的作用，但不能解决群众多大问题，而且地富还利用了分散财产制造群众之间许多纠纷。尤其因为社会财富的过早分散和大量浪费，使军队供给很快发生困难（特别是粮食），很快地把负担全部加在农民身上，引起农民的不满。我们在错划阶级、分浮财、杀人等问题上，都曾打到中农，而尤以在军粮供应上损害中农利益最大，甚至还损害到贫农的利益。此外，我们曾经普遍地采用了粮食折菜金的办法，影响也很大。几月来，从分浮财和粮食折菜金两项中所浪费的粮食，其数目之大，实难估计。如不纠正这两件事，就可以弄翻群众，搞垮根据地。

卯、全区军队和地方无例外地违背了中央的工商业政策，没收地富的工商业部分，任意假借没收官僚资本反动分子的帽子，去没收那些本来不应当没收的工厂和商店；对生产资料的严重破坏；过重的而且是极其混乱的税收办法；社会秩序的不安定和无政府的混乱状态，已经严重地破坏和停滞了社会经济，市场凋敝和工商停业的现象极其普遍。这样轻率地打乱原有的社会经济结构的结果，使很大数量依靠工商业、副业和市场生活的群众，丧失了固有的谋生的道路。这是一个有关广大人民生计的严重的社会问题，还是我们今后在补救上最感棘手的问题。

辰、经验证明，杀人过多不但不能镇压住反革命的活动，反而因此更加增强了敌人的团结和抵抗，引起社会秩序的紊乱与群众的不安和不满，这就更便利了反革命的活动。对土蒋只采取军事打击而忽视政治上的瓦解，一般都是失败的。经验证明，应以政治瓦解为主，辅之以军事打击；在军事上，又应集中力量，首先打击最反动的部分，中立那些不积极反动的部分。凡是用这种策略的都获得成功。

巳、一般同志到新区后，苦于无后方作战的困难，急于建设一个后方，安置伤员和机关，也促成了急性病的发展。经验证明，在抗战初期我们实行了广泛的统一战线政策，很快地获得了巩固的后方，即在敌情最严重的区域，也能在大多数人民（包括地富的抗日分子）同情和拥护下安置伤员，建立兵工。而在南下后，因为实行了“左”的政策，打击面很大，树敌很多，反使后方常常受到袭击。敌情最严重、政策最“左”的地方，更是无法获得后方。

午、政权在新区人民中具有传统的威信，是一个极大的组织力量，而我们却忽略了政权的特殊作用，或未能发挥其应有的作用。经验证明，人民要求秩序，惧怕混乱，群众普遍要求建立政府，要求安民；而我们则一切经由群众直接解决，筹粮、筹款、收税不用政府，杀人不经过法庭的审判，都引起人民的怀疑与恐惧。对旧政权的摧毁是完全必要的，也是符合于大多数人民要求的，但在新政权毫无准备的时候，我们也失之过于性急，不懂得暂时地有领导地利用旧政府来维持秩序，解决军需，造成了严重的混乱。不成问题的，这些旧政府是不会真心为我们办事的，所以必须尽早地建立新政权去代替旧政权。但在新政权还未建立起来的过渡时期，只要旧政府能够起到维持社会秩序，防止混乱，而又能解决一部分军需的作用，对我们对人民都有极大的好处。

未、历来的经验证明，展开充分的宣传活动，扩大党的全部正确政策的宣传，揭露敌人的欺骗和罪恶，首先在群众中建立和占领思想阵地，这对新区战胜敌人与发动群众关系极为重大，而我们则相当普遍地忽视了宣传工作。比如我们在大别山，不是加强宣传队、剧团、文化工作的组织和领导，而是把这些机构的干部分散去进行土改工作，以致失去或减少了他们的作用。在宣传内容上，一般地只注意土改宣传，而忽视了党的各方面正确政策的宣传。“左”的口号、“左”的词句掩盖了或减弱了党的正确口号和主张的力量。

申、我们对于城市乡村的公共建筑物、工厂、作坊、学校、文化事业、教堂、庙宇，乃至地富的房屋、家具、树木等等，作了相当普遍的严重的破坏，且以军队最为严重，引起人民的极大反感。群众说：“共产党军事好，政治不好！”我们许多领导同志，至今还没有真正觉悟到这种农业社会主义的破坏性是反动的罪恶的行为，对于人民的利益和党的政治影响都是难以估计的损失。

酉、他如我们许多外来干部作风很坏，对本地干部的作用认识不够，没有一心一意地去发现正派的积极分子，大量地培养他们成为区村干部，反而提升了一批流氓坏人来当干部，也是我们脱离群众的重要原因。

戌、使我们犯错误的重要根源之一，是我们在进入新区之先，缺乏充分的动员和准备。我们一般地对于新区的复杂情况既不知道，进入之后又不研究，凭着老经验（而又忽视了最重要的抗日时期的经验）、老作风（而又抛弃了许多有用的好作风），盲目地乱干，这种恶劣的经验主义，使我们遭受了严重的损害。

亥、由于无后方作战和在“左”的错误下自己所造成的困难，特别在斗争紧张的地区，一部分干部的右倾情绪也在滋长。有的人看不见反攻后的辉煌胜利，而迷失了方向；有的人缺乏坚定的战斗意志，而抱着苟且偷安得过且过的心理；有的人对政策对工作采取漠不关心的消极应付态度；有的人甚至对我们向中原进军的绝对正确性表示怀疑，或者认为是过早的举动；有的人对敌人的所谓总体战和特务活动丧失警惕；有的部分对群众利益毫不关心，而尽情地耗费人力和物力；有的部分对新起的武装的许多严重现象，以及由于收编土蒋土匪而引起的群众不满，采取忽视优容的态度；有的领导机关对于党内严重存在的无纪律无政府状态，采取自由主义的态度。所有这些都曾给了我们以不小的损害，必须坚决地予以克服，才能使党在思想上和组织上完全一致,避免工作损失,更有效地获得胜利。

上述错误的检讨,目的在于清醒我们的头脑,使今后不再重复这些错误;对已经弄"左"了的地方,懂得教育干部,说服群众,研究妥善办法,迅速获得纠正和补救。

## 三

必须着重指出,所有上述这些错误和缺点,都不能掩盖了我们大举进攻后在全中原区的伟大胜利和伟大成就。我们业已有了两千万人口的控制区,一千万人口的游击区;大量歼灭了国民党正规军和地方军;不但如此,由于我们的进军吸引了大量敌人到中原方面,这样就从根本上破坏了敌人将战争继续引向解放区企图彻底摧毁解放区的反革命计划,而将战争引向了国民党统治区域,不但保存了原有解放区的基本区域,而且使我各路友军在山东,在苏北,在豫北,在晋南,在西北,在东北等地顺利地歼灭了大量敌人,恢复了广大失地,使全局都转入了攻势,我们的辛苦并不是白费的〔89〕。我们的军队虽在个别部队有减员,而在整个来说,则有不少的增加。我们对全国新区工作提供了许多宝贵的经验。就战略形势来说,我们是主动的,在继续歼敌的条件下,我们将更加获得优势,中原全区的解放为时已经不远。这是在执行毛主席和中央的正确战略方针下,全体同志艰苦奋斗所获得的辉煌胜利。这对错误和缺点来说,恰恰是我们最主要的一面,而且就是这些错误和偏向,及因此而造成的若干混乱现象,也是可以纠正可以补救的。事实上，最近几个月我们在许多重要问题上业已大体上获得了纠正或者正在纠正着，并且已经产生了良好的结果，便是很好的证明。我中原全党同志必须对于上述各项成绩有足够的估计。如果在指出自己工作中的错误和缺点之后就忘记了自己工作的成绩，忘记了最主要的一方面，忘记了我们据以前进的基础，好像我们什么事情都做错了，并因此损害我们对于胜利的信心，那就是完全不对的，那就是右倾机会主义的观点〔90〕。

## 四

为了不重复错误，有效地团结一切社会力量反对美蒋，更早地完成全部解放中原人民的任务，全区应即停止分土地，停止打土豪分浮财，停止乱没收，禁止一切破坏，禁止乱打人、乱捉人、乱杀人等等现象，并根据下列的方针和策略步骤进行和调整各方面工作。

子、在控制区，凡是没有分土地的地方，即应停止分配土地的宣传，进行减租减息及合理负担的宣传，立即着手调查研究，创造典型，积累经验，以便在各区党委范围内，制定统一简明的减租减息及合理负担的法令和进行步骤，并据此训练干部，教育群众，准备秋后直到明春，形成一个广泛的双减群众运动。凡是分过土地的地方，则应区别真分还是假分，一大片地区分了的还是只在一些孤立据点分了的，问题多的还是问题较少的，而规定出不同的处理办法。一般的原则是，真分的一般应该确定地权财权，不再变动；假分的应该说服群众自愿改为租佃关系，实行减租减息；一大片地区分了的，而又是环境许可群众要求的，则领导群众继续完成分地工作，同时正确地划分阶级和补救缺点；只在孤立据点分了的，则按情况根据大多数农民意见，不再变动，或说服群众改为减租减息。有问题的则按问题性质，协同群众商量解决办法。在解决问题的时候，不应只根据少数干部和积极分子的意见，而应根据农民群众大多数（包括中农）的意见，并且可以吸收在家地富参加讨论发表意见。

丑、在游击区，应在以团结一切社会力量对敌斗争为主的方针下，坚决进行反抓丁、反掠夺、反保甲特务统治的斗争，保护基本群众及各阶层的利益，并按照环境及群众要求，适当地实行双减政策，即一般地在地富同意下实行双减，或者比控制区减的少一些，或者先从地富自愿的减起，都是可以的。在负担政策上，则应确实照顾基本群众的利益。在分配整个负担数目的时候，不可使游击区比控制区还重，而在两面负担的地区，还应酌量减轻。到游击区抓一把的倾向必须克服与严行制止。在游击区应该采取比较隐蔽的斗争方式和组织形式，力求各阶层团结一致，反对国民党军及土蒋，集中力量打击少数的反动特务分子，切不可过于突出，使群众受到本可避免的摧残。凡是敌人控制力较大的地方，还应采取武工队的斗争形式，实行革命两面政策，以反对国民党正在普遍实行的所谓“总体战”〔91〕。

寅、在崭新区，我们进入之后，应该采取更为广泛的统一战线的政策，团结一切社会力量，反对美蒋和地方上最反动的分子，以便于我们消灭敌人，站稳脚跟。在策略步骤上切不可操之过急。首先要求不要搞滥，然后根据地区的巩固程度，群众的觉悟和组织状况，逐步地实行政治、经济和社会的改革。因此在政治上要善于利用敌人内部的矛盾，争取或联合其较好的部分，中立其动摇的部分，孤立和打击其最反动的部分。切不可打倒一切，帮助敌人团结，把自己孤立起来。在社会政策上，不打土豪，不分浮财，不作经济上的没收，只对个别业已判处死刑的最反革命的分子的本人财产实行政治的没收，并分给群众。而在执行双减政策时，也应经过宣传组织、政府颁布正式法令等步骤，不可毫无准备地贸然进行。在实行适当调剂种子吃粮的政策时，不可采取开仓济贫的办法，亦不可强迫地富拿出粮食救济贫民，而应提倡低利或无利借贷的社会互助办法，或者采取由政府从没收或征收的公粮中抽出一部分举办生产贷粮或临时救济的办法。在新区的最大困难，是军队的供应问题。除了在部队进入之前应作必要的准备之外，可以实行征借粮食和派款的办法，并尽可能地使之合理，亦即是实行合理负担的财政政策。在开始时，我们还应懂得利用旧政权机构来筹办军需(但须同时宣布我们的合理负担办法)，避免由我们军队直接去筹，形成混乱。城镇的税收应该保持，可以暂时利用原有的税收机构，而逐渐地加以改造；暂时采用原有的税制，而逐渐地取消几种不合理的苛捐杂税。凡是能够巩固或占领较久的城市，都实行合理的税收政策。只有对某些较富的只能占领几天的城市，才可以由区党委、纵委以上领导机关掌握，经过商会进行一次临时的捐款，其数目不可太大，且应召集商人代表开会，征得同意，千万不得勉强。尤其重要的，是我们军队在新区要成为执行党的全部正确政策的模范，必须认真执行三大纪律八项注意[75]，严格执行保护城市、保护工商业、保护学校医院及一切公共建筑和财产的政策，禁止对任何东西的破坏和浪费。同时要对农业社会主义的反动性和破坏性作坚决的斗争。

卯、党的领导及各项政策应该充分地通过政权和群众团体去实现。在控制区，应配备大批得力干部到政府各部门中去，而首先要加强的是财经部门（包括财、粮、工商、银行、税收），以便保障军需民生，避免浪费和混乱，及在工作步骤上取得主动。同时注意建立人民法庭，以便接收审理案件，维持社会秩序，避免乱打人、乱捉人、乱杀人的现象。我们的政权性质，依然是无产阶级领导的人民大众的反帝反封建反官僚资本的人民民主政权的性质，抛弃中央的"三三制"[3]政策是错误的。因此，在区村政权仍应绝对掌握于农民（包括中农）的手中，但在县以上政府，目前可根据实际情况，酌量聘请一些进步的工商业人士，及在地方上比较正派的、有正义感的、有相当声望的、赞成反美反蒋、赞成民主和减租减息、合理负担等项基本纲领和政策而又没有逃跑的开明绅士，当参议、咨议，或吸收参加一定的工作。但是聘请参议、咨议时，必须有合格的人选，而且要经过区党委的审查和批准，切不可滥竽充数，流于形式，甚或用人不当，脱离群众。在游击区，则在武工队的统一组织下，采取县区游击政权的形式，在乡村则保留旧的形式而逐渐加以改造，充实其民主的内容。在不能不应付敌人的地方，可以建立革命的两面政权。在崭新区，除了灵活运用上述原则外，在初期还应善于利用旧的政府，维持秩序，解决军需。

辰、控制区应当普遍建立包括中农在内的农民协会。有贫农团者，扩大成为农协；无贫农团者，不再组织贫农团；有贫农团、农协两种组织者，合并为农协一种组织。农协是乡村最主要的群众组织，必须大量地吸收农民自愿入会，扩大组织基础，防止为少数人垄断自私使之变成一个狭隘宗派团体的现象。农协的领导成分，一般适用贫雇农占三分之二、中农占三分之一的原则，并须防止流氓、坏人篡夺领导，使正派忠诚的劳动农民当权。除了农协，在农村还应逐渐建立青年的、文化的、妇女的、儿童的组织，以团结和教育一切群众。在城市则应首先注意建立工会和团结知识青年的组织。在游击区和崭新区则应建立小而精干的秘密的或半公开的群众组织和情报组织，名称不必一律，组织不必统一。局面打开之后，再建立工、农、青、妇各种组织。在已有初步工作基础的地方，即应开始建立精干的党的支部。

巳、为着发展生产，繁荣经济，以便保障人民生计和支援战争，必须注意领导人民加紧生产，不误农时，不荒地，防止地富怠工和破坏；必须坚决执行保护城市、保护工商业的政策，纠正相当普遍存在的轻视城市、放弃城市工作领导的错误倾向。过去城市乡村的工厂、作坊、商店和副业遭到了严重的破坏，党和政府要用很大力量组织各种专门机构（吸收工商业主、技师和工人参加），研究办法，使之迅速恢复生产。凡是没收错了的私人工商业的生产资料，如果是军队和政府机关保存的，应无条件地全部退还；如果已分给群众，则应说服群众归还，或由政府用其他东西从群众手中换回发还。凡是应该没收的生产资料，亦应或由政府、或租给私人、或组织群众恢复生产，不得搁置不用，妨碍生产。同时，为了尽快地恢复与发展工商业，政府银行应根据实际情况，举办工商贷款，而集中力量于首先恢复和发展那些对人民生计和军需有密切关系的部分。

午、在执行上述方针政策的时候，必须向群众作充分的宣传和解释，不要惧怕在群众面前进行自我批评。应当向群众适当指明，过去某些“左”的办法，特别是乱打人杀人、破坏工商业、侵犯中农利益、对地富扫地出门、流氓坏人当权等等，都是违反了中共中央和毛主席的方针和政策，于人民不利的，所以必须纠正。应当说明，土地改革是我党始终要贯彻的方针，因为只有土改才能使农民获得比较彻底的解放，我们暂时改为双减，是因为土改条件尚不成熟，双减政策在目前对人民比较有利的原故。说明群众组织起来，正派农民当权，到极大多数农民都真正要求分配土地的时候再来分地，方才会办得公道，不出毛病。在处理具体问题的时候，必须坚决保护群众已经得到的果实，击退可能发生的地富反攻。应当确定，只有对中农被侵犯的财产，才作坚决的适当补偿。对地富的工商部分，也须设法予以退还。至于地富的其他财产，则不应退还；但在分了土地的地方，必须保证地富分得同等的一份土地、房屋和生产工具。争取地富回家的工作，应当广泛进行，但应采取严肃的立场和态度，表明这是政府和人民对他们的宽大。他们回来后，必须向政府登记，声明遵守政府一切法令，不作任何破坏和帮助国民党的特务行为。同时还应教育群众提高警惕，防止地富特务的反攻和破坏。

未、对地方土蒋、土匪，实行首恶者必办、胁从者不问、立功者受奖的政策。采取以政治瓦解为主，配合以积极的军事打击的办法，达到完全消灭的目的。应当动员各种力量，劝说官兵回家，政府对于回家的一律宽大处理，不杀不辱，只进行一定的登记手续。对于火线上的俘虏，应采取对国民党正规军一样的俘虏政策，绝对禁止杀戮，并应利用他们去进行瓦解和争取的工作。对于必须处决的首恶分子，应当经过法庭判决予以枪毙，不得采用乱棍打死等非法的丧失社会同情的处死办法。

申、各地地方武装已有相当发展，即应有计划地进行整理和巩固。特别注意加强干部，加强阶级教育，建立党的组织，细心地清洗坏分子和特务分子，严格军事纪律和群众纪律。同时在巩固的基础上继续发展。在已有的人民武装中，问题更多，亦应采取有效办法，依靠农协进行整理和巩固，严防特务地富掌握。凡是有可靠的农协的村庄，都应将人民武装置于农协的领导之下，并经过农协逐渐地掌握全村的民枪。

酉、强化宣传教育，无论在军队在地方都是刻不容缓的工作。部队的宣传文艺组织即应恢复和加强。各级党委和政治机关应加强宣教工作的领导，使之完全符合于党的方针和政策。乱写标语乱做宣传的坏现象，应该制止。

戌、培养本地干部是联系群众深入工作的重要环节，也是外来干部的责任。各地必须注意从斗争中，选拔大批的正派劳动的积极分子和贫苦知识分子（包括中农出身的），经过训练，提升为区村干部。党应经常检查这一工作的执行程度。对于地富出身的青年知识分子，亦应大量吸收，或送华北学习，或送本地军政学校予以改造，或经过教育后分到外区外乡工作。

亥、军队是在新区进行地方工作的重要力量。少奇同志说，如果军队不执行党的政策，就等于党的政策在党的主要部分没有保障。所以军队的党和干部，应该警惕自己，认识责任之重大，加强政策学习，爱惜民力、物力，保证成为执行党的全部正确政策的模范。

## 五

中央指示全党必须坚决地克服许多地方存在着的某些无纪律状态或无政府状态，克服领导机关的经验主义和官僚主义。这些现象在中原区更为严重。由于反攻后处于比较紧张和分散的情况，各个区域的工作不能不带着较多的独立性。但因此而发展了无纪律无政府状态，对党的政策和策略相当普遍地缺乏严肃的负责的态度，工作的松散、迟缓和效能之低，领导机关的放松领导和放任各种错误倾向的自由主义，都达到相当惊人程度。因此，应在各级党的组织和干部中详细讨论中央指示，实行正确的领导方法和工作方式，纠正错误的领导方法和工作方式。中原的局面虽已初步打开，但在完全战胜敌人，保障几十万大军供给等等方面，困难还是很多的，亟需全区同志认真执行中央正确的政策策略和领导方法，及时纠正错误，增强工作效能，才能不断地克服困难，达成解放中原全区的任务。

# 关于今后进入新区的几点意见*

（一九四八年八月二十四日）

根据一年新区工作的经验，提出今后进入新区的几点意见。

第一，关于出动前的准备。应包括思想、组织、政策、军事和经济等等方面的准备。我们南进时就是缺乏准备，所以吃了很大的亏。在思想上，农民远离家乡，北方人到南方，都是极大的问题。而到新区（南方）后，又确实遇到许多困难，如吃大米，走山路，走小路，蚊虫多，水土不服，语言不通，打山地战等等，都会影响到干部战士的情绪。所以出征前要向干部战士说清楚，反复说明这是革命不革命的问题；划清思想界限，反能巩固士气和信心。十纵就因为作了深入的动员，南进后部队一直是巩固的，情绪一直是好的。在组织上，要有足够数目的干部随军行动，这些干部都须经过任务、政策和作风的训练。在军事上，要有适合于山地战的组织和装备以及山地战术的训练。

* 这是邓小平同志写给中共中央和毛泽东同志的综合报告的后一部分。一九四八年一月七日中共中央发出关于建立报告制度的指示，规定各中央局和分局，由书记负责自己动手每两个月向中央和中央主席作一次综合报告。

在经济上，要使部队进入新区后不致马上发生供给困难而破坏政策和纪律。而新区的各项主要政策，尤须在干部中施行教育。

第二，关于展开。进入新区之后，首先的任务是打胜仗，占地盘。两者分不开，但是有矛盾。要占地盘，不能不分散一部兵力乃至削弱一部主力，减少野战力量。但不占地盘就没有后方，就不能发展，就不能发动群众，就无法供应军需，就不能使敌分散，也就不好打仗，故分遣适当兵力，展开占地盘是非常重要的。中原曾不顾削弱主力兵团抽出很大兵力展开，建设军区、分区和县基干队，今天证明是成功的。对于展开，也应尽可能做到预有准备，大别山因无准备，花了近两个月时间才展开完毕，江汉、桐柏两区吸取了大别山的经验，预先配好分区、地委、专署及县级党政军的一套机构和部队，故十天半月就大体完成了展开的任务。今后到新区，最好事先区分野战军和军区，每个军区为一单位，配齐军区、分区、县等三级党政军机构（包括部队），组成临时支队，一路展开，收效必快。而展开的部队除由野战军抽拨一部外，如有可能，最好能从老区抽调一批地方武装和民兵充任，以免过于削弱野战力量。

第三，关于作战。这要看当时当地的敌情而定，但对在新区作战的困难应有足够的估计。在进入初期，特别要掌握住不打无把握之仗的原则，我军主力不可轻率作战，因为如果受挫，极易陷于被动，小则大批减员，大则被迫离开。最好采取宽大机动，寻歼弱敌，既可因胜利而巩固信心，又可逐渐熟悉地形及其作战条件而使上下增加把握。一俟敌情地形熟悉，军区及地方工作铺开，伤兵有地方放，再进行一些较大规模的歼灭战，比较稳当。但这不是说在初期有把握的大歼灭战也不打，更不是说要采取避战的方针，如果这样也会把士气弄得很坏，当然是错误的。特别在困难时候，尤应鼓励部队坚决作战，把敌人气焰压下去，才能巩固自己的士气，大别山去年九月间就有这个经验。作战的另一重要问题是分遣与集中的运用问题。我们区分野战与军区两套的办法，以野战军集中打大仗，以军区部队分遣占地盘，消灭地方反动武装和打小仗，这就解决了一个主要的分遣与集中的问题。敌人对我，在我大军压境时，采取放弃一切次要城市据点，免被歼灭的办法，接着调集军队，其兵力大于我时，则实行围攻，无胜利把握时，则实行盯梢，使我无喘息余地。所以我野战军也要善于分遣、集结（在山地就食也有时不能不分遣），分遣以分散敌人，造成敌之弱点，而后适时集结歼其一部。其要点则在明了分遣是为的集中歼敌，故分遣时要计算到比较利于集中的条件。我们常常也可以主力监视敌人，而以一部出敌不意，寻求良好战机，如襄樊作战〔92〕即其一例。军区部队的运用，也有分遣、集结问题。在展开时，我们多数地区是采取比较彻底的分散掩护地方工作的办法。而桐柏三分区则从两个团中分散小部掩护地方工作，集中一个多团积极歼击反动武装，结果胜利最多，士气民气最好，发展最大。这种方式比较妥善，即在初期应以集中力量消灭敌之军事力量为原则。到新区（山地）的装备特别是轻炮的预为准备和调剂，也属必要。

第四，关于供应。这是在新区首先接触的最大最重要的政策问题。在毫无工作基础的条件下供应大军，无论内战或抗战时期均无此种经验。在中原曾采用打土豪分浮财用粮食折菜金的办法，造成极大的浪费和混乱，证明不能再用。今后不打土豪，许多东西要拿钱买，例如没有布条打草鞋，没有废纸用作办公等等，开支势必浩大，如无妥善办法，不可避免地要形成混乱。必要的办法是：(1)带一部分现洋，以半年为期，每月以每人两元计算，可解决菜金、黄烟及草鞋。(2)准备一种军用流通券，随军发行，随军兑换。其缺点是币价无法固定，小商人吃亏，好处是可以应急，在困难时不致过于混乱。发行办法则应作精密研究，票纸印刷避免粗糙。(3)维持城市税收，照旧章程驻一天收一天税，同时适当地向商会筹款。(4)乡村派款。(5)粮食在不能实行合理负担〔50〕以前采取征借办法，可以利用保甲征借。但保甲对我必取应付态度，故我应有比较健全的粮食机关随军工作。一俟局面打开，即应实行公粮制度。(6)缴获粮款全部归公，可以解决一些问题。(7)因此，随军的行政机构必须健全，可用战地行政委员会名称，全盘负责管理征借粮食，税收，筹款，接管城市，接收和处置缴获品，必要的没收，银行兑换所诸事宜，军队的供给部门亦归其管辖。战地行政委员会在纵队设分会，旅、团设办事处。必须准备大批干部做这项工作，新区局面打开之后，这批干部即成为财经建设的骨干。

第五，关于社会政策。中央五月二十五日指示〔86〕的原则，中原局六月六日指示〔93〕规定的执行办法，及以开封为范例的城市政策〔94〕，是合用的。只要我们不"左"，慢慢地来，就不会出大毛病，就既能团结大多数反对美蒋，又能减少军队的困难。在新区必须经过一个军事时期然后才能进入巩固时期（这是大体的划分）。在军事时期，我们的策略步骤，对群众主要是政治解放，解除其切身痛苦，对敌人是政治打击，必要的没收也只能是政治的没收，斗争对象集中于最反动的部分。此时期应特别发挥政权的作用和加强宣传工作。政权随军的就是战地行政委员会，展开的就是各级临时的人民政府，一切事情用政权出面比由军队直接出面要好。我们到大别山时，人民对我们第一件要求是“安政治”，因为人民最怕紊乱，怕无政府，要求有秩序。“不搞滥”的本身，就是团结大多数的大政策。广泛使用一切宣传武器（宣传队，剧团，部队指战员的宣传，政府出布告，开大会，开座谈会，演讲会，画展等等），宣传我们的主张和政策，驳斥敌人的造谣和欺骗，可以占领思想阵地，安定民心，造成新区的新气象。可以广招徕，扩大新兵，招收一些知识青年加入我们的队伍。可以初步地建立小型秘密的群众组织和吸收个别的秘密党员或建立秘密党的小组。我们在抗战初期就是这样做的，收效极大。我们在大别山没有这样做，吃亏很大。一俟军事局面打开，就大体上进入巩固的阶段，工作重心即可放在实行合理负担及有步骤有准备地进行双减〔95〕，建立税收制度，组织农协，建设党，广泛办训练班等项工作上面。

第六，关于武装。每到新区，务必以最大力量建立地方武装，这是我军扩大与补充的可靠来源，也是巩固占领区的重要力量。中原政策搞“左”了，但还能建立或扩大地方武装十二万人左右，如不搞“左”，数目必更大。但在建立时应不惜本钱抽调干部及若干部队以作骨干。民兵在群众未发动以前，则不宜建立。此外，部队到新区一定有一批无衣无食的失业贫民要参加军队，故应强调个别扩军的工作，多年以来，我们对这个工作都很生疏了。

第七，关于干部。新区所需干部数目极大，中原现有干部，计华北调来的一万一千，华东调来的六千，军队抽出者万余，共约近三万，不过这批干部以村级为最多，质量不算高，如全用现职区以上干部，当可大大减少。同时我们总感到干部补充甚不及时，影响工作甚巨，特别是财经干部太少，更感苦恼。按中原区需用干部的标准，如在江南开辟一万万人口的区域，所需合格干部当在三四万之间，应请中央预为准备。同时蒋区干部学生大批回乡，等候大军进入，也是一个大来源。

以上只是提出我军进入新区的几个问题，作为参考。

# 京沪杭战役[96]实施纲要*

（一九四九年三月三十一日）

甲、蒋军集结于上海至安庆段之兵力，计有二十四个军七十二个师，共约四十四万人左右。其中直接担任江防者，计十八个军四十九个师；控制于浙赣线上杭、金、衢、徽地区者计有六个军二十三个师。可作机动使用者，大约有四个到五个军。

乙、我第二、第三两野战军全部，以歼灭上述全部或大部蒋军，占领苏南、皖南及浙江全省，夺取京、沪、杭，彻底摧毁国民党反动政府的政治经济中心为目的，决于四月十五日十八时，以全线渡江作战，开始进行本战役[97]。

丙、判断于我渡江成功之后，可能产生的敌军变化是：

（一）收缩兵力于京、沪、杭三角地区和南京、芜湖地区，控制南京、上海、杭州、芜湖、镇江、无锡诸要点，并图于我东西两军相距尚远之际，集结兵力与我突进至京沪线上之东线兵团实行决战，而以芜湖以西各部退至浙赣线上，以保障其退路。

（二）向后撤收，一线在无锡、南京、芜湖及其以南地带布置防线，利用浙赣铁路迅速转运兵力控制浙赣沿线，确保南

---

* 这个纲要是邓小平同志为总前委起草的，于一九四九年四月一日上报中共中央军委，四月三日中央军委批复同意。

京、芜湖两要点，并求得割断我东西两军之联系，然后再视情况，或在京、沪、杭三角地区与我决战，或退在浙赣线上与我决战，或沿浙赣线作战略之撤退。

（三）主动放弃武进、镇江、南京、芜湖地段，沿江各敌全线向南退集浙赣线上和无锡、上海、杭州沿海地带，以便利用铁道和海口作顽强之抵抗，或作有秩序之撤退。

（四）在情况不利于撤退的时候，分别固守京、沪、杭诸点，以图顽抗。

（五）只要我军渡江成功，无论敌人采取何种处置，战局的发展均将发生于我有利之变化，并有可能演成敌人全部混乱的局面。

丁、我军的作战纲领：

（一）战役第一阶段，达成渡江任务，并依据下一阶段之要求，实行战役的展开；第二阶段，达成割裂和包围敌人之任务，并确实控制浙赣线一段，断敌退路；第三阶段，分别歼灭包围之敌，完成全战役。

（二）战役的准备，应以能够应付丙项第一、第二两种情况为出发点，要计算到我东线兵团渡江成功之后，可能遇到严重的战斗，故西线兵团应给以及时有力之支援。

（三）无论敌人采取何种处置，情况发生何种变化，西线之三野第七、第九两个兵团，除留必需兵力协同二野歼灭当面之敌外，主力应与东线三野之第八、第十两兵团实行东西对进，力求迅速会合。此着成功，既可使东线兵团不致孤立，使东线主力作战有必胜之把握，又可做到打乱敌人作战体系，达成割裂包围敌人之目的。故此着实为全战役之关键。

（四）如敌实行第一方案，则应集结三野四个兵团的主力甚至全力于京沪线上的决战方面，而以二野之一个兵团进至衢州及其以北以西地区，截断浙赣线，二野主力应沿江东下担任攻占芜湖及准备攻取南京之任务；如敌实行第二方案，则可改以二野主力出浙赣线，余同第一方案。

（五）如敌实行第三方案，则以二野一部接替南京警备，主力解决浙赣线上之敌，三野全力负责解决沪、杭、无锡地带之敌。

（六）如敌实行第四方案，则以二野解决南京，三野解决沪、杭。在步骤上，宜将上海放在最后解决较为有利。

（七）如敌完全混乱，则依实际情况临机处置。

戊、战役第一阶段——渡江作战的部署：

（一）由粟裕〔98〕、张震〔99〕两同志率三野统率机构，直接指挥三野第八、第十两兵团之主力，共六个军及三个独立旅，由张黄港至龙稍港段及由口岸、三江营、京口段实行渡江，另以第八兵团之三十四、三十五两个军，于战役发起同时，以积极佯攻的手段，吸引和箝制两浦〔100〕之敌。渡江成功后，除留部队歼灭沿江当面之敌外，应以主力迅速向京沪线上挺进，控制铁路一段，力求首先立稳脚跟，调整态势，巩固阵地，巩固后方联络线，然后扩张战果，对敌人作有后方的、有秩序的进攻。如条件许可，则应派队向西发展，截断京杭公路，如敌进攻，则求得在野战中逐步地予以歼灭，如力量不足，则继续巩固阵地，以待第七、第九兵团赶到时协同歼灭之。

（二）由谭震林〔101〕同志指挥三野第七、第九两兵团，由裕溪口至姚沟段及由姚沟至枞阳镇（不含）段实行渡江。渡江成功后，除留足够兵力歼灭沿江当面之敌，并监视芜湖之敌外，主力应迅速东进，与第八、第十两兵团会合，截断京杭公路，完成对京、沪、杭地区敌人之割裂，并协同第八、第十两兵团各个歼灭之。

以上两路（四个兵团），归粟、张统一指挥。两路之具体作战部署，第七、第九两兵团之东进路线，均由三野首长另以详细命令规定之。

（三）二野由枞阳镇（含）至望江段实行渡江。渡江后除歼灭当面之敌外，应以一个兵团以最快速度迅速挺进至浙赣线衢州及其以西以北地区，确实控制浙赣铁路一段及屯溪南北公路，断敌退路。二野主力则应迅速东进，接替三野留置部队的任务，担任歼灭芜湖地区之敌，并准备攻取南京〔102〕。二野各兵团之具体作战部署，由二野首长另以详细命令规定之。

（四）各部队于渡江成功后，应派队接引左右友邻兵团渡江，各部队应与友邻部队切取联络，互通情报，密切配合，并积极主动地支援友邻作战。

己、总前委〔103〕使用华东局电台，与两个野战军及三野四个兵团联络。三野各兵团，凡有关作战事宜的电报，除发给粟、张外，应同时发给总前委。

庚、有关作战的战术、技术、通信联络、后勤工作诸事宜，由两野战军自行命令规定之。

辛、这是战役的基本纲要，所有规定执行事宜，及随着战役发展之各项处置，随时由总前委以单个命令规定之。

# 打破帝国主义封锁之道*

（一九四九年七月十九日）

帝国主义的各种花样直到封锁，其目的在于迫我就范，我们的斗争也在于迫使帝国主义就范。我们绝不会就帝国主义之范，而一个多月的经验看出，帝国主义就我之范亦非易事。这一时期双方斗争实际上都是试探的性质，直到英美摊出封锁的牌。封锁，在目前说来，虽增加我们不少困难，但对我仍属有利，即使不封锁，我们许多困难也是不能解决的。但封锁太久了，对我则是极不利的。打破封锁之道，毛主席强调从军事上迅速占领两广云贵川康青宁诸省，尽量求得早日占领沿海各岛及台湾。同时我们提出的外交政策的一面倒〔104〕，愈早表现于行动则对我愈有利（毛主席说，这样是主动的倒，免得将来被动的倒）；内部政策强调认真的从自力更生打算，不但叫，而且认真着手做（毛主席说，更主要的从长远的新民主主义建设着眼来提出这个问题），毛主席说这两条很好，与中央精神一致。我们这样做，即占领全国、一面倒和自力更生，不但可以立于坚固的基础之上，而且才有可能迫使帝国主义就我之范。

---

* 这是邓小平同志写给中共中央华东局诸同志的一封信的一部分。信中传达了毛泽东同志对邓小平同志的口头指示。

# 从渡江到占领上海*

（一九四九年八月四日）

这次从上海到北平，应该向各位作一个工作报告。这个报告是要讲我们人民解放军第二野战军、第三野战军从渡江到占领上海以及到上海后的情况和工作。

渡江作战是从四月二十日夜里发起的。因为反动的南京政府拒绝了人民的八项和平条件〔105〕，人民解放军一部，即由刘伯承〔16〕同志领导的第二野战军和由陈毅〔106〕同志领导的第三野战军，奉命渡江作战。在漫长的一千多里的战线上，所有部队都无例外地顺利地完成了渡江任务。我们发动战斗以前，曾经给过反动的南京国民党政府最后考虑的时间。当他们不愿接受人民的极其宽大的和平条件的时候，我们只有给他们再一次的教训和打击。我们发起渡江作战后遇到的抵抗可以说很小。在一千多里的战线上，国民党军队摆在湖口至上海段的有四十五万人（包括宜昌至湖口段的共有七十万人）。四十五万人不能阻挡人民解放军渡江。我们在任何地方都没有遭遇到大的抵抗。我们采取宽正面的渡江方法，分了几十个点

---

* 这是邓小平同志向新政治协商会议筹备会代表所作的报告的前一部分。

渡江，绝大部分都没有遭遇到强大的抵抗。假若有人问，你们渡江花了多少时间？我们肯定地回答，先头船只最快的一刻钟。我们从四月二十日夜里开始，二十四小时内大体上三十万人全部过了江。队伍一过江，敌人就混乱了，他们的想法只有一个，就是如何逃出我们的包围。他们一齐向南溃退，人民解放军立即实行宽正面的追击。在这过程中，南京在四月二十三日占领。到五月初，半个月的时间完成了追击。从渡江到追击最远的地方，即福建的北部、江西的东北部，前进一千五百里。在这么短的时间要走这么多里路，并且还遇到小的战斗和下雨，能有这种惊人成绩，是靠指战员奋不顾身的英勇精神，这种英勇精神过去表现在战场上，这次主要表现在脚上。敌人在这样的追击下，没有可能整理队伍。甚至我们的第一梯队已过去五六百里，第二第三梯队还要消灭被第一梯队甩在后面的敌人。五月初完成追击，占领杭州、温州、蒋介石的故乡奉化、宁波，一直到闽北、赣东北这条线。此后，部队就准备进攻上海。上海有二十万敌人，并且由蒋介石亲自指挥。经过一个星期的战斗，我们在五月二十七日占领了上海。这次作战中央命名为"京沪杭战役"。从渡江到占领上海，总计用了一个月零七天，消灭敌人四十余万。我方伤亡二万五千人，其中在占领上海时伤亡一万七千人，在渡江时遭敌机轰炸等共伤亡八千人。我们曾有一个兵团俘虏了敌人六万，自己损失一千一百人，比较起来我们的代价花得很少。

我们为什么能突破长江，迅速完成京沪杭作战任务，并把我们预计的时间缩短一半呢？原因是，除了中国人民革命军事委员会及毛泽东主席领导正确外，第一，我们军事准备充分，指战员英勇。在渡江前，蒋介石集团以为我们给他们宽大是表示人民的软弱，以为长江天险不可突破，他们就押这个宝。但是，人民解放军已经有了必胜信心。这信心不单是建立在政治的信念上，而且是建立在实际的准备上。举一个例子说，我们渡江需要船，原有的船被国民党全部拉到江南去了，我们的船停靠在长江以北的内湖和内河里（每船可载八至十二人，大者五十人，最大者一百人），但是内河的出口当时被敌人封锁了，因此船不能从内河入江。对这样的困难，有些所谓军事家认为不可克服，然而我们克服了。渡江的时候，敌人不明白我们的船是从什么地方来的。其实，我们的船不是从水路出去的，而是从旱路出去的。我们的办法叫做掘渠。我们是把船拖出去的。有时为疏通一条渠道使船出去，要掘几十里（最长的有六十里）的小河沟。为了掘渠翻坝，曾使用了两千一百万个人工。这样巨大的工程是在一个半月的准备时间中完成的，是我们几十万士兵、指挥员包括师长、团长亲自参加这个劳作，以及几十万民工劳作才完成的。渡江使用的船有一万只左右，所以我百万大军能够渡过长江。再就是我们的人是北方人，北方人怕水。曹操吃亏就在这个地方。为了在水中不发晕，为了能应付各种情况，我们在巢湖北部做了多方面的准备，白天夜晚进行演习。在水中习惯了，有把握了，又考虑到船在江心中弹怎么办？许多战士想出了用草圈作救生圈的办法。草圈比橡皮圈好，橡皮圈一打就破了，草圈不怕打。虽然实际过江时没有用着，这准备是“浪费”了。最后我们在内河演习。我们认为长江并不比黄河厉害。这些信心都是建筑在实际的军事准备上，更不用谈我们的政治信念了。从实际体验中，我们知道了渡江并不困难。

第二，群众支援，地下党和游击队之配合。有的游击区我们过去有过工作，有些地方过去没有过，但人民都一致支援我们。掘渠翻坝有一半是人民的劳作。在渡江准备的过程里，我们集结主要兵力在芜湖至安庆这个地方，所需粮食一亿五千万斤，其中百分之八十是沿江的人民拿出来的。他们把家里的粮食尽量拿出来，并且表示只要渡江，饿着肚子也不要紧。为解决烧柴困难，人民甚至无怨言地拆房子给我们当柴烧。其他的战勤工作都很繁重，如修路，运粮，找船工。船工一半来自民间，一半是临时训练的战士。江南地下党、游击队配合了渡江作战。我们曾开过江去一支部队，埋伏了十天，敌人还不知道。

第三，敌人的脆弱。我们对敌人估计太高，实际上敌人的抵抗是脆弱的。这从渡江后的追击上可以知道。我们能迅速渡江完成京沪杭作战的任务，原因就在这里。

渡江作战无疑是一个伟大的胜利，这胜利表示了敌人在长江以南的一支最大的最有组织的力量的覆灭。经过了东北的辽沈战役〔107〕、华东的淮海战役〔108〕、华北的平津战役〔109〕，国民党反动派剩下的最大的军队就是放在长江以南这一战线上，他们再没有比这更大的有组织的军队了。渡江歼灭了敌人四十多万，就表示国民党再没有有力的抵抗了。这胜利在政治上表示了反动的南京政府的灭亡。人民解放军在军事上将再不会遭遇到更严重的抵抗了，肃清残余敌人的时间不远了，最后解放全国的时间也不远了。

军事占领后，各城市均先后进行了接管工作。从渡江作战到我离开上海，约三个月的时间，接收工作大体告一段落。一般说来工作做得还好。所以顺利的原因:第一,中共中央有一套明确的政策,使各城市接收人员有所遵循,并有先解放地区的经验,如长春、沈阳、北平、天津、济南、潍坊、石家庄、郑州、开封、徐州等的经验教训,对解放江南有很大的帮助,使我们少走了许多弯路。第二,各界人民支持。渡江后我们看到,人民对国民党反动统治十分厌恶,对共产党各种政策表示热烈欢迎,尤其是工人、学生表现了高度的革命的积极性。如果没有工人、学生高度的热心和积极性,我们会遇到许多困难。不仅是工人、学生,还有工商界、文化界、科学界都采取了与我们合作的态度。如南京的工商界、文化界、科学界,自愿帮助接收上海,参加部队等。第三,大势所趋,谁都看到国民党反动统治再也扶不起来了,即便对国民党曾有幻想的人,都觉得要重新考虑自己的事情了。谁都觉得人民的胜利是肯定的了。尽管还有台湾及蒋介石所吹嘘的二万万人口,但国民党四十多万军队瓦解了,军事组织混乱了。这是大势所趋。许多人都必须重新考虑自己的态度,这表现在国民党的旧机构的工作人员绝大部分不走。因为他们不走,把机关、学院、科学研究机构保护得较好,甚至在渡江以前许多人就为保护机构做了很多事情,使接收工作减少了很多困难。这种情形,各城市大致相同。帝国主义、反动派由于大势所趋,人民拥护我们,反对他们,在强大的人民力量面前不得不低下头来。司徒雷登〔110〕也只能如此,不敢以对国民党之态度来对人民政府,不敢以在国民党统治时期对人民的态度来对我解放区的人民。即便其态度是含有阴谋的,但在形式上还是把表面的凶焰收起来了。第四,主观方面的努力工作。如前面所说,我们在主观上为渡江接收事先做了准备工作，包括政治的组织的准备。我们从华东调来的两万多干部都或多或少地经过了政策的教育。进入一个地区后，遵循了毛主席“四面八方”的政策〔111〕，与各方联系，开了许多会议。虽不完全周到，特别是上海情况复杂，但是主观上是遵循着这个方向来与各界人士通力合作的。在上海，陈毅同志几乎每天参加一个会，甚至两个会，来说明我们的态度和政策，要求通力合作。像这样的态度，这样的工作，更增加了各方面的支持。这是接管工作做得好的原因之一。

# 贵州新区工作的策略*

（一九四九年十一月十二日）

你们六日电对贵州工作的初步意见，一般可用，惟须注意下列各点：

（一）你们在策略上提出团结多数，打击少数，不可树敌过多，防止过左等等，这是很对的。但不可笼统提出集中力量打击中央系〔112〕的方针，因为贵州多年以来，就在中央系统治之下，这样的口号可能形成打击面过大的结果。而在事实上，现在的所谓中央系中的极大部分人，都在动摇，我们的策略应是给以改过自新和生活之路，借以分化反动营垒，孤立最反动的分子，减少革命阻力，以便于我们迅速建立革命秩序和发动群众。所以，你们应三番五次地告诉各级干部，在进入新区后，一开始就要注意团结一切可能团结的人，中立一切可能中立的人，分化敌人营垒中一切可能分化的人，这个策略应包括中央系在内。应明白宣布，凡愿意悔过者均予以自新之路。我们第一步的主要打击对象，是那些继续反对我们的分子，这是因为

* 这是邓小平同志为二野前委起草的给五兵团杨勇、苏振华、徐运北同志的电报，并报中共中央。中央认为这份关于贵州新区工作策略问题的电报是很值得注意的，于十一月十九日转发各中央局。

他们不愿改过而且继续反动作恶的原故。你们到贵阳后，还应物色一些左翼分子、中间分子乃至个别的不积极反对我们和表示愿意靠近我们的右翼分子参加我们的工作，在接管时可用研究组、顾问组等形式去容纳他们。有些具有代表性的表现比较好的中上层人物，还可吸收一些参加各部门的接管委员会当委员。就是说，一开始我们就在事实上同他们合作，遇事同他们商量，倾听他们的意见，采纳其较好的意见，并积极地耐烦地向他们做工作，解释我党政策及共同纲领〔113〕，帮助他们改造和进步。我们这样做，一定会发生良好的影响，很快同贵州各方面联系起来，对于各种困难问题的解决，一定比较容易些，至少阻力要少些。你们到贵阳后，还应了解地方系（如王家烈〔114〕等）、中央系（态度较好的人）、工商界、教育界、少数民族中各代表人物的态度，准备吸收一些人参加省政府，省政府的委员及各厅正副处长，要准备至少三分之一乃至一半的位置给非党人士，其他各专区各县都应准备这样做，省政府的初步名单请你们于一个月内提出交我们审查后再请中央政府批准。执行这一政策的主要障碍是干部思想中的关门主义，因此要对党内干部作反反复复的教育，才能保证其执行。中央及毛主席对统一战线问题有明确详尽的指示，已请宋任穷〔115〕同志向你们传达。

（二）我们最近与川东各负责同志研究重庆市及川东工作时，认为市的和县的各界代表会议〔116〕以早开为好。我们一进入城市就有许多困难问题摆在面前，如货币问题、物价问题、工资问题等等，在乡村首先就有很大的借粮问题和货币问题、治安问题等等。迅速召开代表会议来解决这些问题，不但比在党内解决好，而且也比座谈会的方式好。请你们也研究这个问题，并提出你们的意见。

(三)在处理杂色武装问题时，要依据不同对象，权衡利弊，审慎处理。我们的目的是达到全部的改编和掌握，但这要有策略、有步骤、有方法，才能做到。在解决某一部分武装问题时还要考虑到对其他部分的影响，不要贪小便宜，不要因小失大，而要从全盘考虑问题。你们所提各项在原则上是对的，但在执行的步骤和方法上要防止过急的毛病。对少数民族武装，尤其要防止这点。

(四)中央明确规定，所有接收的国民党机构的全部人员，包括军队官兵、政府员工和工厂职工，全部收容起来，一个也不要遣散。执行这一政策的好处很多，宋任穷同志将向你们传达说明，不赘。你们对旧员工规定先发短期的维持费是好的，其具体数目应在到达后与旧员工共同讨论决定，不要简单地由我们党内去决定，这点很重要。此外，你们规定"工人生活维持费一般不低于旧职员，对公教人员待遇按高于旧职员低于职工的标准发生活费"是不妥当的。你们不宜人为地规定工人待遇比旧职员高，尤不可在目前条件下，去提高工人待遇，因为这是不可能的，而且是带有危险性的办法。工资问题极其复杂，务必慎重处理，我们将湖南省委最近在长沙的经验发给你们，望好好研究。对重庆，在开始短期内，我们拟按工人职员的原有底薪分三级发生活维持费。每级数目到后才能决定，你们亦可考虑这个办法，但每级数目的规定必须报告中央局〔117〕批准才能施行。

(五)新区问题极复杂，应从各方发现与研究，望多请示报告,以便取得我们的帮助。你们对下级亦应要求他们严格执行请示报告制度。

# 在西南区新闻工作会议上的报告

（一九五〇年五月十六日）

拿笔杆是实行领导的主要方法。领导同志要学会拿笔杆。开会是一种领导方法，是必需的，但到会的人总是少数，即使做个大报告，也只有几百人听。个别谈话也是一种领导方法，但只能是“个别”。实现领导最广泛的方法是用笔杆子。用笔写出来传播就广，而且经过写，思想就提炼了，比较周密。所以用笔领导是领导的主要方法，这是毛主席告诉我们的。凡不会写的要学会写，能写而不精的要慢慢地精。

拿笔有多种。党和政府写决议、指示、计划，发电报，这是很重要的，但指示、电报只能传达到一定范围的干部。任何政策如果只同干部见面，不同群众见面，是不能发生效果的。拿笔杆子中，作用最广泛的是写文章登在报纸上和出小册子，再就是写好稿子到广播电台去广播。出报纸、办广播、出刊物和小册子，而又能做到密切联系实际，紧密结合中心任务，这在贯彻实现领导意图上，就比其他方法更有效、更广泛，作用大得多。

“笔杆子太重”，不会写，怎么办？要同各地区领导同志谈通，说明拿笔杆的重要、新闻工作的重要，不懂得用笔杆子，这个领导本身就是很有缺陷的。写文章也不是很困难，主要是要意思好。领导同志具备这个条件：了解情况比较多，看问题比较全面、正确。技术方面的问题是次要的，自己努力，别人帮助，慢慢就会提高。领导同志不愿意写文章，新闻工作同志要主动去做工作。他不愿写，总有一个理由，"不会写，写不了"，或者"没有功夫"，那就主动找他，"你讲我写"，或者找接近领导而又能写的同志来写。但首先还是要领导同志亲自写，新闻工作同志主动帮助，有计划地组织稿件。这样就可以逐步解决领导机关、领导同志运用报纸、领导报纸的问题。办好报纸有三个条件：结合实际、联系群众、批评与自我批评。这三条离开了领导也搞不好，报纸就没有力量，容易变成"有闻必录"。所以办好报纸的前提在领导。

要办好地方报纸。《新华日报》〔118〕最近有进步。我们的报纸要登中央发的一般消息，但作为地方报纸，新华社总社的广播稿不一定全用，要适当选择、改编、压缩、提炼，要考虑对象，能不能看那么多，看了懂不懂。有的小报就比大报办得更结合实际，更切合群众需要，更通俗活泼。当然，需要办大报的地方（大城市）必须办大报，但不是都要办大报。

报纸要结合实际，结合当时当地的中心任务。新华社总社发来的稿件应该重视，但比较好编。领导同志和办报同志的主要精力要放在当地新闻上，要大量刊登本区人民的工作和生活情况。报社要时时和领导取得联系，根据本地当前任务的变化，随时调整自己的报道方针。不久前《新华日报》写了一篇专论，讲的是剿匪中的情况，内容主要是批评。正确不正确？也正确。合不合时宜？不合时宜。正确与否要考虑到时间、地点、条件等因素来判断。在剿匪已经有了成绩，部队又很艰苦很努力的情况下，主要去批评就不合时宜了。放在一个月以前则刚合时宜。这说明我们的同志对剿匪的实际情况了解不够。现在报纸的影响比过去大了，有些不正确的东西在报上一表扬，就糟了。前几年很多干部不看报，现在不同了，报纸有威信，看到报纸讲什么就要照着去做。很多地方看到报纸批评了的做法，就秘密地改，这就是报纸的作用。社会上很多人看报，看共产党什么态度，人民政府政策如何，要从报上找自己需要的东西，解决自己的问题。正因为干部群众都重视报纸，我们就要很慎重。

西南区今天的中心任务是什么？从全区说，一是剿匪，二是完成征粮、税收、公债[119]任务，三是领导生产（主要是农业生产），四是调整工商业、救济失业人员。为了实现这些任务，要召开人民代表会或农民代表会。下一步是今冬明春的减租，也是从全西南提出的。

这些任务完成得怎样？剿匪方面，四川剿匪有很多好经验，报纸要报道，但又不能让土匪完全了解我们的战术。报纸要宣传剿匪政策，宽大与镇压相结合。首恶必办，胁从不问，立功受奖。什么叫胁从不问？"不问"是说不问罪，也就是不治罪。有的问都不问一下就放了，这就错了。总要教育教育，坦白一下，群众取保，才能释放啊。总的说，剿匪见效。贵州、云南的情况又各有不同。报纸必须抓住每个地方的特点，这就是指导性。

征收公粮，一般开始时都是轰轰烈烈，但后来很难收上来。万县解决这个问题的办法比较恰当，要好好介绍、表扬，这就是实现领导。报纸要用评论、社论加上一连串的报道来领导交公粮。

领导生产，整个情况不算坏。毛主席指示新区要保持原有的生产水平，不使降低，老区还要“长一寸”〔120〕，这就不容易。当前，农民的生产积极性有了提高。但是开荒不要鼓励，开荒要砍树，现在四川最大的问题是树林少。有的地方报告，他们从佃富农那里调剂了一部分土地给贫农，据说是自愿的。这样的事报纸不能写社论表扬，不能写消息传播。生产中主要一条方针是不要乱动。凡是无把握的事要慎重一些，先研究一番，或者写个东西，说这个好，但也存在哪些危险性，使群众从另一方面再考虑，这也就是领导。

调整工商业，主要是城市。我们的政策是调节劳资，两利兼顾，否则对整个国民经济不利。我们要扶助有益于国计民生的私营工商业，鼓励私人生产的积极性。资方要改善管理，降低成本。最近报上登了些私营纱厂解决困难的报道，应该登，用私营企业的榜样来实现对私营企业的领导。我们扶植进步的、有前途的私营企业，没有前途的要指导转产。调整工商业涉及三个方面的问题，一资、二劳、三公，一切都要引导到发展生产力。共产党就是为发展社会生产力的，否则就违背了马克思主义理论。上海一件纱卖五百万元〔121〕，这里要九百万元，谁来买？不能把关税壁垒搬到三峡来，再来个封建割据。据说有的工商业家对我们的政策有抵触，但他又确实在改，那就好，改好了会感到我们的政策对他是有帮助的。我们正处在大改革之中，破坏是难免的。管理非常不合理的要垮，投机的也要垮。香烛纸钱等迷信品的生产是没有前途的。有些东西的生产现在要减少，但十年之后还会有发展，如化妆品。我们要引导工商业向健全的方向发展。物价稳定对工商业有好处，最近一些贷款也是在这个基础上才贷出的。对贷款要进行指导，指定用途。如贷给民生公司二十多亿，指定买煤、修船，这样也解决了煤矿业和机器业的一些问题。钱贷出去以后要检查，使之用到适当的地方，否则就造成无政府状态。有些东西生产超过市场需要太多，销不出去就有了问题，要指导转产。

失业主要在大城市。据说重庆有五万人（全市工人二十五万），贵阳一万人（全市工人三万），成都两万人。对失业人员，要妥善安排和救济。

解决以上这些问题，主要是开各界人民代表会，这是联系群众最好、最主要的办法。在干部中要进行整风，反对官僚主义和命令主义。哪怕是辛辛苦苦的官僚主义也好，哪怕是艰苦奋斗的命令主义也好，都在反对之列。

中央要公布土地法〔122〕，要无例外地领导各阶层人民学习，因为都牵涉到。学得好，为明年土改〔123〕作准备，也为今年减租〔50〕作准备。报纸要组织学习、讨论，使党内党外都知道。“十目所视，十手所指”〔124〕，大家都学习了，了解了，就不容许干部乱干了，对整个领导有好处。

上面说的这些问题，都是报纸要实现领导的任务。在突出的方面要集中力量，有的时候用整版来登，用一个月时间，发表一连串的评论、社论来宣传和贯彻。这样人们就注意了。有没有力量，不仅是质，也有量的问题。质是要准确性，量也要加大，各方面围绕于此，才有力量。

开展批评与自我批评，《新华日报》最近做得好一些。过去报喜不报忧，现在也报忧了，这就可以医治自满和麻痹。报纸最有力量的是批评与自我批评。中央过去表扬了几个报，主要因为他们实现了批评与自我批评，是非弄得很清楚，应该做的和不应该做的弄得很明确。报纸搞批评，要抓住典型，有头有尾，向积极方面诱导，有时还要有意识地作好坏对比。这样的批评与自我批评才有力量，才说明是为了改进工作，而不是消极的。什么叫生动活泼？不在文字长短，而是要写出生动的过程，而且有结果。我们有的批评往往只是把问题摆出来了，没有下文。描写过程也不能冗长。批评与自我批评要大大发扬，我们还很不够。领导上，党委和政府，要全力支持通讯员写批评稿，现在敢说话的人太少，要鼓励说话。对有些与事实不符的批评，必要时也要提醒和说明。

从领导来看，办报是大家办报，从新闻工作者自己来看，也是大家办报。报纸真的同实际、同群众联系好了，报纸办好了，对领导是最大的帮助。常常有这样的情况：党和政府听不到的，报纸能听到，它能摸到社会的脉搏。目前最突出的问题是什么，把读者来信加以综合研究，常常就能看出来。

任何一个任务不是一家报纸所能完成的。各家报纸接触面不同，要各方面努力，才能把党和政府的声音普遍传播到各阶层群众中去。

# 克服目前西南党内的不良倾向*

（一九五〇年六月六日）

今天我讲讲整风[125]问题。这是个全党的问题。五月举行的中央政治局会议决定要在今年内进行一次整风，这是我们党的第三次整风。

大家知道，在抗日战争时期，我们党进行了一次时间很长的整风运动[63]，那次整风主要是克服主观主义、宗派主义、党八股，目的是把全党团结在毛泽东思想之下，团结在以毛泽东为首的党中央周围，领导群众，打败日本侵略者。那次整风为七大[126]作了充分的准备。七大把毛泽东思想规定为党的指导思想，使我党在政治上、思想上、组织上达到空前的团结，并在这个基础上领导全国人民打败了日本侵略者，以后又打败了美帝国主义支持的蒋介石，才有了全国的胜利。没有那次整风，今天的胜利是不可能的。

第二次整风是在解放战争期间，即三查三整[127]。这次整风之所以必要，是因为战争非常艰苦，又处在接近胜利的关头，正需要我们更加密切地联系群众以争取胜利，而党内存在

---

* 这是邓小平同志在中共重庆市第二次代表会议上的报告。

着成分不纯作风不纯的现象，一部分同志有消极失望的情绪和严重脱离群众的现象，这些现象必须加以克服，才能前进。经过三查三整，克服了党内的混乱思想，团结了全党，进一步联系了群众，产生了很好的效果。

当然，在这两次整风中，都有一些缺点，但是不能因为有些缺点，而掩盖了主要是成绩的一面。这两次整风对党所起的作用是很大的。

现在毛主席和党中央号召我们进行第三次整风。这次整风是处在工作任务更加繁忙的时候。我们面临三万万人口的新区，干部又比较分散，发生的问题很多，这些问题不解决就不能前进，所以必须整风。这次整风要吸取前两次的优点，避免前两次的缺点。

这次整风主要是查思想、查作风，看我们的同志对党的革命事业抱什么态度，在各种运动中是否执行了党的政策，是否联系了群众，工作是否做得那样好，是否合乎毛泽东思想，目的是经过整风，克服思想上政策上的混乱现象，达到思想上的统一，政策上的统一，使工作在已有的基础上前进一步。

那末，目前我们党内主要的错误倾向是什么呢？中央指出，主要是官僚主义、命令主义，其中更主要的是命令主义。在西南来说，这个问题比之其他地区有过之而无不及。必须指出，进入西南以来，工作是很繁重的，绝大多数同志，无论在农村还是城市，工作都很努力，但是检查我们党和党员的工作，不能只以“努力”二字来衡量。努力，表示想把事情办好，这是共产党员必须具备的起码的品质，但是最主要的还是看努力的结果。有两种努力，一种是执行了政策，联系了群众，做好了工作，完成了任务；另一种是工作看起来忙得很，但是实行的是命令主义，违反了政策，脱离了群众，完成不了任务，损害了党的信誉。我们要区别这两种努力，提倡正确的努力，不赞成那种不正确的努力。党内犯官僚主义错误的同志，有些也是很努力的，所以有个新名词叫“辛辛苦苦的官僚主义”。从遵义会议〔68〕以来，我们党在毛主席的领导下，保证了党的路线方针的正确。但是路线正确并不等于解决了一切问题，还要看党的各级干部和党员是否正确执行这个路线。中央的路线、方针、政策正确，如果下面不很好执行，那有什么用呢？所以说，尽管绝大多数同志是努力的，但并不就是一切情况都好，一切都胜利，还要检查一下是怎样努力的。

拿川东的征粮来说，就有这种情况。有些县完成得很好，有些县则完成得很差，而同志们都是很努力的。检查一下，完成任务的往往比未完成任务的在执行政策上偏差要小一些，工作做得入情入理一些，在方法上又善于开好各界代表会议和农民代表会议，善于依靠农民群众，善于团结农村中的知识分子和开明士绅，善于运用保甲长并使他们在农民群众的监督之下进行工作。也就是说，我们干部的官僚主义、命令主义少一些。这就说明，努力加上方法正确，才能完成任务。这里面包括政策与作风两个问题，而总的是联系群众的问题。

重庆的工厂企业也是这样，凡是正确执行政策和工作作风好的，就能很好地完成任务。如南桐煤矿，干部并不多，但是工作做得好，原因就是从实际出发，联系群众。在上级还未提出废除把头制〔128〕时，他们已经发现这个制度不合理，而且改革了。又如码头，干部也不多，而且工作复杂难做，但是他们做得比较好，因为他们能够走群众路线，先摸清情况，然后一个一个地解决问题。又如兵工厂，由于生产尚未恢复，开始只发生活维持费，工资较低，工人普遍不满意。遇到这样的问题，有两种解决办法：一是简单下个命令，出个通告；二是开代表会，说服工人。他们采取了后一种办法，由工人推选代表，开了几天会，刘司令员〔16〕也去讲了话，结果，包括原来准备向工业部作斗争的代表在内，全体举手赞成不增加工资。究竟是官僚主义、命令主义好，还是依靠群众、说服群众好？事实作了最好的回答。

我们到西南的干部很少，工作任务繁重而紧迫。在这种情况下，依靠什么办法来做好工作？唯一正确的办法是走群众路线。但是，我们常常见到有些同志在遇到困难的时候，不是看自己执行政策上和思想作风上有没有问题，而是埋怨上级给的任务重，干部少，群众条件不好。重庆码头和南桐煤矿的工作经验，对于这种错误的说法无疑是一个严肃的批评。

有的同志还一遇到困难就怪到新参加工作的干部身上。这是不应该的。由军队和老区来的三万干部，到新区做地方工作，是新干部的老师，你怎么教，他就怎么学，而且学会了之后很难改变。西南工作的根扎得正不正，就看这三万人的作风正不正。如果作风不正，根扎歪了，就会贻害无穷。所以，这次整风是非常必要的，整风的对象也主要放在这三万人身上，最主要的是克服严重存在的官僚主义、命令主义，特别是命令主义。

我们提倡的正确的作风，就是毛主席指出的理论与实际结合的作风，联系群众的作风，自我批评的作风。官僚主义、命令主义与毛主席的教导恰恰相反。沾染这种作风的人，不可能实行理论与实际的结合，不可能联系群众，不可能进行自我批评，也不可能完成任务，其结果一定是损害党的工作，损害党的信誉。

还有两个错误倾向，一个是统一战线中的关门主义，一个是正在发展的蜕化、腐朽思想，也是要在整风中加以克服的。

统一战线问题是中国革命的三个基本问题之一。毛主席在《〈共产党人〉发刊词》中指出，中国革命的三个基本问题，一个是统一战线问题，一个是武装斗争问题，一个是党的建设问题。在这三个问题中的任何一个问题上发生错误，都会使革命遭受失败。这就是说，如果仗打得好，党也很团结，但统一战线搞不好，革命也要失败。中国革命之所以胜利，是三个问题都解决得好。但是，是否在革命战争胜利后就可以抛弃统一战线呢？不能够的。过去需要统一战线，今后同样需要，不仅需要，而且还要进一步巩固。如果抛弃了统一战线，革命还要遭受失败。在最近的中央会议上，毛主席又强调了这个问题。现在我们党内真正懂得统一战线问题的人还不多。有的同志虽然不反对统一战线，但是遇到具体问题还是怀疑。如对党外人士的职位安排上，有些党内同志不服气；在工商业问题上，有挤垮民族资产阶级的思想；在农村工作中，拒绝与开明士绅、知识分子合作。这些倾向都大大妨碍了党的任务的贯彻执行。

统一战线是马列主义战略策略原则的具体运用，它的本质就是团结大多数，孤立敌人。即使是中立一时、将来还可能反对我们的人，我们也要使其中立。这样就能把可以争取的人都争取过来，缩小敌人的圈子，以便打倒主要的敌人。有些同志在工作中往往存门户之见，使党变成狭小的圈子，变成狭隘的宗派，从而丧失了领导作用。有些同志从个人而不是从全局考虑问题，怕自己吃不开，因而对于统一战线发生抵触。有的同志以老资格自居，认为反正你不是共产党员，不让人家有职有权，非要人家服从自己不可。有的同志认为战争胜利了，不要别人也行了。这些想法和做法都是非常错误的。统一战线是一个重大的原则问题，如果在共产党员中不弄清楚这个问题，我们的工作将受到很大的损失。道理很简单，在西南，除军队外，约有十五万到二十万的地方工作干部，其中只有三万人是党员，还有少数团员，其他百分之八十左右是非党团员。党与非党干部的合作问题，就是百分之二十与百分之八十的合作问题。试问：不把百分之八十的人团结好，能够做好工作吗？小圈子主义的危险性，难道还不明显吗？同非党人士合作会遇到一些麻烦，他们也会有不正确的思想认识问题，这要慢慢地帮助他们。中央规定，凡是党员与非党员合作不好，首先是党员负责，不管你有理无理。不这样，统一战线就不能巩固，就会使自己孤立起来，就会做不好工作，就会增加对革命的抵抗力，这对人民的事业非常不利。当一个共产党员，就要自觉服从党的路线和政策，全心全意为人民服务，做好工作，并经常准备吃亏和遇到麻烦，工作做坏了，还要受批评，而且终生都应该如此。

在统一战线中保持党的领导，这是很对的，但是共产党员在自己的工作中如何体现党的领导呢？首先，要坚决地执行由我党提出的为人民政协所通过的共同纲领〔113〕，和中央人民政府发布的每一项法令、文告。其次，要善于团结党外人士去实现共同纲领和执行法令。一个共产党员如果不熟悉共同纲领和政府法令，不懂得运用这些武器去团结和教育人民同敌人作斗争，那末不仅说不上什么领导，而且还会做出违反共同纲领和政策的事情，做出违法乱纪的事情，使自己完全居于无理和被动的地位。今天的不幸情况，恰恰是有些共产党员不学习不运用共同纲领。党外人士把共同纲领背得烂熟，在讨论工作和政策时，能够引经据典，充分说理。而我们的一些共产党员却往往瞠目不知所对，有的甚至最后拿出蛮不讲理的本事来。试问，这还说得上领导吗？第三，共产党员除了应成为执行共同纲领和遵守法纪的模范之外，还需要具有纯正的作风，就是要有不怕麻烦、谦逊朴素和实事求是的作风，要有一心一意为人民服务不计其他的工作态度。有些同志以为天下是我们打下的，一切要服从我们。这是非常错误的。实际上群众不一定会服从你。领导不是自封的，要看群众承认不承认，批准不批准。领导作风恶劣，群众就不会服从；领导犯了错误，群众就不批准。或者有人说，我革命时间长，本领大。但群众不跟你走，你就一事无成。

我们党内有这样两种人。一种人老是拿共产党员的牌子和革命多少年的资格去压别人，硬要党外人士服从自己，说话态度生硬，架子摆得很大，以为这就是“领导”。其实只能令人讨厌，脱离群众，使自己陷于孤立和困难的地步。另外一种人，虽然本事不大，但是能够同党外人士虚心合作，遇事共同商议，共同决定，工作勤勤恳恳，结果事情办得很好，也得到人家的尊重。所以正确的主张必须与良好的工作方法结合起来，才能实现。如果我们既坚持共同纲领，又态度坦白诚恳和具有说服力，这样就是批评别人，别人也愿意接受，这才算是好的领导。朱总司令说：我们同党外人士比，是拿全党的整体来比，拿个人比，不一定个个比党外人士强。不要看不起党外人士，我们的经验他们很快就可学会。如果我们不进步，许多青年会很快地走到我们前面。唯一的办法就是不断地前进，就是尊重别人，虚心学习。老同志之所以可贵，不只是在于他们有功劳有经验，更重要的还在于他们不自满不骄傲，能够同群众一块，不疲倦地继续前进。如果骄傲自满起来，不前进，脱离群众，那就丧失了共产党员的高贵品质，就会前功尽弃，变成妨碍别人前进、妨碍事业发展的庸人。

现在各级政府正在进行人事安排，今后会有许多党外人士当部长、科长，如果有些党员同志当副职，一定要接受人家的领导。这同党的领导并不矛盾。只要党员正确地执行政策，就体现了党的领导。即使党员是正职，党外人士是副职，也要遇事商量，真正做到党外人士有职有权。

对旧工作人员也要诚恳地给予帮助，不要口口声声称人家"旧人员"。要尊重他们，使情感融洽起来，这样才有利于帮助他们进步和改造。

再讲一讲蜕化腐朽思想。这个倾向正在发展，特别是经济方面的问题很多。无论城市农村，贪污腐化现象都很严重。还有一个干部婚姻上的问题，现在到处在闹"改组"。这种人往往引婚姻法作根据，说婚姻法上规定有婚姻自由，于是不管政治条件，不管儿女幸福，不管道德不道德。有的闹得影响很坏，工作也受损失。有的甚至使出流氓威胁欺骗的手段。这种现象如不纠正，不但影响工作，损害党的声誉，而且要垮掉一些同志。

以上就是我们这次整风要加以克服的不良作风和不良倾向。产生这些倾向的根源，是这些同志认为革命胜利了，可以睡觉了，可以骄傲了，应该享福了，不必努力了。这是非常危险的。从革命战争来说，我们是取得了基本的胜利，但是敌人还很多。就目前说，土匪为患还很严重，封建势力原封未动，征粮收税任务的完成都还差得很远。我们的任务非常艰巨，困难还很多，有哪一点值得骄傲呢？苏联革命成功以后很长时期还是非常困难、非常艰苦的。现在我们也只能实行供给制〔129〕。作为一个共产党员，要把工作放在第一位，不应当计较享受。要弄清楚，我们的生活不能脱离社会的生活水准。

这些倾向还表现了我们党的组织生活太差，批评与自我批评不够，特别是在领导同志中间。最近我们接到好几个同志的匿名信，揭发了一些问题。这些写信的同志是好的，但他们用匿名信的方式，这也反映了一些部队和地方党内生活不民主、不健康，党员的正气还抬不起头来。

这些倾向能不能克服呢？任何一个革命阶段，总有一些渣滓要沉下来的。但我们绝大多数同志的本质是好的。沾染不良作风的人，绝大多数是能够转变思想，纠正错误，继续前进的。这次整风要避免过去的缺点，着重启发诱导，通过检查半年来的工作，认真开展批评与自我批评。要根据"惩前毖后"与"治病救人"的方针，帮助犯错误的同志着重从思想上解决问题。只有个别品质极坏的，如严重的贪污腐化及有意识地破坏、抵制党的政策的人，才给予纪律处分。希望每个同志积极参加整风，以便迎接今冬明春的减租和明冬后春的土改运动。

我们要在整风的基础上把党公开。中央局准备发一个指示，无论城市、乡村、工厂、机关，党都要公开。公开的好处很多，老区都有经验。有的同志怕把表现不好的党员公开出来。丑媳妇总要见公婆的嘛，让群众来监督批评，只有好处，没有坏处。

严格党的支部生活极端重要，没有支部生活就没有战斗力。党的纪律检查委员会和政府的监察委员会要建立和加强起来，这是反对官僚主义、命令主义，监督党员遵纪守法的重要武器。

要把学习搞好，认真建立学习制度。要加强对学习的领导。市委、直属党委要研究这个问题。过去所以发生许多毛病，就是因为有些同志不重视学习，陷于事务主义的泥坑，不能经常吸收新的营养。学习可以使我们向前看，可以澄清各种混乱的思想。除了整风以外，我们所以采取这些措施，目的在于克服缺点，加强党的战斗力，更好地完成党交给我们的繁重任务。

# 关于西南少数民族问题*

（一九五〇年七月二十一日）

在少数民族问题上，我还是一个小学生。同志们对这个问题的研究比我要多，又是专门做这方面工作的。我今天主要是把西南的情况，同少数民族的问题联系起来讲一讲。

少数民族问题，在西南来说是很重要的。我们中国的少数民族最多的地区，一个是西北，一个是西南。恐怕西南比西北还多，而且情况也比较复杂。西南的国境线从西藏到云南、广西，有几千公里，在这么长的边境上，居住的绝大多数是少数民族。少数民族问题解决得不好，国防问题就不可能解决好。因此从西南的情况来说，单就国防问题考虑，也应该把少数民族工作摆在很高的位置。

西南的少数民族究竟有多少，现在还不清楚。据云南近来的报告，全省上报的民族名称有七十多种〔130〕。贵州的苗族，据说有一百多种，实际上有些不是苗族。例如侗族，过去一般都认为是苗族，实际上语言、历史都不同，他们自己也反对这么说。从这一情况就可看出，我们对少数民族问题不仅没有入门，连皮毛还没有摸着。当然经过三两年工作之后，对各个民

* 这是邓小平同志在欢迎赴西南地区的中央民族访问团大会上的讲话。

族有可能摸清楚。历史上弄不清楚的问题，我们可能弄清楚。

在中国的历史上，少数民族与汉族的隔阂是很深的。由于我们过去的以及这半年的工作，使这种情况逐渐地在改变，但不是说我们今天已经消除了隔阂。少数民族要经过一个长时间，通过事实，才能解除历史上大汉族主义造成的他们同汉族的隔阂。我们要做长期的工作，达到消除这种隔阂的目的。要使他们相信，在政治上，中国境内各民族是真正平等的；在经济上，他们的生活会得到改善；在文化上，也会得到提高。所谓文化，主要是指他们本民族的文化。如果我们不在这三方面取得成效，这种历史的隔阂、历史的裂痕就不可能消除。我们中华人民共和国是一个多民族的国家，只有在消除民族隔阂的基础上，经过各族人民的共同努力，才能真正形成中华民族美好的大家庭。我们是有条件消除民族隔阂的。历史上的反动统治实行的是大民族主义的政策，只能加深民族隔阂，而今天我们政协共同纲领〔113〕所规定的民族政策，一定能够消除这种隔阂，实现各民族的大团结。

我想讲点西康〔131〕藏族的情况。过去藏族与汉族的隔阂很深，但是我们进军西南，特别是宣布了解放西藏的方针，提出十项条件〔132〕以后，发生了很大的变化。过去他们的情况怎样呢？过去西康的反动统治把他们搞苦了。我们进去以后，首先宣布了共同纲领的民族政策，同时我们军队的优良作风也在一些具体问题上体现出来，例如执行三大纪律八项注意〔75〕，尊重藏民的风俗习惯、宗教信仰，不住喇嘛寺等，这样就赢得了藏族同胞的信任。他们说，我们的军队太好了，老百姓的房子，就是下大雨，不让进就不进，不让住就不住，这是实行正确政策的结果。历史上的统治者,何尝没有宣布过好的政策,可是他们只说不做。我们的政策只要确定了,是真正要实行的。对于我们提出的十条,有的西藏的代表人士觉得太宽了点。就是要宽一点,这是真的,不是假的,不是骗他们的。所以这个政策的影响很大,其力量不可低估。因为这个政策符合他们的要求,符合民族团结的要求。

在西南少数民族地区,历史上我们党曾经做过一些工作,产生过好的影响。长征[18]时,红军经过的地方,如云南、贵州,散布了一些革命的种子,就是在西康,也有一些革命影响。红军北上时,为了自己的生存,做了一些犯纪律的事,那时饿慌了,没有办法。现在我们应该跟他们说,当时全国革命的负担放在你们的身上,你们对保存红军尽了最大的责任。对那时办得不对的事,应当向他们赔礼。这次我们到那里,一些藏族人士也很坦白地说,那时把粮食吃光了,心里不愿意,现在了解了。他们为自己的解放感到高兴。

经过这些历史上的工作,加上今天的工作,我们完全可以解决几千年遗留下来的民族隔阂,把各民族团结好。在世界上,马列主义是能够解决民族问题的。在中国,马列主义与中国革命实践相结合的毛泽东思想,也是能够解决这个问题的。只要我们真正按照共同纲领去做,只要我们从政治上、经济上、文化上诚心诚意地帮助他们,就会把事情办好。只要一抛弃大民族主义,就可以换得少数民族抛弃狭隘的民族主义。我们不能首先要求少数民族取消狭隘民族主义,而是应当首先老老实实取消大民族主义。两个主义一取消,团结就出现了。

我们进军西南以来,有这么一个概括的认识:西南的民族问题复杂，西南民族问题必须解决好。这牵涉到各方面的工作，但我们对情况又了解得很少，因此强调要采取非常稳当的态度，从一开始就把民族关系搞好。强调解除各民族对人民解放军的顾虑，解除民族之间的隔阂。对少数民族的许多事宜，不盲动，不要轻率地跑去进行改革，不要轻率地提出主张，宣传民族政策也不要轻率。在实际行动中严格执行纪律，不侵犯他们一丝一毫的利益，包括征集公粮也要照顾他们的实际困难，首先保证决不能超过历史上的负担，只能少于历史上的负担。我们确定：在少数民族里面，正是由于过去与汉族的隔阂很深，情况复杂，所以不能由外面的力量去发动少数民族内部的所谓阶级斗争，不应由外部的力量去制造阶级斗争，不能由外力去搞什么改革。所有少数民族内部的改革，都要由少数民族内部的力量来进行。改革是需要的，不搞改革，少数民族的贫困就不能消灭，不消灭贫困，就不能消灭落后，但是这个改革必须等到少数民族内部的条件具备了以后才能进行。

现在我们民族工作的中心任务是搞好团结，消除隔阂。只要不出乱子，能够开始消除隔阂，搞好团结，就是工作做得好，就是成绩。如果我们患急性病，像在汉族区域一样，总想很快地拿到粮食，很快地把群众组织起来，使工作见效，那就非出乱子不可。过去其他地区出了些乱子，其中极重要的原因就是患急性病。这教育了我们的许多同志，不能患急性病，来一点“慢性病”没有关系。“慢性病”不会犯错误，急性病就要犯错误，别的事情既不能患急性病又不能患慢性病，这件事情不要怕患“慢性病”。当然我们还是要做工作，不能因为怕患急性病就睡起觉来，要稳步地做，摸准情况前进。团结的基础巩固一步，工作也就前进一步。我们有些同志主观愿望是好的，但是患急性病，因此领导上要经常防止急性病。当前在少数民族地区做工作，一个重要原则就是不准出乱子，不能把事情搞坏。一百个干部有九十九个做得好，有一个干部出乱子，也可以把事情搞坏。基于这样的想法，我们派往少数民族地区的干部要少而精，不在数量而在质量。他们要懂得民族政策，真正想把少数民族工作做好，不准一个人出乱子。必须保证这一点。这个时期西南在民族问题上还没有出什么乱子，原因就是工作稳当，这就叫成绩。

那末，到现在工作做得够不够呢？现在已经出现了一系列的新问题，需要我们进一步做工作，否则就要出乱子。举例来说，共同纲领规定，各少数民族聚居的地区，应实行民族的区域自治。纲领宣布了，少数民族很高兴，在高兴的同时，就要问什么时候实行，如何实行。他们要求兑现。如果半年不兑现，一年还不兑现，他们就会不相信我们的政策。这个政治上的问题，不解决不行。我们党在历史上曾经遇到过这个问题，比如在内蒙古，这方面是有经验的〔133〕，在陕甘宁边区的北面，也有些经验〔134〕。而在广大的新区，还没有经验，对许多干部来说还是个新问题。但是现在必须开步走，因为少数民族的要求是迫切的。在西康，有的代表人士甚至还想在实行区域自治时用“波巴政府”〔135〕这个名字。现在这件事还没有谈好，不过一定要有一个他们满意的名字才行。西康有许多地名是汉人取的，我们叫惯了，不等于他们习惯。这还是一个名称问题，其他问题就更复杂了。比如康东过去划有县，有一二十年的历史了〔136〕，现在实行民族区域自治，还保存不保存县呢？从发展前途看，保存县有好处，而且已经是习惯了的，但是他们赞成不赞成呢？有一个原则，他们不赞成就得取消，另外划。还有，在实行民族区域自治的时候，少数民族内部问题如何解决？有的过去打冤家，你打过来，我打过去。这主要是过去推行大汉族主义的反动统治阶级挑起来的，是大民族主义统治弱小民族的手段，但是他们内部也有很多利害关系。我们应该冷静地考虑这些问题，使他们团结起来，不要再打冤家。又比如实行民族区域自治，我们派不派干部？派是必要的，但一定要少而精，要派真正能帮助他们的干部，至于用什么名义，这要跟他们商量。我们的同志去工作，是一件苦差事，思想要搞通，要有一些愿意做这个工作的同志去那里工作。这一系列问题，牵涉到实行民族区域自治的政策。

今天我们在西南实行民族区域自治，首先开步走的应是康东，因为各种条件比较具备。第一，藏族同胞集中；第二，历史上有工作基础；第三，我们进军到那个地方后，同藏族同胞建立了良好关系；第四，那里还有个进步组织叫东藏民主青年同盟〔137〕，有一百多人。有这些条件，就能马上去做工作。这是一个很大的问题，如果解决得好，可以直接影响西藏。其他地方也要积极创造条件去做，不能只停留在口号上。有些地方也可以先成立地方民族民主联合政府〔138〕。比如大小凉山是彝族聚居区，应该实行民族区域自治，但现在条件不够，这样的地区暂时只适宜于成立地方民族民主联合政府，这对他们更有好处。云南、贵州也是适合于成立地方民族民主联合政府的。还可以在联合政府下面，实行小区域自治，比如一个民族聚居乡。少数民族的事应该由他们自己当家，这是他们的政治权利。

从经济上看，现在不开步走也不行了。比如西康，这方面也出现了一系列的问题。首先是粮食问题，现在我们只进去三四千人，一下就借了七十万斤粮。一些进步的上层人士帮忙很大，不但把粮食借给我们，而且价钱公道。但是老是这样不行，少数民族群众负担不起。再如市场问题，贸易问题，金融问题等，这些经济问题也遇到了，如果不解决，就会动摇政治的基础。实行民族区域自治，不把经济搞好，那个自治就是空的。少数民族是想在区域自治里面得到些好处，一系列的经济问题不解决，就会出乱子。毛主席对西藏问题就确定了两条，第一是实行民族区域自治，第二是进军西藏“不吃地方”。这两条搞好了，才能解决西藏问题，才能团结起来巩固国防。这两条对所有少数民族地区都是适用的。政治要以经济做基础，基础不坚固还行吗？如果我们只给人家一个民族区域自治的空头支票，而把人家的粮食吃光，这是不行的。我们对少数民族地区确定了一个原则，就是在汉族地区实行的各方面的政策，包括经济政策，不能照搬到少数民族地区去，要区分哪些能用，哪些修改了才能用，哪些不能用。要在少数民族地区研究出另外一套政策，诚心诚意地为少数民族服务。比如贵州的少数民族，大多住在山上，如果我们能够给他们解决吃盐的问题，那就一定能够得到他们的拥护。又如西康现在还不通汽车，怎样在经济上同内地沟通，从内地进什么货，他们的东西怎么运出来，价格如何，怎样使他们有利可得，这些都要妥善处置。我们在贸易上实行等价交换，但是有时还要有意识地准备赔钱。我们帮助少数民族发展经济，很重要的一环是贸易，经济工作应当以贸易工作为中心。要帮助少数民族把自己的贸易活动组织起来，这不是我们能够包办的。贸易中要免除层层中间剥削，使他们少吃亏。这样经济就活了，他们的生活也就会好起来。目前的关键就是首先要使他们在贸易中获得利益，然后在这样的基础上，帮助他们逐步地从农、工、牧、商等方面发展。

在文化方面，也有许多工作要做。要尽快提高少数民族的文化水平。应在少数民族地区举办一些教育事业，动员一些人到那里去办学校。现在最好先办一些训练班，着重宣传民族政策。办学校最困难的是没有教员。我们不是没有经费，不是其他问题，就是没有人教课。西南人才缺乏，我们要解决这个问题，就必须迅速创办民族学院，吸收一些青年进民族学院深造。同文化教育相联系的还有卫生问题。少数民族地区卫生工作也很重要，那里迫切需要医药。在当前来说，文化工作首先要以卫生工作为中心，卫生工作作用很大。

所有这些事情，政治的也好，经济的也好，文化的也好，现在都要开始去做。所有这一切工作，都要掌握一个原则，就是要同少数民族商量。他们赞成就做，赞成一部分就做一部分，赞成大部分就做大部分，全部赞成就全部做。一定要他们赞成，要大多数人赞成，特别是上层分子赞成，上层分子不赞成就不做，上层分子赞成才算数。为什么？因为在少数民族地区，由于历史的、政治的、经济的特点，上层分子作用特别大。进步力量在那里面很少，影响很小。将来这个力量发展起来，会起很大的影响，现在不起决定影响。现在一切事情都要经过他们上层，要对上层分子多做工作，多商量问题，搞好团结，一步一步引导和帮助他们前进。如果上层这一关过不好，一切都要落空。我们有些同志往往采取激进的办法，以为不通过上层分子能搞得更好。事实上不是搞得更好，而是搞得更坏，不是搞得更快，而是搞得更慢，因为阻力大。对上层分子的工作做好了，推动他们进步了，同我们的合作搞好了，这样，在他们的帮助下来推进工作，就要顺当得多。有的同志思想有顾虑，以为这样做会丧失阶级立场，不懂得在那里阶级立场表现得不同。什么叫正确的阶级立场？就是现在不要发动阶级斗争，做到民族与民族之间的团结，这就叫正确的阶级立场。当然我们也不是完全依靠上层，而是通过他们慢慢影响各方面的工作。

附带说一说，有一些特殊问题，也要根据实际情况解决。比如我们在少数民族地区确定不搞减租〔50〕，不搞土改〔123〕，但是贵州苗族人要求减租，要求土改，而且比汉人还迫切。究其原因，这是很自然的，因为贵州苗族中地主很少，他们绝大部分种汉人的地，而且是山坡地。他们的要求很合理。如果不允许他们实行减租、土改，那就是大汉族主义，就是不直接照顾他们的利益。但是这样的要求，可能苗族上层少数地主分子不赞成。所以我们特别作了规定，凡是种的土地是汉人地主的，就实行减租、土改，而种的土地是苗族地主的，就不实行减租、土改，由他们本民族慢慢地采取协商的办法去解决。这就是说，减租、土改在少数民族地区不是完全不提，有些地区还应该进行，但必须有一个条件，就是他们有这个要求，而且不是少数人要求，而是大多数人要求，不是我们从外面给他们做决定，而是由他们自己做决定。又如，在少数民族地区，怎样实行民族区域自治，怎样成立联合政府，要考虑方式方法问题。

可以采用召开各类代表会议的形式，这种形式在内地收效很大。通过代表会议征求意见，商量研究，可以避免主观地决定问题。有时我们是一番好意，就是做出的决定不正确。但即使决定正确，如果没有通过他们，也会遭到反对。只要通过他们，即使有的决定还有缺点，他们也是会拥护的。

最后谈谈工作态度问题。我们的工作方法就是刚才谈的，一切事情和他们商量，用开代表会议的方式解决问题。我们的工作态度是实事求是，老老实实。最近我们有这样的体会，就是在尊重少数民族风俗习惯方面，也要老老实实。我们要主动向他们说清楚，正是因为风俗习惯不同，容易引起误会，容易犯忌讳，可能得罪了人还不知道。有些生活习惯我们很想学，但是一下学不会，也勉强不得，请他们原谅。这就叫老老实实。这样容易得到同情。我们做政治工作，经济工作，文化工作，都应该采取这种态度。

中央民族访问团〔139〕这次到西南来，必定对我们帮助很大。你们在少数民族方面研究、了解的东西比我们多得多。特别是你们下去以后，亲身接触具体情况，会发现许多问题。我们很希望同志们研究各种问题，多提意见，哪怕是一个片面的意见，也比没有意见好。现在我们就是苦于没有意见。同志们在这方面不要客气，有什么感觉就跟当地同志说。下面有些同志可能主观性强些，你们可能碰一鼻子灰，或者对你们提出的问题不重视，或者对问题见解不同，而且很可能他们的见解是错误的。遇到这样的事，你们不要生气，可以给我们写信，或者给省里的同志写信，总会得到合理的解决。假如你们有些意见不对，我们也告诉你们。这样，依靠同志们的工作，我相信可以解决西南最复杂的又是最重大的问题——民族团结问题，至少可以打下一个很好的基础。

# 在西南局城市工作会议上的报告提纲

（一九五〇年十二月二十一日）

这次西南局召开城市工作会议，其目的在于使我们的领导机关在今后以更多的注意力，加强对于城市工作的领导，同时着重解决城市工作最中心的而又是今天最薄弱的工厂管理、工会工作和在工人阶级中建党这些重大的问题。对于这些问题，段君毅、蔡树藩、张霖之、于江震〔140〕四同志分别作了报告，我完全同意这些报告的内容。

我要讲一下城市工作中的一般性的问题。

一、城市工作的情况。

西南一年的工作，是有成绩的。按照新区发展的规律，在工作步骤上，随着城市的接管，我们工作的注意力以农村为重点，这是完全正确的。这与党的二中全会〔141〕“从现在起，开始了由城市到乡村并由城市领导乡村的时期”的方针是不相违背的。在明年，紧接着减租〔50〕退押〔142〕运动，我们将实行分配土地的改革〔123〕。因此，我们各级领导机关还要将指导重点放在农村，但同时必须以较多的注意力加强对于城市工作的领导。

由于领导上集中力量于农村，过去一年城市工作的成绩不如农村那样显著，但也有了不少的收获。

初期的城市接收工作是做得比较顺利比较好的。在建立革命秩序，完成税收任务，稳定金融物价，恢复或维持工业生产，救济失业工人和知识分子，改造旧人员，开展时事学习运动，恢复或维持学校教育，组织工人、学生，召开各界人民代表会议〔116〕和开展统一战线等方面，都收到了一定的成绩，也有了一些经验。我们在城市工作的同志是努力的。

但是，在管理城市和建设城市的许多重大问题上，我们还只有一些零碎的经验，还没有系统的经验。从中央局起，我们还没有系统地研究城市工作的经验，并加以普及和提高，特别是工厂管理和学校教育这两个最重要的方面，我们的经验更差。这种情况必须改变。

西南城市和较大镇子的人口近一千万，同时农村在经过减租退押和土改之后，更加要求城市的领导。如果我们不加强城市工作，“使城市工作和乡村工作，使工人和农民，使工业和农业，紧密地联系起来”〔143〕，如果城市前进的速度落后于农村，就有城乡脱节的危险，我们就会犯大错误。

二、城市工作做什么？依靠谁？

毛主席在党的七届二中全会上指示说：“在城市斗争中，我们依靠谁呢？有些糊涂的同志认为不是依靠工人阶级，而是依靠贫民群众。有些更糊涂的同志认为是依靠资产阶级。在发展工业的方向上，有些糊涂的同志认为主要地不是帮助国营企业的发展，而是帮助私营企业的发展；或者反过来，认为只要注意国营企业就够了，私营企业是无足轻重的了。我们必须批判这些糊涂思想。我们必须全心全意地依靠工人阶级，团结其他劳动群众，争取知识分子，争取尽可能多的能够同我们合作的民族资产阶级分子及其代表人物站在我们方面，或者使他们保持中立，以便向帝国主义者、国民党、官僚资产阶级作坚决的斗争，一步一步地去战胜这些敌人。同时即开始着手我们的建设事业，一步一步地学会管理城市，恢复和发展城市中的生产事业。”〔144〕“我们的同志必须用极大的努力去学习生产的技术和管理生产的方法，必须去学习同生产有密切联系的商业工作、银行工作和其他工作。”〔145〕

这个指示规定了城市工作同志的任务是一步一步地学会管理城市和建设城市，恢复和发展城市中的生产事业，用全力去学习生产的技术和管理生产的方法，学习和生产有密切联系的商业工作、银行工作和其他工作。而我们城市工作今天最薄弱的环节，则正是最中心的生产管理问题。我们必须在这方面加以努力。因为不搞好生产事业，特别是不搞好工厂管理，就不可能把消费城市变为生产城市，把农业国变为工业国，由新民主主义发展到社会主义。

城市工作大体归纳为下列五个方面：

第一，组织和教育工人阶级，恢复和发展生产，学会对于工厂、矿山、交通、市政等近代工业的管理。

第二，组织、教育青年学生和团结文化教育界，管好学校教育工作，动员知识分子参加反对帝国主义、国民党残余势力的斗争。城市是文化教育的集中点，小资产阶级知识分子是城市革命斗争的重要力量。

第三，在经济战线上，从贸易、金融、财政等方面，加强市场管理，完成税收任务，稳定金融物价和疏畅城乡交流。

第四，加强公安工作，加强对帝国主义、国民党残余匪特的斗争，巩固革命秩序。同时要加强清除帝国主义、国民党残余影响的思想斗争，及配合农村的反封建斗争。

第五，加强各方面的统一战线工作，城市中统一战线的主要对象是资产阶级，在这一方面要做更多的工作。用代表会议的方法去组织、团结和教育市民，参加城市的管理和建设工作。

所有这些方面都应按照毛主席的指示："城市中其他的工作，例如党的组织工作，政权机关的工作，工会的工作，其他各种民众团体的工作，文化教育方面的工作，肃反工作，通讯社报纸广播电台的工作，都是围绕着生产建设这一个中心工作并为这个中心工作服务的。"〔146〕

依靠谁来做好这些工作呢？毛主席指示我们要全心全意地依靠工人阶级。如何依靠呢？

第一，必须从思想上认识工人阶级的作用，不依靠工人就无法搞好工业生产，就不可能发展到社会主义。所以要反对党员和干部中那些轻视工人阶级的资产阶级和小资产阶级的思想，反对那些认为"工人对革命没有贡献"、"工人生活太好"、"工人落后"、"工人不好管"等等错误的观点。

第二，必须把工人的最大多数组织到工会中去，并依靠工会去教育工人，启发其阶级觉悟，发挥其生产积极性。忽视工会工作，就谈不上依靠工人阶级。

第三，用高度的热忱去关怀工人阶级的各方面，从政治上、文化上、生活和物质福利上去关心他们，不要忽略有利于工人的"小事"。要反对有些同志那种利用工人的错误观点，他们在困难时依靠，顺利时就不依靠；需要时依靠，不需要时就不依靠；口头上依靠，思想上并不依靠。他们要求工人的多，给工人的少。甚至有个别地方还在虐待工人，因而有的工人说："国民党时候我们是牛和马，现在是马和牛。"这些错误必须坚决纠正。

第四，依靠工人阶级必须成为党的指导思想，必须贯彻到各部门中去。不能把它看作只是工会和工厂的事情。我们的青年团、妇联、合作社、文化团体等等都必须把工人工作放在重要的地位。

三、工厂管理问题。

关于国营厂矿管理，此问题段君毅同志的报告都说到了。

我们很早以前就提出了"依靠工人，团结职员，搞好生产"的口号，这是管好工厂的关键。我们不少的军事代表、工作组乃至工会干部，至今还不懂得这个口号。他们不去启发工人和职员的积极性，甚至对工人职员采取不信任的态度。有些同志还喜欢对于自己不懂的技术问题或管理问题，使用"最后决定权"。官僚主义、命令主义经过整风之后虽然好了一些，但至今仍然是干部中的最大的毛病。不继续反对官僚主义和命令主义，我们就不可能做到依靠工人团结职员去搞好生产。

经验证明：不依靠工人，就不可能团结职员；一般职员总是在工人起来之后，才逐渐向我靠拢的，而且要工人在生产方面有了一些成绩的时候，才会开始心悦诚服地积极起来。

中央指示我们：要管好厂矿，必须实行"管理民主化"和"经营企业化"。所谓管理民主化，必须具体体现在"依靠工人团结职员"之中，尤其是具体体现到工会、工厂管理委员会、职工代表会这三种组织形式中，否则就谈不上什么民主化，就没有民主的内容。现在许多工厂管理委员会是形式的。工会或者不起作用，或者被工人称为“军事代表的尾巴”。职工代表会一般只在困难时开，很少环绕生产任务和职工福利这些问题去开，尤其很少定期召开，即使开了这些会议的，也多半是由军事代表等训话一番。这种情况必须纠正。

所谓经营企业化，也只有在管理民主化的基础上才有可能。工业部确定从合理化建议及订立集体合同两件事情做起是正确的。经过了这些步骤，启发了群众的智慧和积极性，才有可能计算成本。当着一个工厂连成本都无法计算的时候，就谈不上上了轨道，也谈不上经营企业化。

组织生产竞赛是必要的，但必须在具备了有生产计划、有原料、有销路、群众有了一些发动这些条件的部门才去实行。从西南情况来说，条件多不具备，故暂时尚不宜普遍地实行。

为了管好现有的厂矿，还必须：第一，尽可能地从机关中抽出一些得力干部放在厂矿中去。第二，领导上注意选择几个点，进行典型试验，积累经验，指导其他。西南较重要的公私厂矿只有一百九十二个，用这个方法一定可以做出成绩来。第三，在地委、县委集中力量于农村斗争，而且能力不够的情况下，较重要的厂矿不能委托他们去管理，而应由省委、区党委、市委直接管理。因此，各省、区、市党委应设工业部或指定一负责同志专管工业。同时在厂矿区设立企业党委及工会办事处（如綦江江津区），有三个干部就够了。有了专人负责，事情就办通了。

除了做好国营企业的工作外，各省、区、市对于地方工业的指导必须加强。目前由于国家财力的限制，办很多大工厂不可能，但小型工业的发展是可能的，我们对此应采取积极的态度。各地可根据本区(一定从本区内着眼)的条件(原料、销路等)，或由地方拨款，或组织私人资本，或组织机关生产，举办一些可办的小型工业，好好地经营这些事业。至于原有的某些小厂，既无原料，又无销路，则应转变生产方针或考虑停业。

我们有些厂，现在还是处于维持状态，必须想办法打开出路，将生产力用之于有用的方向。

对于私营企业，过去的方针是正确的，今后仍应在依靠工人、团结职员、搞好生产的基础上，用劳资协商方式，推动其进一步的改革。

四、工会工作。

蔡树藩同志的报告都说到了。

西南工人，包括一部分手工业工人在内，据估计有一百六十万。现在组织到工会中的约三十万，仅占百分之十九到二十。各产业系统较好，约组织了工人的百分之六十五到七十。可是起作用的、真正联系工人群众的工会组织是不多的。

在工会组织中，存在着严重的关门主义和形式主义。关门主义的根源是不相信工人。形式主义则表现在工会生活不民主，不面向生产，不重视工人的福利，因而得不到工人的信任。当然也有一些好的，但为数很少。

当前工会的工作：第一，必须进一步地组织工人到工会中来。首先应集中力量在工厂、矿山、交通、市政和商店中去发展工会会员。

第二，必须坚决地吸引本地本厂的工人积极分子到工会各级领导机关中来，以加强工会与工人群众的联系，改变工会脱离群众的现状。有些工会领导机关，职员比重过大的情况也应改变。

第三，建立工会的民主生活，克服官僚主义。工会一经初步整理，就应开代表大会或会员大会，选举工会领导机关。工会必须充分听取工人的意见和建议，并作认真而妥善的处理。

第四，必须加强工人中的文化教育工作。就长远来说，工人教育应以文化技术为主；就目前情况来说，仍应着重政治教育，同时注意文化技术教育。

第五，必须重视工人的劳保和福利。今后仍应防止提出过高的要求，但更重要的是纠正一些同志忽视工人福利的思想。同时要纠正福利工作中的恩赐（即不经过工会和工人的讨论）观点。

五、城市建党问题。

现在各地的普遍倾向，是忽略了城市的建党工作，把谨慎发展党的组织，变成了不注意发展党的组织。

城市发展党员主要在工人中，而我们党内有不少人是看不起工人的（这与他们出身于农民、小资产阶级有关）。重庆前一时期请求入党的工人百余，经过两三个月的审查，只批准了六个，以后由市委组织部直接进行，才发展了一部分工人党员。

于江震同志报告中提出的计划是恰当的，在今后半年内，在重要厂矿的三十万工人中，吸收百分之七即约两万工人入党是必要的，也是可能的。除厂矿外，在学校、机关及其他系统中，也应作个别的吸收，条件则应更严格些。

西南一律实行公开建党的方针,凡未公开的党的组织应即公开。建党的步骤是先慢后快,慎重地个别吸收,既要反对关门倾向,又要反对拉夫主义。一开始就要把根子扎正,就要严肃党的组织和生活。

必须重视发展团的组织,现在要纠正的偏向也是关门主义。

六、关于资产阶级。

中国资产阶级的特点。

我们对待资产阶级的态度是又团结又斗争,斗争是为了达到团结的目的。在现阶段,必须"争取尽可能多的能够同我们合作的民族资产阶级分子及其代表人物站在我们方面,或者使他们保持中立,以便向帝国主义者、国民党、官僚资产阶级作坚决的斗争,一步一步地去战胜这些敌人"。无论在政治上经济上,一脚踢开资产阶级的思想是错误的、危险的。在西南解放初期,确有此种"左"的倾向。但在五月开始调整工商业后,又产生了一种不敢对资产阶级作必要的斗争的右的倾向。

我们与资产阶级的关系,主要在税收、劳资和公私等三方面。同时,农村减租退押分土地也关连着他们。一般资产阶级对劳资总是讲一利,对公私也不讲兼顾的,对税收总是叫重的。而我们则必须认真地实行"两利"、"兼顾"的政策,税不应多收但也不能少收的政策。

在四五月间,私营企业确实困难,我们实行了坚决调整的方针。如果那时不那样做,就会形成大批的关厂停业,于工人阶级、于国计民生都极不利。所以这个方针(中央确定的方针)是正确的,认为这个方针错误的意见是不正确的。

今后仍应继续实行这个方针。在税收方面，坚持不多收也不少收的政策。凡属不合理者，应主动调整；凡属合理者，必须坚决征收，并与逃漏现象作斗争，以保证税收任务的完成。在公私问题上，坚持兼顾的政策，必须在加工订货、市场价格等方面，促使资方进一步地改革其腐朽的机构。同时在西南还应适当加强国营工商业，以增强国营经济的领导力量。在劳资问题上，过去我们说服工人适当减低工资，以渡过难关，这是完全必要的。七月以后，工商情况开始好转，即不应再去降低工人生活，而应从改革私营企业腐朽机构、努力发展生产中去达到工厂的收支平衡。在资方尚无利可图的厂矿，仍应说服工人不作过高的要求；但在资方有利可图的厂矿，就应该适当地恢复一些工资或一些福利。

除在各方面掌握住正确的政策之外，我们必须多向资产阶级做些工作。经验证明：多做一分工作就多一分效果。不愿去接触资产阶级及其代表人物的毛病，应加纠正。工商业联合会的工作应该加强。

对工商界的退押，应作审慎的考虑。一般可采取在半年以内的时间分期退还的原则。

七、加强公安工作。

目前社会秩序是稳定的，但敌人还没有完全摧垮，还经常出现新花样，给我们以措手不及，使我们遭受很大的危害。南岸某仓库一包炸药，就使我们损失了大量的资财，所以不能丝毫松懈和麻痹。

城市公安工作，应将重点放在经济保卫方面，特别是重要厂矿、重要车间、重要仓库的保卫，看守重要部门的武装必须是可靠的。

我们在城市镇压反革命[147]的毛病，也是“宽大无边”，很长时间，我们对工厂、学校的反革命分子不敢动手，捉来的不办，又放回去了。这大大打击了群众反特斗争的积极性。重庆解放初期，工人还敢于检举特务分子，后来看我们不办，就再不报告了。最近我们一次逮捕反革命分子百余人，工人积极性又高起来了，这证明不镇压反革命就要脱离群众。

要加强反对美帝国主义的思想斗争，要加强反特的教育，及时公布特务的罪行，揭露其谣言，提高群众的警觉性，这是反特斗争的基础。

八、其他工作。

城市工作很多，不能一一谈到。

学校教育工作必须加强，我们的宣传部门要在最近召开的会议中加以研究和讨论。这个问题不是短期所能解决，但必须开始去解决这个问题。

各界人民代表会议的制度应好好贯彻。一年来的实践证明，这是联系群众、解决问题、巩固统一战线的最好的形式。各地应总结经验，使之开得更好些，发挥的作用更大些。

九、统一领导问题。

城市问题复杂，多有时间性，而且往往一个问题牵涉许多部门，所以要求城市工作具有很大的集中性，要统一到市委的领导下去进行。我们有些部门是实行两重乃至三重领导的，这样的部门，除某些特殊问题外，一般的问题均应通过市委去进行。否则头绪很多，没有主要负责的机关，也没有指定主要负责的人，往往一件事情很长时间不能解决。这种官僚主义，就是由于没有统一领导，没有专人负责而来的。以后凡是涉及几个部门的事情，必须召集在一块，商定方针步骤，一致执行；重大一点的问题必须组织一个专门小组或委员会，指定主要负责的人员，以专责守。经验证明，这种方法是好的。

集中力量，创造典型，积累经验，然后普及的领导方法，用之于城市各项工作中，都是灵验的。我们同志在新的工作中往往忘记了这个工作方法，以致走了许多弯路，应引起注意。

十、干部问题。

眼睛不要望着上面派来或别区调来干部，要坚决地从群众中放手提拔。我们已有一年的工作时间，已经涌现出一批积极分子，从他们中间选拔一批干部是可能的。也只有如此，才能进一步地联系群众，使工作生根。我们的干部特别要注意从工人中去选拔。如果我们把工会工作做好了，干部来源的困难就容易解决些了。

十一、报告制度。

为了研究城市工作，并加强对城市工作的领导，规定在一九五一年内，各省（区）辖市委及重要的企业党委，应将两月一次的综合报告，同时送西南局一份。

# 全党重视做统一战线工作*

（一九五一年三月二十六日）

统一战线工作，是党中央和毛主席多次提出、明确指示要加强的。我们革命的胜利是和统一战线工作分不开的，没有统一战线，仗不会打得那样好，即使打胜了，工作也不会做得那样好。但是我们的干部并不是都认识到了它的重要性。所以，党中央、毛主席又重新提出来，中央专门发了指示〔148〕。根据这个指示，我们开了这次统战工作会议。中央的指示规定得很具体，有些问题我就不说了，今天主要谈谈思想认识上的问题。

我们说，统一战线工作必须加强，为什么要加强？首先就要把统一战线的重要性和原则性弄清楚。我们共产党有一条，就是要把工作做好，必须先从思想上解决问题。打仗也是这样，先要解决为什么打的问题以及联合谁打击谁的问题。目前重视统战工作的同志还是少数，多数同志没有真正认识它的重要性和原则性。我们西南的许多干部做了统战工作，也是有成绩的，但不少同志做统战工作并不是自觉的，而是被动的。

---

* 这是邓小平同志在中共中央西南局第一次统一战线工作会议上的报告的一部分。

去年二三月后，到处闹土匪，物价波动，我们的部队和地方的干部，到处找开明士绅、工商界及其他方面的人士，要求人家支持剿匪、征粮，这也是做了统战工作。土匪一肃清，公粮一征完，这种工作就不去做了，或者做得不多了。为什么要团结更多的人一块来剿匪、来征粮呢？这里反映了一个事实，在困难的时候需要他们一起来做工作，说明这些人是不可少的。革命之所以能够取得胜利，就是争取了一切可能争取的朋友，孤立了敌人。

我们有的部队同志把胜利只看作是枪杆子打出来的，这是不全面的。从历史来看，党中央、毛主席对统战工作一直很重视，做得很精心。我们的胜利，一方面是靠枪杆子打出来的，另一方面也和统战工作分不开。长征〔18〕到达陕北时，红一方面军只有六千人，加上陕北红军二十五军、二十六军一共只有一万几千人，被十多万敌人包围，非常困难。党把一些最好的干部派去做统战工作，加上其他方面的工作，在“双十二”事变〔149〕后形成了抗日救国的新局面。抗日战争时期，我们部队到达华北、华中后，人人感到需要有统战工作，因为我们有了朋友就可以站住脚跟。那时甚至对一个碉堡的伪军，都拼命地去做统战工作。在解放战争中，我们聚精会神地从政策等各个方面去做工作，争取了各民主党派。蒋介石也争取他们，但我们胜利了。我们由于得到了各阶层人民、各民主党派的支持，理直气壮，士气很高，才打胜了。抗美援朝〔150〕开始的时候，有些人，包括一些民主人士、工商界和知识界人士，有疑虑。后来由于加强了工作，各界都赞成、拥护，各民主党派发表联合宣言〔151〕，资产阶级也出来游行，这样就长了自己的志气，灭了敌人的威风。我们有的同志不了解各民主党派联合宣言的意义，以为照例是官样文章，但是各阶层的人民很重视。这个宣言表明了抗美援朝是举国一致的。如果不要统一战线，内部不团结，能够抗美援朝吗？在历史上，统一战线是决定革命胜利的三大因素〔152〕之一。没有统一战线工作，任何一件事情都是办不好的。

在我们党内还有这样的思想，认为做事情只要抓住工农就行了。这种想法总的来说是不对的，具体来说只有一半对。工农确实是我们依靠的基本群众，但是，只做工农群众的工作解决不了全部问题。例如，处理公私关系不做私方的工作，处理劳资关系不做资方的工作，行吗？再如，在减租〔50〕退押〔142〕中，我们动员一些民主人士、开明士绅下乡（如去川北、川西等），往往僵局容易打破，任务容易完成。而不这样做的地方，运动的进展就比较慢，发生的问题也比较突出。假如没有民主人士、民主党派的人回城写文章介绍农村的情况，城里的人一定以为农村“漆黑一团”、“无法无天”，那我们就会孤立。我们有些同志对民主党派、民主人士的作用认识不够，不懂得各民主党派都是有代表性的，他们所代表的阶层就喜欢听他们的话，相信他们，看他们的宣言比看我们的够味。这些同志不是从整个社会存在着各个不同的阶层这样一个复杂的情况来看问题，因此，往往忽视了统一战线。这种单纯依靠工农，不注意团结小资产阶级、民族资产阶级及其他爱国人士的思想，是关门主义的一个重要根源。

有的同志说，统战工作只是两年的事，土改〔123〕一完成统战工作就勾消了。毛主席说要在统战工作方面培养专家，而我们有的同志说统战工作只有两年，没有出路。实际上，统战工作是我们党的总路线总政策的一部分，是要贯彻到底的。这不是为了安定人心，而是真的。统战工作的主要任务是通过统一战线加强对民主人士、民主党派的教育，团结他们一道走进社会主义社会。在实现社会主义以后，资产阶级没有了，但社会上还有不同的阶层存在，这里面绝大部分是我们的朋友，还有极少数破坏社会主义的敌对分子。只要有敌人，有朋友，就得团结朋友，孤立和打击敌人，就还得有统战工作。因此，统战工作一直要做到社会主义社会以后。

还有的同志觉得，统一战线的作用只是分化敌人。这也是不对的。固然，统战工作有其策略性，但更主要的是它的战略性，就是要广泛地团结工人阶级、农民阶级、小资产阶级、民族资产阶级和社会各阶层人民。凡是可以团结、可以争取使其中立的，都要加以团结、加以争取，这也就是孤立了敌人。有些同志不重视民主人士、民主党派，就在于他们误认为统战工作只是分化敌对营垒，而不了解统一战线有两面，一面是团结工人阶级、农民阶级、小资产阶级和民族资产阶级，团结一切可以团结的朋友，这是主要的；另一面才是分化敌人，使敌人营垒中一部分人转到人民方面来。这些同志没有看到统战工作的这两面，所以不重视团结民主人士、民主党派和社会各阶层人民，没有远大的眼光。

还有的同志虽然赞成统一战线工作，但以为这是统战部门的事，与自己无关，不能主动地经常地注意做好统战工作。例如，重庆镇压反革命时，有些民主人士恐慌起来，这是由于党内的同志没有事先做好他们的工作，使得我们被动了一下。

现在,把统战工作看成吃喝应付的人是少了,但是还有嫌麻烦的思想,对党外人士的工作做得不够精细。

以上情况说明,中央提出要多做宣传统一战线的工作,使重视统战工作的党内同志由少数变成多数,确实是一个必须解决的问题。加强统一战线是我党长期的工作,并涉及各个方面,不仅仅是统战部门的事。各个部门都有统战工作。例如,工业部门的工程师、职员不都是共产党员,政权机关中也有党外干部,还有大量的非党文化人士、教师、医师、技术人员等等,对他们都要很好地团结、教育,同他们一道走到社会主义。统战工作是全党各部门的工作,如果不使每个干部、每个党员都懂得这一点,这项工作是做不好的。

# 关于西南地区的土改情况和经验*

（一九五一年五月九日）

三四两月全区斗争最为紧张，农村退押〔142〕、惩治违法地主和第一期土改〔123〕，镇压反革命〔147〕，抗美援朝〔150〕三大运动进入高潮。同时，中央局在三月下半月开了统战工作会议，四月下半月开了第二次城市工作会议，两个会议的总结另有专门报告，不在这里叙述。

西南的“淮海战役”，即清匪反霸减租〔50〕退押运动，去年七月着手准备，十一月全面展开，到今年四月中旬为止，已在二百零八个县、七个市郊，六千六百六十余万人口，即占全区人口百分之八十三的地区，宣告胜利结束。只有云南大部，贵州二十个县，川西、西康〔131〕的少数民族地区，尚未进行或不应进行，云南二百万人口的地区正在进行。这个运动规模较大，斗争异常剧烈。预计全区可得减租退押和惩治不法地主的果实七十七亿斤米，已经到手的约六十五亿斤米（实际上要

---

* 这是邓小平同志写给中共中央和毛泽东同志的综合报告的节录。毛泽东同志在五月十六日转发各地的批语中指出，“小平同志的报告很好”。在报告里面，毛泽东同志还附注了自己的意见。

多），其中又以川东可得二十五亿斤已得约二十二亿斤为最多，川西可得十五亿斤已得十二亿斤次之。全区农民协会会员已发展到二千万余人，占人口百分之二十八，人民武装已发展到二百二十四万余人，占人口百分之三。更重要的是出现了大批农民积极分子。特别在运动后期，明确了发动贫雇农方针，从退押和惩治不法地主中，适当满足了贫雇农的经济要求，并随着运动的深入，在贫雇农积极动员起来的基础上，一步一步地改造了农会领导成分和农村政权。这样才奠定了分配土地的可靠基础。总起来看，农民是真正翻身了，农村出现了崭新的气象，下乡的民主人士一致认为这是历史奇迹，异口同声地说城市落后了。

在“淮海战役”的基础上，我们又在今年二、三、四月进行而且完成了第一期分配土地的工作。第一期土改范围为十八个县又十二个区和一百五十八个乡及重庆、万县、南充三个市郊区，共一千三百五十一万余人口的地区。各地土改都是结合复查反霸退押，惩治不法地主，发动贫雇农，进一步改造农会领导和镇压反革命等内容进行的。（所有这些都很好，都值得庆贺，一切尚未做到这一步的地方，都应这样做。毛注。）地主顽强抵抗，放火、放毒，杀积极分子，搞暴动等等事件比过去多得多，斗争异常激烈。那种认为经过清匪反霸减租退押就可以和平土改的想法，已为事实所粉碎。

经验证明，土改必须在贫雇农发动起来的基础上去进行，才不致煮夹生饭。我们决定，必须从退押特别是从惩治不法地主的斗争中，一方面进一步搞垮封建，一方面使贫雇农得到适当的经济利益，从而发动贫雇农，改造农会领导成分。这个决定是很正确的。各地这样做了。不少地区贫雇农获得了每人一百斤米左右的果实，有的地方相当于中农所得的果实，多数乡村贫雇农取得了农会的主要领导地位。所以，凡属完成了土改的地方，农村基础更加强固，煮夹生饭的比重不大。在以后进行土改的地方，都必须体会这个经验，坚持复查减租退押，惩治不法地主，适当满足贫雇农要求，改造农会和乡村政权的领导成分这个明确的方针。

经验证明，不镇压反革命，封建势力不会低头，贫雇农不敢起来，退押、土改也不会这样顺利完成。（所有这些都是正确的，各地都应这样做。毛注。）关于镇反问题已作了几次报告，最近情形，周兴[153]同志到京面陈。总的说来成绩很大，做得很对，但在镇反和惩治不法地主两个问题上，有些地方发生了控制不严的毛病。运动愈到后期，愈是轰轰烈烈，下面同志脑筋愈热，领导机关愈要注意控制，这是我们及各省区党委应有的教训。上述两个运动的后期，事前不请示，事后不报告，不按章程办事的无政府无纪律的风气，又在抬头，（请中南、华东各省严密注意这些教训，坚决执行请示报告制度，绝对不容许此种坏作风抬头。毛注。）我们已告各地注意克服。

此外，（一）抗美援朝运动，四月份已普及到农村，签名者已达三千三百万余人，参加“五一”示威者二千一百九十余万人，还在继续开展中。（二）第一期扩兵九万只在川东（五万）、川北（四万）两区进行，反映很顺利，费力很小。（三）全区干部从五月起进入整风，总结前一段经验（包括镇反），准备第二期土改和布置今后镇反，方法仍是肯定成绩，发扬优点，纠正缺点，并注意纠正无政府无纪律倾向。（请你们考虑可否仿照西南办法在六七两月来一次整风，在冬季再来一次整风，不要等候冬季作一次整。毛注。）（四）注意春耕生产的领导。各地同志反映群众真正起来了，领导思想往往落于群众觉悟程度之后。许多同志总以为抗美援朝妨碍工作，是一个额外的负担，而群众一搞起来就有声有色，大大帮助了实际运动，扩兵这样容易，也出乎意料之外。（还有两件事是出于许多同志意料之外的。一件是不敢大张旗鼓地镇压反革命，不敢邀请党外人士参加审判委员会和我们共同审判反革命。结果恰好相反，愈是打破了关门主义的地方，情况就愈好。这是对于人民和党外人士的积极性估计不足的一个例子。又一件是不敢邀民主人士、工商业者、大学教授、中学教员分批地大量地看土改，看杀反革命。叫他们去看，也只让他们看好的，不敢让他们看坏的，存在着严重的关门主义。结果又相反，凡去看了的，回来都是好话，都有进步。华东局规定好坏都让人看，结果很好。这是对于党外广大人士的积极性估计不足的又一个例子。毛注。）现在比较担心的问题是今春雨水太多，秧苗腐烂很多，可能影响春耕。今年小春比去年差，各省都有一些地方发生严重的灾荒。我们担心各地对这些问题注意不够，忽视了争取今年丰收的中心任务，招致严重的后果。我们正注意对这一方面的指导。（此事我也很忧虑，务请你们密切指导，争取丰收。毛注。）

# 财政工作的六条方针*

（一九五四年一月十三日）

关于今后财政工作的方针，我现在分六条来讲。

第一，归口。为什么提出这个方针？这是鉴于过去的预算，特别是一九五三年的预算有危险性，而更大的危险性是财政部代替各部门决定政策，这是不懂得数字中有政策，决定数字就是决定政策。归口就包括政策问题，数目字内包括轻重缓急，哪个项目该办，哪个项目不该办，这是一个政治性的问题。财政部代替各部作决定，有人说是“有财无政”。“政”是有的，但是错了。过去财政部管得多，反而挨了骂。挨骂有两方面：一方面是袖筒里谈交易，不给钱挨骂，给了钱也挨骂；另一方面是预算不采取归口的办法，控制不住，干预过多，因而财政部成了被斗争的焦点。归口以后，就易于控制，预算就容易确定。所以预算要归口，不能有不归口的预算项目。归口不等于财政部不管，财政部有干预的权利，要提出意见。财政部提意见，是从全局出发，考虑有钱没有钱，是否符合国民经济发展的比例。预算不能由各部自行决定，但必须以各部门为主，共

---

* 这是邓小平同志在全国财政厅局长会议上所作报告的一部分。当时邓小平同志任政务院副总理兼财政部部长。

同商量。各级、各部门对归口是赞成的，现在有一些还没有归口，归口以后，工作就主动了。

第二，包干。以后是否永远包干？不一定。有些是长期的，有些则不一定。但至少一九五四年必须包干，一九五五年也有不少还要继续包干。包干的目的主要是控制预算。包干的提出，是鉴于一九五三年预算在二月十二日通过，三月底总预备费就花光了，八月即失掉收支平衡，出现二十一万多亿元〔121〕的赤字。因此，今后为了控制预算，才实行包干。包干分两种：一是中央各口的包干，主要是归大口。财委是一大口，其中农林水归四办，交通归三办，财金贸归二办，工业归一办〔154〕。总的预算投资多少，由财委、计委审核。各项事业的轻重缓急与投资的分配，由各口去考虑。二是地方的包干，主要是大区〔155〕包干。包干之后，由地方去调剂。现在规定三级财政，实际上是两级财政，只包到中央和大区两级，包到省有困难，将来还是要变的。有人问：包了开支，是否还包收入？当然包。一九五四年预算指示中已规定，总收入不应减少，并争取超过；总支出不应突破，并力求节约。可见收入也包干了。这样收支都由大家包起来，才能保证预算的巩固性。大家都负起责任，就不致于突破预算。包干的好处很多，所以一九五四年预算指示从去年十一月十日发出后，两个月来变动不大，这是过去没有见过的。

第三，自留预备费，结余留用不上缴。这点最麻烦，有的同志及苏联专家都不同意。其实，没有这一条，大家不可能有积极性，就不可能有归口和包干；有了这一条，大家才能有勇气和胆量实行归口、包干，地方才有力量应付意外开支。这次规定周转金为预算的百分之三至四，预备费为预算的百分之三至五，这就是摊了牌，摆在桌子上，大家来过日子，不要再在袖筒里办事，不要突破总预算。结余不上缴，但基建结余在外。

第四，精减行政人员，严格控制人员编制。如果不控制，是很危险的。理由不必解释。

第五，动用总预备费须经中央批准。这样，大家提出要求时就会更慎重一些了。这个批准权不应在财政部，而应在中央政治局。过去国家总预备费有相当一部分是买烧饼油条用掉了，如一九五三年就是如此。现在有了这一条规定，就可以防止这种现象发生。有了这一条的好处，是让大家知道要动用总预备费不容易。总预备费是留着解决大问题的，不是用来买烧饼油条的。

第六，加强财政监察。毛主席在中央的会议上特别提出这一点，这是以后财政工作的关键。财政上的浪费是很大的。毛主席说："有些项目节约百分之十，数字就了不起了。"如国家预算节省百分之十，就是二十多万亿元。因此，要加强财政监察。

为什么要提出六条方针？概括地说是因为：

第一，六条方针有一个重大的政治目的，就是要把国家财政放在经常的、稳固的、可靠的基础上。今天国家财政是不稳固的，经不起重大考验的。我们要认识这种形势，要兢兢业业地改变这种形势。财政如何稳固，大家要研究，要谈清楚。过去的财政就是不稳固的。一九五〇年全国刚解放，金融不稳定，财政不可能稳固；一九五一年抗美援朝〔150〕，要打仗，财政也不可能稳固；一九五二年财政情况比较好；一九五三年过早地花光了总预备费，只好“搜刮”地方及中央各部门四十多万亿元，如无大问题，万事大吉，如出现大问题，即束手无策。立国的政策应放在有力量应付外侮和应付万一。“刮光”了地方上的底子，如出现像抗美援朝这样的战争，或发生严重灾荒，或须紧急兴建一个大工程，或有了新的技术发明要采用，就没有后备力量了。那时就只有加税和减少人头费，就要弄得大家哇哇叫。再一个办法，就是减少必要的开支，把国家工业化的投资和进行社会主义改造的经费也刮掉，这样影响就更大，就会动摇根本。财政后备力量基础的巩固，必须建立在经济发展上。为了发展经济，保证物价稳定，工商企业须有固定的流动资金，银行须有足够的银行基金，而这些过去是没有的或者不足的，且各大区各级都已没有底子，各方面搞得很枯竭。我们要花几年功夫才能把国家财政放在稳固的基础上。这就要把后备力量放在各方面，要在各方面打底子。怎样打底子，尚须研究，要看力量，逐年补一点，慢慢就补足了。如商业、银行要考虑有多少资金才够用，每年补一些，补足后就放心了，没有顾虑了。如果我们给够了，才能理直气壮地检查他们，现在检查他们，他们还有理由说是因为没有补足。对于中央与地方的企业，也要逐步补充其后备力量。如果花几年功夫补充了这些力量，我们就能应付万一，就不会陷入困境。我们必须做到这一点。这不光是要财政部来做，要靠大家来做。自留预备费，不是请大家浪费，而是为了打基础。第一步希望财政部做到在预备费外还有十万亿元，连同大区和省市的在内，希望共有二十万亿元底子，才可以应付万一。这一点，中央尚未讨论，是我个人的意见，不是定论。这样，若有意外事件，地方上的底子可以拿上来，因为谁都爱国，拿上来也是愉快的。

第二，有了后备力量，国家财政才能集中力量保证社会主义工业化和社会主义改造的需要。党在过渡时期的总路线[156]就是要建立一个伟大的社会主义国家，财政要保证这一点。如果财政不稳固，是不能保证的。实行归口包干后，剩下的预备费才能用到重大的事情上去，避免把钱用到买烧饼油条上去，才能保护住国家的总预备费，站稳脚跟，保证工业建设。

第三，为了把国家财政放在稳固的基础上，保证社会主义工业建设，必须节减一切可以节减的开支，克服浪费。但如果没有六条方针，就不可能办到，即不可能发扬积极性，让大家来办财政。今天的问题复杂得很，仅靠几个章程、几个法令、几个办法办事是不行的，要因地制宜。只有大家管财政，大家热心财政，事情才好办。节约也要有积极性，如果没有地方的积极性，就不可能节约，就要发生浪费。

实行六条方针有这样一些作用，至少在今天看来是正确的。当然，将来可能有变化，但这是将来的事，今天必须这样做。

# 地方财政工作要有全局观念*

(一九五四年一月二十五日)

这次会议开得很好,完成了任务。大家是照顾全局和从实际出发,才把会议开好的。照顾全局,从实际出发,这两个观点缺一不可。过去财政部就是因为没有把这两个观点结合起来,致使工作中出了一些问题,各方面意见很多。

会议开始时,我的讲话是讲财政部的工作检查,所以着重指出财政部的缺点和应该怎样做工作。今天我想着重讲一讲地方财政工作应该怎样做。毛主席曾经指出,我们党历来是重视战略的,部队的战士、伙夫都关心战略,只要把战略形势讲清楚,问题就好办了。毛主席的话说得很对。例如粮食的征购,只要把战略问题和全局问题摆开来,就可以得到解决。但是,过去我们遇到一些问题,常常没有从大的方面出发,没有把战略问题交代清楚,这是过去财政部的工作出了一些问题的原因。所以这次要把道理讲一讲。我们的一切工作都会涉及全局与局部的关系、中央与地方的关系、集中统一与因地制宜的关系。大道理与小道理必须弄清楚。全体和局部缺一不可,全体是由局部组成的,如果只有全体,没有局部,则全体也就不

---

* 这是邓小平同志在全国财政厅局长会议上所作总结的一部分。

成其为全体了。另一方面，全体和局部、中央和地方、集中统一和因地制宜，以什么为主导呢？如果把局部、地方、因地制宜作主导，那就要犯原则错误。一定要以中央、全体、集中统一作主导。因此，在中央工作的同志要经常照顾局部和地方，要因地制宜，注意到地方工作有什么困难。财政部的部长、司局长、处长应经常照顾局部，凡是地方提出的困难问题，只要是可能解决的，应热心帮助解决，如是不能解决的，也要讲清道理。在地方来讲，则应照顾全体、中央和集中统一，以中央为主体。这是因为地方是在中央领导下的地方，局部是在全体中的局部，因地制宜是在集中统一下的因地制宜，如果两者之间发生矛盾，地方应服从中央，局部应服从全体，因地制宜应服从集中统一。不如此，就会发生地方主义、本位主义和山头主义。本位主义多多少少是有的，地方主义也曾经发生过，山头主义也存在过（当然也是历史上形成的），这些都是由于缺乏集中统一和全局观点所造成的。过去由于中央有些工作部门缺乏照顾局部、照顾地方，所以去年夏季全国财经工作会议前，有一个时期各地区对中央有许多意见，这些意见是应该有的。但也要注意到另一方面，防止发生局部不照顾全体和中央的现象，当然现在这种现象还没有发生，可是两者的关系必须说清楚、弄正确。

财政工作的全局观点是什么呢？财政部门是集中体现国家政策的一个综合部门，和其他工作一样，它必须服从总路线，即必须保证党在过渡时期总路线、总任务[156]的实现。所谓总路线，其主体是国家工业化，两翼是两个改造，即对农业、手工业和对私人资本主义工商业的社会主义改造。财政工作就要保证国家工业化和两翼改造所需的资金。如何保证呢？一是增加收入，二是节约支出。收入方面凡应收者都应收足，支出方面凡能节约者都应节约。从控制支出来说，国家机关经费(包括行政费与军费)，毛主席规定，第一个五年计划末期不能超过国家预算总支出的百分之三十，社会文教费也要适当控制，以集中力量保证国家工业化和两个改造的实现。所以，我们要尽量地把财力用到工业化和社会主义改造方面去，要经过两三个五年计划，使我们的国家成为一个伟大的社会主义国家。在掌握开支上，我们就要拿这个道理去说服人，凡属能解决的应给以解决，凡属不解决也能过日子的，即可不解决。我们国家虽然地大物博，但生产比较落后，财力有限，这就要求财政工作人员要善于节约，善于把钱用到主要方面去。我们只要在总路线的照耀下看问题，就能很容易地体会到全体的利益和集中统一的意义，就会善于以地方服从中央，以局部利益服从全体利益。这样也就会热心于节约，而不热心于百废俱兴。所以，财政部门要看到大事，要有战略观念。

# 骄傲自满是团结的大敌*

（一九五四年二月六日）

我完全同意刘少奇同志的报告，报告对三中全会〔157〕以来中央政治局工作的估计是恰当的。我完全同意这次会议根据毛泽东同志的提议所提出的关于增强党的团结的决议草案〔158〕，并完全同意少奇同志对这个草案的解释，这个解释是明确的详尽的。

我认为在中央和毛泽东同志明确地规定了党在过渡时期的总路线和总任务〔156〕的时候，在全党范围内提出这样一个增强党的团结的决议是完全适时的和完全必要的。这个决议之所以是适时的和必要的，不只是因为整个过渡时期的革命内容比新民主主义革命阶段更为深刻、更为广泛，斗争也极其复杂、极其尖锐，国外帝国主义和国内已被打倒和即将被消灭的阶级一定会千方百计地来破坏，所以需要党以更加坚强的

---

* 这是邓小平同志在中国共产党第七届中央委员会第四次全体会议上的发言。全会于一九五四年二月六日至十日在北京召开，刘少奇同志受中央政治局和毛泽东同志的委托，向全会作了报告，朱德、周恩来、陈云、邓小平等同志作了发言。会议完全同意刘少奇同志所作的报告，肯定了七届三中全会以来各项工作的成绩，揭露和批判了高岗、饶漱石阴谋分裂党篡夺党和国家最高权力的活动，一致通过了毛泽东同志建议起草的《关于增强党的团结的决议》，维护和加强了党的团结和统一。

团结和更强的战斗力来保障过渡时期总路线和总任务的实现；而更重要的是因为在新民主主义革命胜利以后，由于我们各方面的工作都获得了巨大的胜利，于是在我们党内，尤其是在我们党的高级干部中，滋长了骄傲自满的情绪，这种骄傲自满情绪如果不及时提醒，必然要使我们丧失敌情观念，必然要破坏我们党的团结，那我们就要丧失斗志，经不住敌人的任何袭击，从而使我们的伟大事业遭到失败。

这个决议草案，正如少奇同志的报告所说，不是无的放矢，而是有所指的，是根据具体事实、指了具体对象的。所谓具体事实、具体对象，能不能解释为只是针对个别的人呢？不能这样来认识。我以为它主要是指的在现阶段党必须注意的一个重要问题，必须防止和克服的一种倾向；不能解释为这个决议只是针对个别的人，对于我们、对于我自己无关，因而可以疏于检查和防范。

这个决议草案是很全面的，它分析了全部的形势，内部和外部的形势，提出了有效的办法。现在，我只就决议草案中所提出的一个问题，就是上面所说的骄傲问题来讲一讲我的认识。

我认为骄傲情绪在党内，主要是在相当一部分高级干部中，正在滋长着，如果不注意克服，就会发展到一种可怕的危险的地步。决议草案是这样说的：在中国“革命胜利后，党内一部分干部滋长着一种极端危险的骄傲情绪，他们因为工作中的若干成绩就冲昏了头脑，忘记了共产党员所必须具有的谦逊态度和自我批评精神，夸大个人的作用，强调个人的威信，自以为天下第一，只能听人奉承赞扬，不能受人批评监督，对批评者实行压制和报复，甚至把自己所领导的地区和部门有意地或无意地看作个人的资本和独立王国”。决议草案又清楚地告诉我们：骄傲一定会使党的团结受到损害，使革命事业受到损害。对于个人来说，对于我们每一个共产党员来说，它是一种腐蚀剂，它可以引导个人主义发展，把一个满腔热忱的勤勤恳恳为人民服务的共产党员的高贵品质丧失掉，而堕落到最卑鄙的个人主义方面去。

就一般意义讲，对于我们每一个人来说，应该这样认识：骄傲会对自己在革命中的作用和贡献做出不正确的估价。一个人不管负什么责任，在革命事业中只不过是一个螺丝钉。我们所获得的成绩绝不能看作是一个人的，而是多数同志努力的结果，上有中央和上级，下有广大的干部和人民群众，还有同级，还有左邻右舍。我们绝不能贪天之功，将上级的正确领导，其他同志、其他各方面的努力，统统算在自己的身上。而骄傲的人总觉得自己了不起，因而常常觉得党和别人对他重视不够，对他没有什么温暖，反而觉得那些拉拉扯扯、吹吹拍拍的人对他很好，对他有温暖，而这种东西就是一种腐蚀剂。骄傲会把自己所领导的工作或地区摆在一种不恰当的错误的地位。比如在中央与地方的关系上，如果他在中央某一个部门工作，往往会忽视地方的情况，不重视地方工作同志的意见，甚至随便用中央的帽子往下压；如果他在地方工作，往往会对全局照顾不够，对中央各部门的情况照顾不够，遇事总以为理在地方，甚至觉得上头的约束对他很不舒服，不愿意受检查，不愿意受批评。事实上，像我们这样的人，不管做任何工作，能够说没有缺点没有错误吗？所以，把自己估计得不恰当，不愿意受检查，不愿意受批评，遇到检查和批评就很不舒服，这是与实际情况完全不相符合的，这是与党的原则完全不相符合的。骄傲的人往往只看到自己的工作做得好，不大看得见别的人、别的部门、别的地区的工作也做得好。遇到表扬多一点的时候，就有一点飘飘然。在对待与别的部门、别的地区的关系上，多注意自己方面的困难，忽视对方的困难，不大注意照顾别人，甚至连一点亏也不能吃。在同志之间，看自己的长处多，对自己的短处看不见，或者看得很少，对别人的短处看得很多，长处看不到。对一些非原则问题，一些技术性的问题，也斤斤计较，相持不下，不善于让步，不善于等待。

骄傲，特别是高级干部的骄傲，不能不使党的团结和党的工作受到损害。革命胜利以后，有些现象我认为是很不健康的。毛泽东同志所规定的多年来行之有效的我们党赖以取得胜利的那些党的原则，例如对错误和缺点采取严肃的态度，开展批评与自我批评的原则；从团结的愿望出发，经过批评和斗争，达到团结目的的原则；与人为善的态度和治病救人的原则；照顾别的人、别的部门、别的地区，照顾少数的原则等等，在革命胜利以后，却很少讲了，而与这些原则相违背的一些现象反而在滋长着。

我们常常闻到这样一些味道，例如有的人把某些人或者把他自己夸大到与实际情况极不相称的地步，不愿意受检查，不愿意受批评，自以为是，听不进别人的意见，批评与自我批评的空气稀薄，不注意集体领导，不注意团结，对犯错误的同志不是采取治病救人的态度，不大照顾别的部门、别的地区等等。尤其严重的是，有些同志不注意维护中央的威信，对中央领导同志的批评有些已经发展到党组织所不能允许的程度。毛泽东同志提倡对党的任何负责同志(毛泽东同志经常说,包括他自己在内)的批评,但是这种批评必须根据党的原则在一定场合下进行,或者向他本人提出。这样的批评是应该的,不可少的。中央的主要负责同志过去经常讲到这一点,他们是欢迎别人批评的。但是不能允许这样的言论发展到党的组织所不能允许的程度。

我们常常遇到,某些同志对中央几个主要负责同志的不正确的言论,常常是不经过组织、不合乎组织原则的。全国财经会议以来,对少奇同志的言论较多,有些是很不适当的。我认为少奇同志在这次会议上的自我批评是实事求是的,是恰当的。而我所听到的一些传说,就不大像是批评,有些是与事实不相符合的,或者是夸大其词的,有的简直是一些流言蜚语,无稽之谈。比如今天少奇同志在自我批评里讲到的对资产阶级的问题,就与我所听到的那些流言不同。对资产阶级问题,虽然我没有见到一九四九年初少奇同志在天津讲话〔159〕的原文,但是据我所听到的,我认为少奇同志的那些讲话是根据党中央的精神来讲的。那些讲话对我们当时渡江南下解放全中国的时候不犯错误是起了很大很好的作用的。虽然在讲话当中个别词句有毛病,但主要是起了好作用的。当时的情况怎么样呢?那时天下还没有定,半个中国还未解放。我们刚进城,最怕的是"左",而当时又确实已经发生了"左"的倾向。在这种情况下,中央采取坚决的态度来纠正和防止"左"的倾向,是完全正确的。我们渡江后,就是本着中央的精神,抱着宁右勿"左"的态度去接管城市的,因为右充其量丧失几个月的时间，而“左”就不晓得要受多大的损失，而且是难以纠正的。所以，我认为少奇同志的那个讲话主要是起了很好的作用的，而我所听到的流言就不是这样的。又比如对于富农党员的问题〔160〕，不过是早一点或迟一点发指示的问题，但是我听到的流言就不是这样的。又比如对于工人阶级半工人阶级领导革命的问题〔161〕，在提法上当然是不妥当的，可是这里并没有涉及党的性质问题，但是我听到的流言就不是这样的。我说有些流言是超过了批评与自我批评的限度的，不但从组织方面来说不应该，而且有些变成了无稽之谈或随意夸大，这种现象是应该值得我们注意的。我们能够把维护中央的威信和维护中央几个主要负责同志的威信分开吗？能不能这样说，维护中央的威信与中央几个主要领导同志无关，例如与少奇同志无关，是否能够这样解释呢？对于这些对主要负责同志的超越组织的批评，并没有引起我们的反对和制止，我们的嗅觉不敏锐，对于这些言论抵制不够，这难道与我们自己的思想情况和骄气一点关系都没有吗？这难道不应该引起我们的警惕吗？我以为我们是应该警惕的，应该引以为教训的。

以上是就一般性质的骄傲而言。如果我们沾染了骄气，我们就不能前进，我们就不会兢兢业业地工作，我们在工作当中就不可避免地要犯严重的错误。如果这种骄傲不及时改正，让其发展下去，我们就经不起敌对阶级和敌对思想的任何袭击。并且还须指出，骄傲还可以发展到另外一种结果，如同少奇同志的报告中所说的，只要党内出现了个人主义的骄傲的人们，只要这种人的个人主义情绪不受到党的坚决的制止，他们就会一步一步地在党内计较地位，争权夺利，拉拉扯扯，发展小集团的活动，直至走上帮助敌人来破坏党分裂党的罪恶道路。这难道不应该引起我们更加警惕吗？

我认为四中全会和全会的决议，对某些犯有严重错误的同志是很重要的，是给了这些同志一个改正错误的机会，是对这些同志最直接的帮助。我还认为全会的决议是实现党在过渡时期的总路线和总任务的最有力的保证，是对我们全党同志，主要是对我们高级干部的最大的帮助。它是一副消毒剂，它启发了我们的阶级觉悟，提高了我们的警惕性，使我们党更加巩固，战斗力更加强大。我觉得我们每一个人，首先是高级干部，应该针对决议草案中所提到的这些倾向，在思想上清理一下。比如我这个人，虽然过去也经历了一点风波，但是近二十年来是一帆风顺的，这一点必须加以警惕。我们必须清醒地估计一下，究竟对党对人民有多大的贡献？我们曾经单枪匹马地干出过任何一件事情来没有？难道我们能够设想自己是那样十全十美而没有一点缺点和错误吗？拿我来说，缺点是很多的，错误也是常常要犯的。远的不说，到中央来了以后，分散主义我是有份的，这一个时期我所解决的问题，无论对事对人决不是都那样妥当的。至于过去，无论在华北，在中原，在西南，工作中都是有缺点错误的。不能设想，像我们这样的马列主义的水平在工作中会没有错误没有缺点。我们要把这个决议当做一面镜子来照我们自己。在党提出过渡时期的总路线和总任务的时候，全党高级干部都来照照镜子、洗洗脸是很必要的。毛泽东同志曾说过：在七大以后为什么我们能够在很短的时间内取得全国的胜利呢？主要是在七大以前，经过整风阶段，我们党在思想上、政治上、组织上形成了高度的统一，形成了坚强的团结，形成了集中统一的党中央的领导。因为这样，就使我们全党的所有共产党员和所有干部，以百倍的信心和饱满的士气，奔赴前线。这是取得全国胜利的根本原因之一。无疑地，四中全会关于增强党的团结的决议一定会起到同样的作用，它将使党更加团结和一致，使我们能够克服许多错误的东西，使我们具有更高的信心，更旺盛的士气，去完成社会主义革命阶段的伟大的历史任务。

# 办好学校，培养干部*

（一九五四年七月九日）

现在我们是搞建设，干部已成为决定性的因素。我们干部的状况是，一方面不够用，另一方面又有浪费。要充分发挥现有干部的作用，同时要培养大批各方面的建设人才。政务院许多部门的领导人，他们注意抓生产，抓基本建设，这是对的，但是对培养干部重视不够，这主要表现在对自己所管的学校注意得很差。殊不知办好学校，培养干部，才是最基本的建设。现在，有的部门已有几十万员工，几十所学校，他们不去办好这些学校，却总希望从外面调人。应该主要靠自己培养干部。我们的中等专业学校普遍办得不好，真正办得好的很少，要设法解决这个问题。我们有些业务部门的领导人，认为让他管生产是重视他，让他管学校是把他降格了。这是一种很不好的倾向，是办好学校的主要障碍，应该纠正。

教学纪律必须整顿。苏联学校中的纪律是严得很的，我们派去的学生，如果不好好学习，就被送回来。这种严格的要求，我们要学习。对于学校中的个别坏学生是要开除的，学校要有

---

* 这是邓小平同志在政务院第二百二十一次政务会议讨论教育工作时发言的节录。

“开除学籍”这个武器，没有这个武器不行。开除几个坏学生，就可以教育和挽救一批学生。有的学生被开除以后，倒可能变好了。我们党内也有这种情况，有些同志背上有包袱，以为对他的错误没有办法，及至将他开除党籍，他倒变好了，有的人后来又入了党。当然不能滥用这个武器，实际上，给了学校这个武器，多数人警惕起来，反倒可以少开除几个学生。学校的纪律问题，好多年了没有得到解决。过去只是纠缠在口头上，现在要认真去做，纪律不好就要整顿。提议高等教育部和文委〔162〕研究一下北京学校的纪律问题。选几个典型，处理几个，写篇社论，在报纸上登一下，展开批评，教育学生，教育学校。

关于教师待遇问题。现在要普遍提高他们的工资待遇是很困难的，但是真正有本领的教授、副教授，高级工程师，高级医生，以及其他方面的高级专门人才的工资待遇，应该提高。这样的人不会很多，全国也就是万把人。前几年，全国的工资提高了很多，但有些平均主义。建筑工人，挑土工人，其他普通工人，提高了不少，有的提高了一二倍，而有本事的专门人才提高得不多。将来工资的差距要拉大些，真正有本领的人，对国家贡献很大的人，工资应该更高一些。还有一个问题，就是大学校长是否比高明的教授薪金一定要高？我看不一定。我记得毛主席曾说过，为什么全国就没有比我当主席的薪水更高的呢？过去我们想请各行各业开个名单，提高一些人的工资，说了好久，只是停留在口头上，没有实现。看来，有些共产党员的头脑里平均主义思想还不少，到处有抵触，结果是多一事不如少一事，不了了之。这次我建议文委在自己管理的范围内提出一个名单，科学家可以选一二百人，不讲名望，就是选那些贡献突出的，真正有本事的。大学教授也可以选一二百人。还要订出章程来，这样就可以推动那些思想不通的人。中小学教员中间，工资也应该有很高的，他付出的劳动多，贡献大嘛。我们不能讲平均主义。请郭老〔163〕下个命令，提出个名单，二百人左右，先解决这些人的问题。这个问题，周总理过去在政务会议上也讲过，但是没有行得通。这次必须像考试那样，限期交卷，否则就是不热心这个工作。

# 关于修改党的章程的报告*

（一九五六年九月十六日）

同志们：

从我们党在一九四五年四月召开第七次全国代表大会〔126〕以来，已经过去十一年多的时间了。在这个期间，我们的国家和我们的党都已经经历了巨大的变化。在这个期间，党在以毛泽东同志为首的中央委员会的领导之下，团结了全国人民，在不过三年多一点的时间里，打败了蒋介石的几百万军队，推翻了帝国主义、封建主义和官僚资本主义的统治，建立了中华人民共和国；在全国革命胜利以后，党和人民政府又在不过三年的时间里，完成了恢复国民经济的工作和一系列的民主改革的任务；从一九五三年起，党和人民政府又开始了第一个五年计划的建设，并且在社会主义改造方面取得了决定性的胜利。所有这些一个接连一个的光辉的胜利，无可争辩地证明了党的第七次全国代表大会所规定的政治路线和七大以后党中央的政治领导的正确性；同时也无可争辩地证明了党的第七次全国代表大会所规定的组织路线和七大以后党中央的组织领导的正确性。关于这个时期党的工作的各个方面和

---

* 这是邓小平同志在中国共产党第八次全国代表大会上的报告。

党在目前的任务，刘少奇同志已经作了详细的报告。现在，我受中央委员会的委托，在这个报告里所要讲的，是关于我们党的章程由于党的情况的变化所需要作的修改。

## 一

现在提请大会讨论的党章草案，是经过各地党的组织的讨论和多次修改而成的。这个草案，同第七次大会所通过的党章比较起来，并没有根本原则上的不同，但是，在具体内容上却有了很多的改变，其中包含一些带有原则性的改变。

在第七次大会召开的时候，我国的人民革命在全国大部分地区还没有得到胜利。那时候，日本侵略者还占领着我国大部分城市和交通线，蒋介石政府还统治着大部分的后方地区。党所领导的各个解放区，还受着敌人的分割。当时党有一百二十一万党员，这些党员的绝大部分是在解放区的农村里；在国民党统治区和在敌占区的党员，都处在秘密状态。

现在，我们的国家的状况完全不同了。我国的人民革命在我们党的领导下，已经在一九四九年获得了全国范围内的胜利，实现了空前未有的国家统一。现在，除了个别边疆地区以外，我们不但已经彻底地完成了资产阶级民主革命阶段的任务，而且已经基本上实现了社会主义革命阶段的任务。同时，七年来我国社会主义建设的各个方面，也已经取得了巨大的成绩。所有这些，使得我国的阶级关系发生了根本的变化：工人阶级已经成为国家的领导阶级；农民已经由个体农民转变为合作化的农民；资产阶级作为一个阶级已经处在消灭的过程中。

党的状况也有了很大的变化。中国共产党已经是执政的党，已经在全部国家工作中居于领导地位。党的组织分布到全国每一个城镇和县区，每一个重要的企业，并且分布到各个民族。党员的数目，比第七次大会的时候增加了八倍，比一九四九年全国胜利的时候，也差不多增加了两倍，而且多数党员都在各级国家机关、经济组织、文化组织和人民团体中担负了一定的工作。这些情况，要求我们十分注意加强党的组织工作和对于党员的教育工作。

执政党的地位，使我们党面临着新的考验。过去七年，一般说来，我们党经受住了这种考验，我们国家在各方面的进步是很显著的，我们绝大多数党员在自己的工作岗位上是努力的，工作是有成绩的。但是，七年的经验同样告诉我们，执政党的地位，很容易使我们同志沾染上官僚主义的习气。脱离实际和脱离群众的危险，对于党的组织和党员来说，不是比过去减少而是比过去增加了。而脱离实际和脱离群众的结果，必然发展主观主义，即教条主义和经验主义的错误，这种错误在我们党内也不是比前几年减少而是比前几年增加了。

执政党的地位，还很容易在共产党员身上滋长着一种骄傲自满的情绪。有一些党员，稍稍有点工作成绩，就自以为了不起，就看不起别人，看不起群众，看不起党外人士，似乎当了共产党员，就比非党群众高出一头，有的人还喜欢以领导者自居，喜欢站在群众之上发号施令，遇事不愿意同群众商量。这实际上是一种狭隘的宗派主义倾向，也是一种最脱离群众的危险倾向。

针对着这种情况，党必须经常注意进行反对主观主义、官僚主义和宗派主义的斗争，经常警戒脱离实际和脱离群众的危险。为此，党除了应该加强对于党员的思想教育之外，更重要的还在于从各方面加强党的领导作用，并且从国家制度和党的制度上作出适当的规定，以便对于党的组织和党员实行严格的监督。

我们需要实行党的内部的监督，也需要来自人民群众和党外人士对于我们党的组织和党员的监督。无论党内的监督和党外的监督，其关键都在于发展党和国家的民主生活，发扬我们党的传统作风，这就是毛泽东同志在第七次大会的政治报告中所提倡的“理论和实践相结合的作风，和人民群众紧密地联系在一起的作风以及自我批评的作风”〔164〕。

很显然的，上面所说这些国家和党的状况的巨大变化，对于我们党的要求是更高而不是更低了，对于共产党员的要求也是更高而不是更低了。我们向大会提出的党章草案，就是根据这些新的情况和新的要求而对原有党章作了适当的修改。

此外，从第七次大会以来，我们党无论在联系人民群众、组织人民群众和团结党外民主力量方面，在领导国家工作和经济工作方面，在发展和巩固党自身、领导一切党组织和广大党员团结一致、积极工作方面，都积累了许多新的经验。这些经验，也适当地反映到党章草案中去了。

关于修改党章所根据的条件，我所要说的就是这一些。

## 二

党章草案的总纲，同原有的总纲比较起来，有了很大的修改，特别是在政治方面。这是很容易了解的。党章的总纲，是我们党的最基本的政治纲领和组织纲领。我国的政治情况既然发生了根本的变化，我们在目前时期的政治纲领，当然也要有根本的改变。关于总纲的政治部分，在大家听了刘少奇同志的报告以后，我以为可以不再作什么说明了。对于党章草案的总纲，需要首先着重说明的，是其中说到的我们党的群众路线问题。

群众路线在我们党的工作中，并不是新的问题。在第七次大会通过的党章，特别是党章的总纲中，就是贯串着群众路线的精神的。毛泽东同志在第七次大会所作的政治报告中关于党的作风的部分，刘少奇同志在第七次大会所作的关于修改党章的报告中关于党章的总纲部分，对于群众路线问题都作了精辟的解释。现在所以仍然需要加以着重说明，是因为：第一，群众路线是我们党的组织工作中的根本问题，是党章中的根本问题，是需要在党内反复进行教育的。虽然第七次大会已经对于这个问题作了说明，但是，现在党内绝大多数同志是在第七次大会以后入党的，而且实践证明，有许多同志并没有贯彻执行这一路线，这说明党内对于这一问题的教育，还决不能认为是充分的。第二，从第七次大会到现在的十一年间，党的实际斗争的经验，给了这一路线以更深刻更丰富的内容，因而在党章草案中，这一路线也得到了进一步的反映。党章草案的总纲，着重地指出了党必须不断地发扬党的工作中的群众路线的传统，并且指出了这个任务由于党成了执政的党而有更加重大的意义。

什么是党的工作中的群众路线呢？简单地说来，它包含两方面的意义：在一方面，它认为人民群众必须自己解放自己；党的全部任务就是全心全意地为人民群众服务；党对于人民群众的领导作用，就是正确地给人民群众指出斗争的方向，帮助人民群众自己动手，争取和创造自己的幸福生活。因此，党必须密切联系群众和依靠群众，而不能脱离群众，不能站在群众之上；每一个党员必须养成为人民服务、向群众负责、遇事同群众商量和同群众共甘苦的工作作风。在另一方面，它认为党的领导工作能否保持正确，决定于它能否采取"从群众中来，到群众中去"的方法。按照毛泽东同志所起草的党中央关于领导方法的决定的话来说，就是"将群众的意见(分散的无系统的意见)集中起来(经过研究，化为集中的系统的意见)，又到群众中去作宣传解释，化为群众的意见，使群众坚持下去，见之于行动，并在群众行动中考验这些意见是否正确。然后再从群众中集中起来，再到群众中坚持下去。如此无限循环，一次比一次地更正确、更生动、更丰富"〔165〕。

党的工作中的群众路线，具有极深刻的理论意义和实际意义。马克思主义向来认为，归根结底地说来，历史是人民群众创造的。工人阶级必须依靠本阶级的群众力量和全体劳动人民的群众力量，才能实现自己的历史使命——解放自己，同时解放全体劳动人民。人民群众的觉悟性、积极性、创造性愈是发展，工人阶级的事业就愈是发展。因此，同资产阶级的政党相反，工人阶级的政党不是把人民群众当作自己的工具，而是自觉地认定自己是人民群众在特定的历史时期为完成特定的历史任务的一种工具。共产党——这是工人阶级和劳动人民中先进分子的集合体，它对于人民群众的伟大的领导作用，是不容怀疑的。但是，它之所以成为先进部队，它之所以能够领导人民群众，正因为，而且仅仅因为，它是人民群众的全心全意的服务者，它反映人民群众的利益和意志，并且努力帮助人民群众组织起来，为自己的利益和意志而斗争。确认这个关于党的观念，就是确认党没有超乎人民群众之上的权力，就是确认党没有向人民群众实行恩赐、包办、强迫命令的权力，就是确认党没有在人民群众头上称王称霸的权力。

如果不从认识方法上解决党的主张必须是“从群众中来，到群众中去”的问题，那末，党同人民群众的关系问题仍然不能真正地解决。实践证明，许多人并非在主观上没有为人民服务的愿望，但是他们仍然把工作做坏了，使群众受到重大的损失。这是因为他们自以为是先进分子，是领导者，比群众懂得多，因而遇事不向群众学习，不同群众商量，因而他们出的主意，经常在群众中行不通；但是，他们又不从错误和失败中取得教训，以为错误和失败，只是由于群众落后和其他临时因素的影响，因而滥用党的威信，继续一意孤行，这就使他们的错误和失败愈来愈严重。在我们党的历史上，这种主观主义者给我们党的损失，给中国革命和中国人民的损失，是不可胜数的。主观主义者不懂得，只有首先善于做群众的学生的人，才有可能做群众的先生，并且只有继续做学生，才能继续做先生。一个党和它的党员，只有认真地总结群众的经验，集中群众的智慧，才能指出正确的方向，领导群众前进。我们不是尾巴主义者，当然懂得，群众的意见一定不会都是正确的和成熟的。我们所谓总结和集中，并不是群众意见的简单堆积，这里必须要有整理、分析、批判和概括；但是，离开群众经验和群众意见的调查研究，那末，任何天才的领导者也不可能进行正确的领导。整理、分析、批判和概括也是会犯错误的，但是不断地同群众商量，不断地研究群众的实践，这就使党有可能少犯错误，并且及时地发现和纠正错误，而不致使得错误发展到严重的地步。

因此，党的工作中的群众路线，本身就要求党的领导保持谦虚和谨慎的态度。骄傲，专横，鲁莽，自作聪明，不同群众商量，把自己的意见强加于人，为了自己的威信而坚持错误，是同党的群众路线根本不相容的。

回顾一下我们党从第七次大会以来所走的道路吧：我们党在解放战争中，在土地改革和肃清反革命的斗争中，在农业、手工业和资本主义工商业的社会主义改造的斗争中，在发展工业、农业和其他经济文化建设事业的斗争中，我们党所得到的巨大胜利，哪一项不是执行群众路线的结果？例如说，为什么人民解放军的指挥员和战斗员能够战胜在数量上和装备上都占优势的国民党军呢？难道主要地不是由于他们坚持为人民服务的立场，用自我牺牲的精神，树立了模范的军民关系，在部队内部建立了能够充分发扬下级官兵积极性的同志式的关系，并且依靠群众，总结每次战争的经验，从战术到战略都不断地得到进步的原故吗？战士替居民挑水，官长替士兵盖被子，在火线上开“诸葛亮会”，保护俘虏的健康和自尊心，不搜俘虏的腰包，这些看起来都是小事，但是，一系列的伟大胜利，正是同这些小事分不开的。例如说，几千年受地主阶级压迫的几万万农民，为什么能够成了自己命运的主人，这样坚决地建设自己的新生活呢？难道不是由于我们党在土地改革期间所派的工作团，真正深入到了贫苦农民中间，找出他们的积极分子，唤起他们的觉悟，动员农民自己起来，推翻地主的统治，分配地主的土地，使他们真正懂得了自己的力量，形成了自己的领导核心，而不是简单地由政府下命令把地主的土地转移给他们的结果吗？他们这样迅速地和自愿地加入农业生产合作社〔166〕，难道不是我们党从群众本身的经验出发，大量地帮助农民从组织季节性的互助组起，进而组织常年互助组，进而组织初级合作社，又进而组织高级合作社，使农民从实践中确信了合作化的优越性的结果吗？例如说，我们国家的肃反运动〔167〕之所以能够获得如此巨大的成绩，而又能够少犯错误，难道不是我们采取了专门机关和发动群众相结合的正确方针的结果吗？难道不是因为我们充分地发动了群众，在几万万只眼睛的透视之下，才使得大量的反革命分子没有藏身之所，而不得不低头认罪、接受改造和重新做人吗？例如说，在全国解放以后，不到两三年的时间，我们就改变了旧社会那种极端腐败的社会风气，树立了具有优良道德品质的新的社会风气，难道没有广大人民群众自觉自愿的行动和群众之间的相互教育、相互劝导和相互帮助，能够收到这样的效果吗？试问，我们在大规模的消灭鸦片烟毒的运动中的胜利，在大规模的爱国卫生运动中的胜利，以及在生产建设和其他各种工作中的胜利，哪一件不是因为这个运动或者这件工作的本身，确实反映了广大群众的要求，并且变成了广大群众自觉自愿的行动的结果呢？

在说到我们党由于实行群众路线而得到巨大的胜利的时候，我们的意思决不是认为我们的工作在这一方面都是光明的。恰恰相反，我们的目的是要让全党记住：如果正确地实行群众路线，使我们得到成功，那末，违背群众路线，就一定要使我们的工作遭受损失，使人民的利益遭受损失。如同前面已经说过的，由于我们党现在已经是在全国执政的党，脱离群众的危险，比以前大大地增加了，而脱离群众对于人民可能产生的危害，也比以前大大地增加了。因此，目前在全党认真地宣传和贯彻执行群众路线，也就有特别重大的意义。

在党的组织和国家机关的许多工作人员中，正在滋长着形形色色的官僚主义的倾向。不少领导机关和领导干部，高高在上，不接近群众，不重视调查研究，不了解工作中的真实情况。他们往往不是从客观的实际条件和人民群众的具体实践出发，来考虑和决定他们的工作，而是从不确切的情况出发，从想象和愿望出发，主观主义地来考虑和决定他们的工作。因此，他们作出的决议、指示虽然很多，但有的不完全正确，有的甚至完全错误。他们在执行中央和上级的指示的时候，往往不采取同下级同志和群众商量的办法，不结合当时当地的具体情况，而只是机械地盲目地搬运。他们往往满足于表面上的成绩，而不注意工作的实际效果，或者只看到工作中好的方面，看不到工作中坏的方面，或者只追求数量，不讲究质量。他们对自己的工作心中无数，常常“左”右摇摆，有时表现为右倾保守，思想落后于实际，有时又表现为急躁冒进，贪多求快，超过实际的可能。

不少机关的负责同志，把自己的绝大部分时间，用在处理文电和不必要的过多的开会上面，很少深入基层，深入群众，了解他们的要求和研究他们的经验，这就不可避免地陷入了事务主义和文牍主义的泥坑。不少领导同志，喜欢在自己的工作岗位上建立庞大的机关，由于机构臃肿，层次重叠，不能使群众的意见和要求正确地及时地反映上来，也不能把自己的决议和指示正确地迅速地贯彻下去，在自己和群众之间，设置了许多人为的障碍。不少负责同志，对于工作中需要立即解决的问题，不是亲自动手来处理，而是层层下放，然后又层层上报，结果不是处理有错误，就是处理不及时，使工作受到许多损失。更严重的是有些领导同志，不愿意接近群众，不关心群众的痛痒，对于群众要求迫切解决的问题，不是积极地去解决，而是抱着一种无动于衷的冷淡态度。

官僚主义也表现在有一些干部有严重的骄傲自满情绪。他们夸大个人的作用，强调个人的威信，只能听人奉承赞扬，不能受人批评监督，甚至有些品质恶劣的人，还对批评者实行压制和报复。我们党内还有一种人，他们把党和人民的关系颠倒过来，完全不是为人民服务，而是在人民中间滥用权力，做种种违法乱纪的坏事。这是一种很恶劣的反人民的作风，这是旧时代统治阶级作风在我们队伍中的反映。诚然，这样的干部为数很少，但是，他们的危害却很大。

官僚主义倾向还有一种比较大量的表现，就是命令主义。不少党的组织和干部，在作出决议、指示以前，既不同群众商量，在执行决议、指示的时候，对群众又不是采取说服教育的方法，而是企图一切依靠命令行事。犯这种错误的同志，他们在主观愿望上也许是想把工作做好，但是，在实际上却是把工作做得很坏。这种命令主义的错误，在党的基层组织和基层干部中表现得较为突出，但是，下面的命令主义错误，往往是同上级领导机关的主观主义和官僚主义的领导分不开的。

上述这些现象的存在，说明党的工作中的群众路线，还远没有在我们党内得到完全贯彻执行。我们必须向这些脱离群众的、官僚主义的现象进行经常的斗争。而且我们必须看到，官僚主义是过去人类历史上长时期剥削阶级统治的遗留物，在社会政治生活中有深远的影响。因此，贯彻群众路线，克服官僚主义，也必须是一个长时期的斗争。

党章草案在总纲部分和有关的条文中，都提出了这个任务。当然，仅仅依靠这些规定，并不能自动地解决问题。我们还必须采取一系列具体的措施。我们应当采取哪些措施呢？

第一，必须在党的教育系统中，在党员的教育材料中，在党的报刊中，着重进行党的群众路线的教育。

第二，必须有系统地改善各级领导机关的工作方法，使领导工作人员有足够的时间深入群众，善于运用典型调查的方法，研究群众的情况、经验和意见，而不是像现在这样，把绝大部分时间用在坐办公室、处理文件、在领导机关内部开会上面。应该缩小领导机关，减少领导机关的层次，尽可能地把多余的工作人员腾出来派到下层去，使留在领导机关的工作人员必须亲自处理实际工作，防止领导机关官僚化的危险。

第三，必须健全党的和国家的民主生活，使党的和政府的下级组织，有充分的便利和保证，可以及时地无所顾忌地批评上级机关工作中的错误和缺点，使党和国家的各种会议，特别是各级党的代表大会和人民代表大会，成为充分反映群众意见、开展批评和争论的讲坛。

第四，必须加强党的和国家的监察工作，及时发现和纠正各种官僚主义现象，对于违法乱纪和其他严重地损害群众利益的分子，及时地给以应得的处分。

第五，各地区各部门党的组织，必须运用过去整党工作的经验，采取群众性的批评和自我批评的方法，每隔一定时期，对全体党员进行一次工作作风的整顿，特别着重检查群众路线的执行情况。

在贯彻执行群众路线、反对官僚主义的斗争中，密切同党外人士的合作，广泛地吸收党外人士参加这一斗争，具有重大的意义。现在我们党内还有不少的同志，甚至还有一些负相当领导责任的同志，仍然犯着不愿意或者不善于同党外人士合作的毛病。这实质上是一种非常有害的宗派主义倾向，必须克服这种倾向，才能使党的统一战线政策得到贯彻实行。必须使这些同志了解，我们党同民主党派和无党派民主人士的合作是长期的，这一个方针是早已确定了的。从抗日战争时期开始，我们党就实行了同党外民主人士合作的方针。在中华人民共和国成立以后，我们同各个民主党派和无党派的民主人士的合作，得到了进一步的发展。十多年的经验证明，这种合作对于我们党的事业，是有益而无害的。同我们合作的民主人士中，有许多人最初在政治上是资产阶级和小资产阶级的代表，但是在合作的过程中，他们的立场，逐渐在不同程度上向社会主义方面变化了，并且将继续向这个方面变化。当然，这种合作中间是有斗争的，这是不可避免的。但是问题不在这里，而在于这些党外的民主人士，能够对于我们党提供一种单靠党员所不容易提供的监督，能够发现我们工作中的一些我们所没有发现的错误和缺点，能够对于我们的工作作出有益的帮助。在社会主义改造取得了决定性的胜利以后，在他们的立场和我们的立场比以前更加接近以后，他们可以给我们的帮助只有越来越多。因此，我们的任务就是继续扩大同党外人士的合作，使他们在我们的反对官僚主义的斗争中，和在国家各方面的事务中，发生更大的作用。

关于我们党的工作中的群众路线的意义，关于我们党在工作中继续贯彻群众路线方面的任务，我所要说的就是这一些。

## 三

民主集中制是我们党的列宁主义的组织原则，是党的根本的组织原则，也是党的工作中的群众路线在党的生活中的应用。在党章草案的总纲和第二章中，对于党的民主集中制作了比较充分的规定。这些规定，是我们党组织生活的多年来经验积累的结果。

党是依靠全体党员和全党的各个组织，来联系广大的人民群众的。为了从人民群众中收集他们的意见和经验，为了向人民群众宣传党的主张，把它变为人民群众自己的主张，并且组织人民群众加以执行，一般地都必须经过党员的努力，经过党的下级组织的努力。因此，正确地解决党的组织和党员的关系，党的上级组织和下级组织的关系，党的中央组织和地方组织的关系，在党的民主集中制问题上，具有特别重要的意义。

在我们党的历史上，关于上下级关系问题，是曾经出现过偏向的。“左”倾机会主义在党内居于统治地位的时候，上下级关系中的偏向是过度集中。在那个时期，下级组织对于上级领导机关实际上几乎没有发言权。当时的上级领导者不但没有兴趣听取下级的情况和意见，而且要给那些根据实际情况向他们提出合理的不同意见的人们以种种打击。这种错误，在一九三五年一月党中央结束了“左”倾机会主义的统治以后，也就在基本上被克服了。

从一九三五年以来，我们党的上下级关系，中央和地方的关系，一般是正常的。中央在处理全国性的重要问题的时候，总是尽可能征询和听取各地方和各部门的同志们的意见，对于不同的意见，一般也可以进行自由的反复的讨论。大家知道，中央有许多重要的指示，是先用草案的形式发给地方，要求各地在讨论和试行中加以修正，在几个月甚至一年多以后，才根据各地的意见修正发布的。对于中央已经发布的指示，如果地方组织由于具体情况确实不能照样执行，中央也同意地方组织按照实际情况加以变通。不但在抗日战争期间和解放战争期间，而且在中华人民共和国成立的最初几年中，中央都给予地方独立处理问题的广泛权力，而事实证明这样做是完全正确的。在各地方和各部门，上下级关系一般也是执行了同样的原则。地方和下级对于中央和上级的领导，一般是尊重的，因此，党的政策基本上在全党能够得到贯彻实行。

但是，在这个时期，党内也曾经存在过另一种偏向，就是分散主义的偏向。我们党内时常出现这样一种干部，他们在自己的工作岗位上，爱好自成系统，自成局面，在政治上自由行动，不喜欢党的领导和监督，不尊重中央和上级的决定，甚至在他们处理一些应当由中央统一决定的重要问题的时候，也事前既不向中央和上级机关请示，事后又不向中央和上级机关报告，违背党的政策和纪律，危害党的统一。党中央对于这种偏向，进行了不断的坚决的斗争。一九四一年中央关于增强党性的决定，一九四二年中央关于抗日根据地领导一元化的决定，一九四八年中央关于建立请示报告制度、加强组织性和纪律性的指示，一九四八年中央关于健全党委制的决定，都主要是针对着克服这种分散主义倾向而发出的。一九五四年二月党的七届四中全会〔168〕，更从思想上、政治上和组织上彻底地摧毁了这种分散主义的错误。从那时以来，分散主义的偏向，就只在个别的范围内还有它的残余了。

在目前，党的上下级关系中的缺点，从总的方面说来，主要地还是对于发扬下级组织的积极性创造性注意不足。不适当的过分的中央集权，不但表现在经济工作、文化工作和其他国家行政工作中，也表现在党的工作中。上级机关所作的硬性的规定太多，而不少的规定，并不是对于下级组织的情况和经验作了充分研究的结果，以致往往使下级组织在执行的时候发生困难。许多上级组织还不善于深入下层，倾听下级组织和群众的意见，同下级组织经过互相商量去解决工作中的问题，还习惯于在办公室里发号施令，或者到下面去包办代替。此外，有些上级的领导人员还喜欢摆架子，耍威风，只是教训人，批评人，而不能向下级请教，不能听下级的批评，不能对下级作自我批评。这种情况虽然不是普遍的，但是也不是个别的。如果不注意并且改变这种情况，那末，在这些地方也就不会有真正的民主集中制。

根据以上所说的多方面经验，党章草案关于民主集中制中的上下级关系问题，增加了下列的规定：

第一，关于民主集中制的基本条件，增加了下列的规定："党的各级领导机关必须经常听取下级组织和党员群众的意见，研究他们的经验，及时地解决他们的问题。""党的下级组织必须定期向上级组织报告工作。下级组织的工作中应当由上级组织决定的问题，必须及时向上级请求指示。"

第二，关于中央和地方、上级和下级的职权范围问题，增加了这样的条文："党的中央组织和地方组织的职权应当有适当的划分。凡属全国性质的问题和需要在全国范围内作统一决定的问题，应当由中央组织处理，以利于党的集中统一；凡属地方性质的问题和需要由地方决定的问题，应当由地方组织处理，以利于因地制宜。上级地方组织和下级地方组织的职权，也应当根据同一原则作适当的划分。"

第三，关于政策问题的讨论和决议的执行，增加了这样的条文："关于党的政策问题，在党的领导机关没有作出决议以前，党的下级组织和党的委员会的成员，都可以在党的组织内和党的会议上自由地切实地进行讨论，并且向党的领导机关提出自己的建议。但是党的领导机关一经作出决议，他们就必须服从。下级组织如果认为上级组织的决议不符合本地区、本部门的实际情况，应当向上级组织请求改变这个决议；但是如果上级组织认为仍然应当执行原来的决议，下级组织就必须无条件地加以执行。”

党的民主集中制的另一个基本问题，是各级党组织中的集体领导问题。列宁主义要求党在一切重大的问题上，由适当的集体而不由个人作出决定。关于坚持集体领导原则和反对个人崇拜的重要意义，苏联共产党第二十次代表大会作了有力的阐明，这些阐明不仅对于苏联共产党，而且对于全世界其他各国共产党，都产生了巨大的影响。很明显，个人决定重大问题，是同共产主义政党的建党原则相违背的，是必然要犯错误的，只有联系群众的集体领导，才符合于党的民主集中制原则，才便于尽量减少犯错误的机会。

在我们党内，从长时期以来，由党的集体而不由个人决定重大的问题，已经形成一个传统。违背集体领导原则的现象虽然在党内经常发生，但是这种现象一经发现，就受到党中央的批判和纠正。中央在一九四八年九月关于健全党委制的决定，对于加强党的集体领导，尤其起了重大的作用。我认为，把这个决定在这里重新介绍一下，对于全党仍然是有意义的。这个决定写道：

“党委制是保证集体领导、防止个人包办的党的重要制度。近查有些（当然不是一切）领导机关，个人包办和个人解决重要问题的习气甚为浓厚。重要问题的解决，不是由党委会议做决定，而是由个人做决定，党委委员等于虚设。委员间意见分歧的事亦无由解决，并且听任这些分歧长期地不加解决。党委委员间所保持的只是形式上的一致，而不是实质上的一致。此种情形必须加以改变。今后从中央局至地委，从前委至旅委以及军区（军分会或领导小组）、政府党组、民众团体党组、通讯社和报社党组，都必须建立健全的党委会议制度，一切重要问题（当然不是无关重要的小问题或者已经会议讨论解决只待执行的问题）均须交委员会讨论，由到会委员充分发表意见，做出明确决定，然后分别执行。地委、旅委以下的党委亦应如此。高级领导机关的部（例如宣传部、组织部）、委（例如工委、妇委、青委）、校（例如党校）、室（例如研究室），亦应有领导分子的集体会议。当然必须注意每次会议时间不可太长，会议次数不可太频繁，不可沉溺于细小问题的讨论，以免妨碍工作。在会议之前，对于复杂的和有分歧意见的重要问题，又须有个人商谈，使委员们有思想准备，以免会议决定流于形式或不能做出决定。委员会又须分别为常委会和全体会两种，不可混在一起。此外，还须注意，集体领导和个人负责，二者不可偏废。军队在作战时和情况需要时，首长有临机处置之权。”〔169〕

这个决定在全党实行了，并且直到现在仍然保持着它的效力。

当然，集体领导的制度在这个决定之前早就存在了。这个决定的重要意义，在于它总结了党内认真实行集体领导的成功的经验，促使那些把集体领导变为有名无实的组织纠正自己的错误，并且扩大了实行集体领导的范围。

像这个决定所说的，在中国人民解放军里面，长期以来就实行着党委的集体领导制，或者说得完全些，党委集体领导下的首长分工负责制。中国人民解放军长期战争的经验，证明这个制度对于部队工作是有利的，它并没有妨碍部队的军事指挥。根据最近几年的经验，中央已经决定在一切企业中同样实行党委集体领导的制度，也就是党委集体领导下的厂长负责制或经理负责制〔170〕等等。

但是，党的集体领导的制度，在实践中还是有许多缺点。有少数党组织的负责人，仍然有个人包办的行为。这些负责人，或者很少召集必要的正式的会议，或者往往也召集党组织的会议，但是，这些会议只是形式主义的。他们既没有使会议的参加者对于所要决定的问题，在会议以前具有思想上的准备，在会议上，又没有造成便于展开讨论的气氛，实际上形成强迫通过。这种以集体领导的外表掩盖个人专断的实质的办法，必须坚决加以反对。一切提到会议上的问题，都必须经过讨论，允许提出异议。如果在讨论中发现重大的意见分歧，而这种分歧并不属于需要立即解决的紧急问题，就应该适当地延长讨论，并且进行个人商谈，以便求得大多数的真正同意，而不应该仓促地进行表决，或者生硬地作出结论。同样，在党组织进行选举的时候，候选人的名单也应该在选举人中间进行必要的酝酿和讨论。只有这样，党内的民主生活才能获得真实的保证。

中央一九四八年九月的决定中所指出的另一方面的缺点，现在在许多组织中也还存在，这就是会议次数过多，时间过长。过多过长的会议，不但使党的专职工作人员缺少深入群众和进行具体领导的时间，助长官僚主义和文牍主义，而且妨碍许多党员和群众的劳动和休息。这种缺点的产生，是由于缺乏对会议的规划、准备和领导，同时也由于滥用会议的方式，把许多不需要提到会议上讨论的问题提到会议上来了。这种缺点也必须坚决地克服。

党的民主集中制的基本要求之一，是党的各级代表大会的定期召集和充分发挥作用。党的第八次大会同第七次大会隔了十一年多，当然是迟了。地方各级代表大会和代表会议，除了一部分单位已经严格执行了党章的规定以外，多数的单位还是比党章规定的开得少。这是我们党的民主生活中的一个重要的缺点。

党内民主没有因为党的代表大会和代表会议开得不经常而受到严重的影响，这是因为，从第七次大会以来的这些年份里，无论党的中央组织和地方组织，都召集了大量的干部会议，这些会议按照充分民主的精神，讨论了党的政策和工作中的各种问题，在很大的程度上起了党的代表会议以至代表大会的作用。例如，党中央从一九四九年以来，就召集过多次全国范围的会议，这就是：一九四九年三月五日至十三日的七届二中全会；一九五〇年六月六日至九日的扩大的七届三中全会；一九五三年六月十三日至八月十三日的全国财政经济工作会议；一九五三年十月十日至十三日的全国粮食会议；一九五四年二月六日至十日的扩大的七届四中全会；一九五五年三月二十一日至三十一日的全国代表会议；一九五五年七月三十一日至八月一日的省、市、自治区党委书记会议；一九五五年十月四日至十一日的扩大的七届六中全会；一九五五年十一月十六日至二十四日的关于资本主义工商业改造问题会议；一九五六年一月十四日至二十日的关于知识分子问题会议；一九五六年四月二十五日至二十八日的有省、市、自治区党委书记参加的政治局扩大会议。出席这些会议的，一般都有百多人、几百人到一千多人。这些会议，实际上都起了全国代表会议的作用，都在自由的、切实的讨论的基础上，解决了党的政策和工作中的重要问题。当然，无论如何，召集这些会议在法律上究竟不能代替召集代表大会，不能弥补不经常召集代表大会的缺憾。

为了彻底克服这个缺点，把党的民主生活提高到更高的水平，党中央委员会在党章草案中，决定采取一项根本的改革，就是把党的全国的、省一级的和县一级的代表大会，都改作常任制，多少类似各级人民代表大会那样。党章草案规定全国代表大会每届任期五年，省一级的代表大会每届任期三年，县一级的代表大会每届任期二年。这三级代表大会一律每年开会一次，因此，原有的党的各级代表会议制度就不需要了。党的代表大会的常任制，大大减少了代表选举工作的负担，代表大会在任期届满以前，可以随时召集。由于每年开会，代表大会的会议也就可以开得简便一些。代表大会常任制的最大好处，是使代表大会可以成为党的充分有效的最高决策机关和最高监督机关，它的效果，是几年开会一次和每次重新选举代表的原有制度所难达到的。按照新的制度，党的最重要的决定，都可以经过代表大会讨论。党的中央、省、县委员会每年必须向它报告工作，听取它的批评，答复它的询问。代表由于是常任的，要向选举他们的选举单位负责，就便于经常地集中下级组织的、党员群众的和人民群众的意见和经验，他们在代表大会会议上，就有了更大的代表性，而且在代表大会闭会期间，也可以按照适当的方式，监督党的机关的工作。因此，我们相信，这种改革，必然可以使党内民主得到重大的发展。

必须着重地指出，党是一个战斗的组织，没有集中统一的指挥，是不可能取得任何战斗胜利的，一切发展党内民主的措施都不是为了削弱党的必需的集中，而是为了给它以强大的生气勃勃的基础，这是我们大家都充分明了的。我们主张改进各级代表大会的制度，是为了使各级党的委员会更便于集中广大群众的意见，工作作得更正确有效。我们主张改进中央和地方、上级和下级之间的工作关系，是为了使中央和上级的领导更符合于实际，把注意力更集中于必须集中的工作，对于地方和下级更可以加强检查和指导。我们主张巩固集体领导，这并不是为了降低个人的作用，相反，个人的作用，只有通过集体，才能得到正确的发挥，而集体领导，也必须同个人负责相结合。没有个人分工负责，我们就不可能进行任何复杂的工作，就将陷入无人负责的灾难中。在任何一个组织中，不仅需要分工负责，而且需要有人负总责。没有小组长，一个小组也不能行动，这难道不是人所共知的常识吗？

在这里，我想谈一下领袖对于党的作用。马克思主义在承认历史是人民群众所创造的时候，从来没有否认杰出的个人在历史上所起的作用；马克思主义只是指出，个人的作用归根结底是以一定的社会条件为转移的。同样，马克思主义也从来没有否认领袖人物对于政党的作用。按照列宁的著名的说法，领袖是“最有威信、最有影响、最有经验”〔171〕的人们，毫无疑问，他们的这种威信、影响和经验乃是党、阶级和人民的宝贵的财富。对于这一点，我们中国共产党人从自己的切身经验中，是感到特别亲切的。当然这种领袖是在群众斗争中自然而然地产生的，而不能是自封的。同过去剥削阶级的领袖相反，工人阶级政党的领袖，不是在群众之上，而是在群众之中，不是在党之上，而是在党之中。正因为这样，工人阶级政党的领袖，必须是密切联系群众的模范，必须是服从党的组织、遵守党的纪律的模范。对于领袖的爱护——本质上是表现对于党的利益、阶级的利益、人民的利益的爱护，而不是对于个人的神化。苏联共产党第二十次代表大会的一个重要的功绩，就是告诉我们，把个人神化会造成多么严重的恶果。我们党从来认为，任何政党和任何个人在自己的活动中，都不会没有缺点和错误，这一点，现在已经写在我们的党章草案的总纲里去了。因为这样，我们党也厌弃对于个人的神化。当人民革命在全国胜利的前夕，在一九四九年三月的七届二中全会上，党中央根据毛泽东同志的提议，决定禁止给党的领导者祝寿，禁止用党的领导者的名字作地名、街名、企业的名字，这对于制止歌功颂德，起了很有益的作用。党中央历来也反对向领导者发致敬电和报捷电，反对在文学艺术作品中夸大领导者的作用。当然，个人崇拜是一种有长远历史的社会现象，这种现象，也不会不在我们党的生活和社会生活中，有它的某些反映。我们的任务是，继续坚决地执行中央反对把个人突出、反对对个人歌功颂德的方针，真正巩固领导者同群众的联系，使党的民主原则和群众路线，在一切方面都得到贯彻执行。

## 四

在党章草案的总纲中有一部分是说明党的团结和统一的。党的团结和统一是党的建设的最重要问题之一。正如党章草案的总纲所说："党的团结和统一，是党的生命，是党的力量的所在。经常注意维护党的团结，巩固党的统一，是每一个党员的神圣职责。”

我们党所领导的人民革命为什么能够得到胜利呢？首先，当然由于我们党的主张是正确的，它代表着人民的利益。但是，仅仅有正确的主张还不能战胜强大的敌人而取得胜利。我们党同人民群众建立了密切的联系，并且把人民群众的力量团结了起来。但是，如果我们党自身不是团结的，我们怎样能去团结人民呢？

在我国的人民革命胜利以后，我们又依靠什么战胜巨大的困难和重重的障碍，迅速地实现了国家的统一，迅速地恢复了和发展了国民经济，迅速地进行了并且基本上完成了国民经济的社会主义改造呢？毫无疑问，如果我们党不是团结的，我们就决不可能领导人民在这样短的时间内完成这样复杂的任务。

我们党已经在国家工作和社会活动的各个方面，起着领导作用。很明显，我们党的状况对于国家的生活，已经比以前任何时候具有更广泛更直接的影响。巩固我们党的团结，维护我们党的统一，这不但是我们党的利益，也是全国人民的利益。

党是阶级组织的最高形式，指出这一点，在今天党已经在国家工作中居于领导地位的时候，特别重要。这当然不是说，党可以直接去指挥国家机关的工作，或者是把各种纯粹行政性质的问题提到党内来讨论，混淆党的工作和国家机关工作所应有的界限。这是说，第一，在国家机关工作中的党员，首先是由担任负责工作的党员所组成的党组，必须服从党的统一领导。第二,党必须经常讨论和决定在国家工作中的各种方针政策问题和重要的组织问题,国家机关中的党组必须负责在同党外人士完满合作的条件下,实现党所作出的这些决定。第三,党必须认真地有系统地研究国家机关工作的情况和问题,以便对于国家工作提出正确的、切实的和具体的主张,或者根据实践及时地修正自己的主张,并且对于国家机关工作进行经常的监督。有某些在国家机关中工作的同志,借口自己工作的特殊性而不尊重党的领导,企图把自己工作的部门造成一个独立国,这是必须克服的一种危险倾向。同时,也有些党的机关,对国家机关的行政工作作不正确的干涉,或者并不调查研究,满足于笼统的一般化的领导或者感想式的领导,这种倾向也必须加以纠正。

这里所说的党同国家机关工作的关系,一般地也适用于党同各种人民团体的关系。但是,人民团体内部的民主生活,要比国家机关广泛得多,党在领导人民团体内的党组的时候,必须注意到这种特点。

党为了加强自己队伍的团结和统一,为了正确地发挥自己的领导作用和核心作用,曾经同在这一问题上的各种错误的倾向,进行了坚决的斗争。党曾经长期处在分散的农村环境中,封建阶级、资产阶级和小资产阶级的思想作风,在社会上还保有强大的影响,阶级斗争在社会主义革命的一定时期中深刻化,这些情况,不会不在党的生活中有相当的反映。因此,党的团结和统一,也不能离开不同程度的党内斗争。

像大家所知道的,在从第七次大会到第八次大会期间,最严重的党内斗争就是反对高岗、饶漱石反党联盟的斗争〔172〕。

关于这一斗争，在一九五五年三月召集的党的全国代表会议上，曾经作过详细的报告和讨论。

高岗、饶漱石反党联盟的基本特点，就在于进行毫无原则的广泛的阴谋活动，企图夺取党和国家的最高权力。这一联盟企图把持某些地区和某些工作部门，作为反对中央和进行篡夺活动的“资本”，并且为着同一目的，在各个地区中和人民解放军中，进行反对中央的煽动。他们的阴谋活动，完全违反党和人民的利益，而仅仅有利于中国人民的敌人。正因为这样，一九五五年三月党的全国代表会议对于一九五四年二月七届四中全会和中央政治局在四中全会以后所采取的有关措施，表示了完全一致的同意。

在党的七届四中全会和全国代表会议以后，党的团结和统一，是大大地加强了，全党同志的觉悟和党的组织的战斗力，是大大地提高了。党的和人民的敌人，在这一斗争中什么也没有得着。

党中央决定开除高岗和饶漱石的党籍，因为他们的行为，对于党和人民的利益，有极端严重的危害，并且他们在党的七届四中全会前后的长时期中，在党再三向他们敲了警钟以后，他们仍然没有悔改的表示。党中央在一九五三年夏季召集的全国财经工作会议，和同年九十月间召集的全国组织工作会议上，都着重地要求全党加强团结，反对破坏团结的行为，但是，这些醉心于分裂党和夺取权力的阴谋家完全置若罔闻。

七届四中全会的决议指出：“对于那种与党对抗，坚持不改正错误，甚至在党内进行宗派活动、分裂活动和其他危害活动的分子”，党“必须进行无情的斗争，给予严格的制裁，直至在必要时将他们驱逐出党，因为只有这样，才能维护党的团结，才能维护革命的利益和人民的利益”。

但是，这只是党对于犯错误的党员的方针的一个方面。七届四中全会决议指出：“每个同志都可能有缺点或错误，每个同志都需要别人帮助，而党的团结正是为了发展这种同志式的互相帮助。对于党员的缺点或错误应当区别不同的情形，采取不同的方针。”接着，这一决议说：“对于那种具有在性质上比较不重要的缺点或犯有在性质上比较不重要的错误的同志，或者对于那种虽然具有严重或比较严重的缺点、犯有严重或比较严重的错误，但在受到批评教育以后，仍能把党的利益放在个人的利益之上，愿意改正并实行改正的同志，应当采取治病救人的方针。对于他们的缺点或错误必须按照情况进行严肃的批评或必要的斗争；但是这种批评或斗争应当从团结出发，经过批评或斗争达到团结的目的，不应当不给他们改正的机会，更不应当故意将他们的个别的、局部的、暂时的、比较不重要的缺点或错误夸大为系统的、严重的缺点或错误，因为这种态度就不是从团结出发，就不能达到团结的目的，就不利于党。”

七届四中全会决议在对待党内错误问题上的上述方针，已经写到党章草案的总纲里了。

大家知道，党中央从一九三五年以来，对于党内犯错误的党员，就一直采取着这种分别对待的方针，而实践证明，采取这种方针是正确的，有利于党的团结和党的事业的蓬勃发展的。党中央认为，在一般的情况下，纠正同志的错误是为了取得教训，改进工作，教育同志，也就是说，“惩前毖后，治病救人”，而不是为了把犯错误的同志“整死”，整得他实际上不能在党内继续工作。因此，对待这些同志，应该着重实事求是地分析错误的实质和根源，应该着重使这些同志提高思想上的觉悟，并且也使其他同志以至全党都得到必要的教训，而不应该着重组织上的处分，不应该依靠简单地“扣帽子”和简单地实行惩办的方法去解决问题，尤其不应该加重惩办的程度，扩大惩办的范围，造成党内的紧张状态和恐惧情绪，使党的力量受到损失。在“左”倾机会主义分子统治党的时期，就曾经犯过这种把党内斗争绝对化的错误。他们在党内实行过火斗争和惩办主义（所谓“残酷斗争”和“无情打击”），结果是严重地损害了党的团结、党的民主和广大党员的积极性，严重地妨碍了党的事业的发展。现在，这种错误地对待同志的缺点和错误的情况，虽然在党的生活中已经不占统治地位，但是在一部分组织中还是存在的，还必须注意加以纠正。

在另一方面，目前党内也有另一种值得注意的情况，就是对于犯错误的同志，采取包庇姑息态度，不给以应有的处分，而且也不进行思想斗争。这是一种自由主义的倾向，这也是必须坚决反对的。

为了保持党在马克思列宁主义基础上的团结和统一，为了及时地帮助同志克服缺点，纠正错误，必须大大发展党内的批评和自我批评。鼓励和支持由下而上的批评，禁止压制批评的行为，对于发展批评有决定的意义。在过去几年中，党中央曾经多次组织全党范围的“整风”形式的批评和自我批评，收到了显著的效果。中央领导同志在召集下级同志开会或者同他们谈话的时候，主动地要求他们对于中央的工作提出批评，耐心地听取他们的批评，并且对于批评中所指出的缺点和错误，迅速采取必要的实际措施，使党内的由下而上的批评，得到了很大的鼓励。对于压制批评的现象，党中央也进行了尖锐的斗争，处分了一些专横地压制下级批评的领导人员。但是，必须承认，至今还是有不少党组织的负责人，不少国家机关和人民团体的党员负责人，并没有采取鼓励和支持由下而上的批评的态度，有一部分人甚至对于批评者采取可耻的打击报复的办法。这个事实，也是官僚主义病菌正在侵袭我们党的严重信号之一。每一个忠诚的共产主义者，必须为消灭这种恶劣的现象而斗争。

## 五

现在，我想对于党章草案中关于党员的规定作一些说明。关于党员的规定，党章草案，同第七次大会通过的党章比较起来，有不少重要的修改。这是因为，党的情况和党员的情况，同第七次大会的时候，有了很大的不同。这些修改，提高了对于党员的要求，同时，也扩大了党员的权利。

党的情况所发生的最重大的变化，是党已经在全国范围内处于领导地位。党的民主革命纲领，已经在全国绝大部分地区内实现，党的社会主义革命的纲领，也已经得到了基本上的胜利，党在目前的任务是完成社会主义革命，并且在一个不太长的时间内，实现国家的社会主义工业化，把我国建成为一个社会主义的工业强国。党的组织，无论在数量上或是在党员成分上，都有了很大的改变。根据党中央组织部的统计，截至一九五六年六月底止，全党共有党员一千零七十三万四千三百八十四人，占人口总数的百分之一点七四。其中，工人党员一百五十万二千八百一十四人，占党员总数的百分之十四；农民党员七百四十一万七千四百五十九人，占党员总数的百分之六十九点一；知识分子党员一百二十五万五千九百二十三人，占党员总数的百分之十一点七；其他成分党员五十五万八千一百八十八人，占党员总数的百分之五点二。妇女党员约占党员总数的百分之十。

党的事业的胜利，党对于人民所负的责任的加重，党在人民中间的威信的增长，这一切，都要求党对于党员提出更高的标准。而且，如果在以前，一个人决心加入我们的党，往往表示他决心冒着丧失自由和生命的危险，去为群众的利益斗争，去为人类社会的最高理想斗争；那末在现在，就容易出现这样的人，他们为着取得名誉和地位而入党，他们在入党以后，不去支持群众的利益，反而妨害群众的利益。诚然，这样的人在我们党内是极少数，但是，我们决不能忽视这个事实。为提高党员的标准而斗争，这是当前党的重要的政治任务之一。

为了这个目的，党章草案，对于党员的条件作了一些新的规定。

党章草案首先要求，党员必须是从事劳动而不剥削他人劳动的人。在我们的时代里，一切光荣都是劳动的产物，不劳动而剥削他人的劳动，对于人民群众说来，乃是最大的耻辱。随着社会主义改造事业的发展，依靠剥削他人劳动为生的现象，在我国正在走向消灭。但是，剥削分子、剥削行为、变相的剥削行为和剥削思想，在我国目前的社会中，还是存在着的。

我们必须不让这种分子，这种行为和这种思想，侵入到党的队伍里来，并且必须使每一个党员在劳动和剥削之间，坚决地划清界限。

党章草案关于党员义务的规定，比原有条文增加了许多新的内容。

党章草案把“维护党的团结，巩固党的统一”列为党员的义务，这个规定的理由，是十分明显的。党的团结和统一是党的生命，不能设想党需要一个不爱护党的生命的党员。

党章草案规定，党员必须积极地完成党分配给自己的任务，因为这是执行党的政策和决议的具体保证。

党章草案要求，每一个党员严格地遵守党章和国家的法律，遵守共产主义道德，一切党员，不管他们的功劳和职位如何，都没有例外。在这里，中央认为，关于有任何功劳、任何职位的党员，都不允许例外地违反党章、违反法律、违反共产主义道德的规定，在今天具有特别重要的意义。有一部分有功劳有职位的党员正是认为，他们的行为是不受约束的，这是他们的“特权”。并且有一部分党的组织，也正是默认了他们的这种想法。事实上，任何抱有这种想法或者支持这种想法的人，就是帮助党的敌人腐蚀我们的党。任何以“老爷”自居的人，都以为党是少不了他们的，事实上恰恰相反，我们党不但不需要，而且不允许有任何在遵守党员义务方面与众不同的老爷。一个人只有不因为自己的功劳和职位而骄傲，不用来作为“特殊化”的资本，反而更加谦虚和谨慎，更加提高自己的以身作则的责任心，他的功劳和职位，才是值得尊敬的。否则，他的骄傲和放肆，必然会把自己淹死。党决不能姑息这样的人，而脱离广大的群众。

党章草案规定，每一个党员有义务实行批评和自我批评，揭露工作中的缺点和错误，并且努力加以克服和纠正；有义务向党的领导机关直到党的中央委员会报告工作中的缺点和错误。党章草案的这个规定，无疑地将要提高全体党员的政治积极性，帮助党内批评的开展，促进党的工作中缺点和错误的揭露和消除。

党章草案规定，党员必须对党忠诚老实，不隐瞒和歪曲事实真相。这对于党的生活有重大的原则意义。从实际出发，实事求是，这是我们唯物主义者的根本立场。任何对党隐瞒和歪曲事实真相的行为，都只能对党造成损害。而归根结底，对于隐瞒和歪曲事实真相的人自己，也只能造成损害。

党章草案还规定，党员必须时刻警惕敌人的阴谋活动，保守党和国家的机密。

关于党员义务的这些新规定，表示党对于党员的要求是更为严格了。

关于党员义务的规定，需要在党员中和准备入党的积极分子中，进行广泛的深入的教育。如果党员不遵守党员所应尽的义务，党的组织必须迅速地给予批评和教育。许多党员特别是新党员，违背了他们的义务，确是由于不了解什么是他们所应尽的义务，或者虽然看过党章的条文，实际上却没有懂得它们的意义。因此，当党员初次违背自己的义务的时候，及时地给予批评和教育，常常可以帮助他们不再犯类似的错误，或者不使小错误发展为大错误。在这种情况下，轻易地给予纪律处分，是不正确的。

但是,为了使党员严格地遵守自己的义务,不能仅仅依靠教育。党章草案规定:如果党员严重地违背这些义务,破坏党的统一,违犯国家法律,违背党的决议,危害党的利益和欺骗党,就是违反党的纪律,应当给予纪律处分。

所有申请入党的人,必须个别地履行入党手续。党章草案规定:申请入党的人必须有正式党员二人介绍,经过支部大会的通过和上一级党的委员会的批准,并且经过一年的预备期,才能成为正式党员。

党章草案用“预备期”来代替沿用已久的“候补期”,用“预备党员”来代替“候补党员”,是因为“预备”的含义比“候补”更为确切。这是一位党外人士的建议,我们接受了这个建议。

在讨论草案的过程中,有不少同志问:既然要提高党员的标准,为什么把原来的对于不同的社会成分规定不同的入党手续的办法改变了呢?现在取消了这些分别的规定,是不是会妨碍党的纯洁性呢?

取消原有的不同的入党手续,是因为原有的社会成分的区别已经或正在失去原有的意义了。在第七次大会以前和以后的相当时期内,对于不同的社会成分规定不同的入党手续,是必要的,起了良好作用的。但是,在最近时期,情况已经发生了根本的变化。工人和职员已经只是一个阶级内部的分工;苦力和雇农已经不存在了;贫农和中农现在都已经成为农业生产合作社的社员,他们之间的区别很快就只有历史的意义;革命士兵由于征兵制度的实行,已经不成为单一社会成分;知识分子的绝大多数在政治上已经站在工人阶级方面,在家庭出身上也正在迅速地改变着;城市贫民和自由职业者差不多已经失掉成为社会阶层的条件。每年都有大批的农民和学生变为工人，每年都有大批的工人、农民和他们的子弟变为职员和知识分子，每年都有大批的农民、学生、工人和职员变为革命士兵，又有大批的革命士兵变为农民、学生、工人和职员。把这些社会成分分为两类还有什么意义呢？而且即使要分，又怎么分得清呢？

至于其他社会成分，那末，前面已经说过，只有从事劳动、不剥削他人劳动的人才能入党，只有具备了入党条件的人才能入党，因此，这个问题已经不存在了。

实践证明：为了纯洁党的队伍，主要的问题是加强对于吸收新党员工作的管理，是要求支部大会和上一级党的委员会对于申请入党的人和预备期满的预备党员进行认真的审查，是使预备党员在预备期真正受到考察和教育，是对于还不完全合乎条件的党员及时地进行教育，并且对于混入党内的坏分子加以清洗，而不是在规定某些人的入党介绍人的多少，介绍人党龄的长短，和作预备党员时间的长短。

我们党现有的党员数目，比在第七次大会时期，已经增加了八倍。这些党员是怎样被接收入党的呢？他们是不是合乎党员的条件呢？根据几次整党的结果可以看出，绝大多数的党员都是按照党章所规定的手续入党的，而且是合于党员条件的。党的组织基本上是在群众的革命斗争中发展起来的，经过斗争考验的群众中的积极分子被接收入党，这就是党员的质量的主要保证。但是，在接收党员的工作中，仍然发生过多次的错误。在解放战争期间，某些解放区在农村中曾经组织所谓“参党运动”，或者采取所谓“自报、公议、党批准”的办法来接收党员。在全国解放前后的两年内,党的组织的发展过分迅速,而在有些地区,这种发展几乎是没有领导、没有计划的,甚至有些地区,在群众还没有发动的条件下,就忙于大量征收党员,建立支部,因而使党的组织一度产生了严重不纯的现象。在另一方面,在接收党员的工作中,也有过关门主义的错误,例如,某一个时期曾经没有着重在产业工人中发展党员,另一个时期又曾经忽视在革命的知识分子中发展党员,在某些农村中曾经不注意吸收青年积极分子和妇女积极分子入党,等等。

无论如何,一个明显的事实是,在目前我们党的一千零七十三万党员中,十分之九是在第七次大会以后入党的。过去无数的经验证明,不少党员在组织上虽然入了党,在思想上却还没有入党,或者没有完全入党。党的各级组织的任务,就是要认真地加强对于广大的新党员的教育,切实地组织和指导他们进行对于马克思列宁主义的学习,对于毛泽东同志的著作的学习,对于党的历史和党的政策的学习,并且加强无产阶级国际主义的教育,以提高他们的觉悟程度,使他们在思想上也具备着成为一个真正合格的共产党员的条件。

党的队伍是迅速扩大了。但是,在有一部分群众中,在有些企业、机关和学校中,有些农村中,有些民族中,党员的数量还是很小的。而新的积极分子总是在不断地生长,不断地要求参加我们的战斗的行列。因此,党在今后时期,除了要努力提高党员的质量以外,还需要继续有计划地接受要求入党而又完全合于党员条件的人入党。党还应当特别加强妇女群众的工作,注意吸收妇女群众中的先进分子入党。

党在努力提高党员标准的时候，还必须注意保护和扩大党员的民主权利。党章草案在党员权利方面，也增加了一些主要的新的内容。

草案把在工作中充分发挥创造性，作为党员的一项权利规定下来，是有原则意义的。这个规定，不但可以大大激发广大党员在党的纪律所允许的范围内，在工作中充分集中群众智慧，运用独立思考，实事求是地、创造性地解决问题，而且可以使许多惯于墨守成规、惯于不尊重党员群众创造性的领导人员，学会改变自己的作风，从而促进党内民主的高涨。

草案规定，在党组织对党员作出处分或者鉴定性的决议的时候，党员有权要求亲自参加。这样，可以使得党组织有机会听到党员本人的陈述，避免根据一种不确实的或者不全面的反映来作出决定。这种办法，在党内一般是采用的，但是，也有一部分党组织没有这样作，这些党组织常常毫无理由地在对党员作出处分的决定以后才通知党员。当然，在某些特殊情形下面，党组织作决定的时候，不可能让党员亲自参加，但是，这应该看作一种例外。而且就是这样，党员仍然有权在事先提出亲自参加的要求，并且在事后，如果他不同意党组织的决定，仍然有权提出自己的申诉。

草案规定，党员对于党的决议如果有不同意的地方，除了无条件地执行以外，有权保留自己的意见，并且有权向党的领导机关提出自己的意见。大家知道，党是思想一致的组织，党员的思想一致是党的团结和统一的基础。但是，这并不是说，一切党员对于党组织的一切决议的认识都不能有任何出入。不，这是不可能的。党所要求的一致，是在党的一切基本原则问题上的思想一致和一切实际问题上的行动一致。在各种日常工作问题上,党员们的意见有某些不一致,不但是许可的,而且是不可避免的。为了解决各种实际问题,党必须按照个人服从组织、少数服从多数、下级服从上级、全国的各个组织统一服从中央的原则去行动。在这里,党要求那些有不同意见的党员,在实际行动中无条件地执行党的决议,这是完全正确和必要的。但是,就在这种条件下,这些党员也仍然有权保留自己的意见,并且仍然有权向所属的党组织和高级的党组织提出自己的意见,党组织不应该用纪律迫使他们放弃这些意见。这对于党不但没有害处,而且可以有某种益处。只要党的决议是正确的,这些持有不同意见的党员又是愿意服从真理的,他们终于会心悦诚服地认识党的正确和自己的错误。如果真理最后被证明是在少数方面,那末,保护少数的这种权利,也可以使党更容易地认识真理。

草案对于党员在党的会议上或者在党的报刊上参加关于党的政策的理论和实际问题的自由的、切实的讨论的权利,对于党员在党的会议上批评党的任何组织和任何工作人员的权利,对于党员向党的任何一级组织直到中央委员会提出声明、申诉和控诉的权利,都比原有的条文规定得更为完满了。

草案特别规定:侵害党员的权利,就是违反党的纪律,应当给予纪律处分。这是对于党员权利的有力的保障。

关于党内的奖励和处分,党章草案作了以下的重要的修改:第一,取消了关于奖励的规定。第二,取消了关于对组织的处分的规定。第三,简化了关于对党员的处分的规定。

实际生活证明:把劝告作为一种处分是不适宜的,把警告分作当面和当众两种也有许多不便。对于党组织的处分，实际上完全可以用对于党员的处分来代替。

有一部分同志问道：为什么要取消党内的奖励呢？这同样是实际生活教给我们的。第七次大会所通过的党章虽然规定了奖励的条文，但是，在过去十一年的执行过程中，证明并不是必要的。这当然不是说，党没有注意到许多优秀的党员在工作中的出色的成就。党介绍了他们的事迹和经验，党按照他们的品格和能力，选拔他们到重要的工作岗位上去。这些都是党对于他们的奖励。但是，取消奖励的规定，还有更重要的理由。从根本上说，我们共产党员不是为奖励而工作的。我们是为人民群众的利益而工作。当我们的工作是正确的努力的，因而我们得到了人民群众的信任的时候，这对于共产党员说来，就是最高的奖励。

在这里，我觉得有必要谈一谈党的干部问题。的确，如果我们向每一个普通的党员都提出了严格的要求，那末，我们就需要向党的干部提出更严格的要求。党的各级组织中的骨干，受到了党和人民更多的信任，因此，他们对于党和人民，显然也比普通党员负有更高的责任。根据粗略的统计，全党有相当于县委委员一级以上的干部三十多万人，这三十多万人的工作的好坏，对于党的事业有决定的影响。他们应当首先学会永远不脱离群众，永远不自满和不害怕困难，勇于接受自下而上的批评，不断地改进自己的工作，并且用自己的榜样去耐心地教育他们所领导的工作人员。

党的干部的力量，从第七次大会以来，特别是从一九四九年以来，有了巨大的增长，这是用不着解释的。但是，今天到处都还是感觉到干部的不足。这个事实，说明了党的提拔干部的工作，仍然有重大的缺点。主要的缺点是，至今仍然有相当多的同志用“资格”作为选拔干部的标准。有丰富经验的老党员——这无疑是我们党的宝贵财富。但是，如果我们仅仅看到这一部分财富，那我们就要犯绝大的错误。因为，革命的事业总是不断发展的，需要的干部总是不断增加的，而老党员的数目又总会是不断减少的，既然这样，如果我们不坚决地放手地使用经过选择的新干部，除了对党和人民的事业造成损害以外，还能有什么别的结果呢？

为了适应党和人民的事业的突飞猛进的发展，党的重要任务之一，就是要大量地培养和提拔新的干部，帮助他们熟悉工作，帮助他们同老干部建立团结一致、互相学习的同志关系。党必须特别注意培养精通生产技术和其他各种专门业务知识的干部，因为这是建设社会主义的基本力量。党必须在各个地方注意培养熟悉当地情况、同群众有密切联系的本地干部。在少数民族地区，党必须用最大的努力培养本民族的干部。党必须用很大的决心培养和提拔妇女干部，帮助和鼓励她们不断前进，因为她们是党的干部的最大的来源之一。

党的干部的管理工作，在近几年的一个重要进步，是开始实行了分级分部的管理，使干部的管理工作同政治和业务的检查监督工作，互相结合了起来。党应当沿着这个方向，把干部管理的工作推进到一个新的水平，使全党任何部门、任何职位的干部都受着党的认真的监督和具体的帮助，使党的干部的质量，不断地得到提高，而这也就是全体党员的质量不断地得到提高的主要条件。

## 六

党章草案对于党的组织机构，除了把县一级以上的各级代表大会改为常任制，取消了原有的各级代表会议以外，还作了若干新的规定，就是关于中央组织、地方组织、基层组织、监察机关、党同共产主义青年团的关系的规定。这些规定，只需要比较简单的说明。

在党的中央组织中，草案规定，中央委员会除选举中央政治局以外，还选举中央政治局的常务委员会，由它继续担任原有的在党的多年经验中证明为必要和适当的中央书记处的作用；同时，选举中央书记处，使它在中央政治局和中央政治局常务委员会领导下，负责处理中央日常工作。由于党和国家的工作的繁重，原有的中央机构已经不够适应需要了，所以，中央委员会认为有增设中央机构的必要。此外，中央委员会还认为需要增设几个副主席和一个总书记，中央委员会主席和副主席同时是中央政治局主席和副主席。

在党的地方组织中，草案规定了省、自治区、直辖市、自治州、县、自治县、市的党组织的制度。鉴于地方组织领导机关的工作日趋繁复，规定在这些组织的党委员会下面，都设立常务委员会和书记处。为了减少上下级的层次，规定地方委员会作为省、自治区委员会的代表机关，区委员会作为直辖市、市、县、自治县委员会的代表机关。事实上，有些省已经撤销了一些地方委员会和农村中的区委员会的组织。

党的基层组织，最小的可以只有三个党员，而最大的却可以有上万个党员，因此，它的组织形式，需要有很大的伸缩性。党章草案把党的基层组织分为三类：第一类是党员超过一百人的基层组织，这一类组织可以成立基层党委员会，下面设立若干个总支部或者支部。第二类是党员超过五十人的基层组织，这一类组织可以成立总支部委员会，下面设立若干个支部。第三类是党员不足五十人的基层组织，这一类组织可以成立支部委员会。此外，草案中还规定了某些必要的变通办法。今后，在具体执行的过程中，还可能有个别单位不能完全适用上述三类形式，这可以由相当的党委作为特殊问题，变通地加以处理。

对于基层组织的任务，草案也根据目前的情况，作了比较全面的规定。草案规定，企业、农村、学校和部队中的党的基层组织，应当领导和监督本单位行政机构和群众组织的工作。草案指出：机关中的党的基层组织，应当对于机关中的每一个党员的思想情况进行监督，及时地把机关工作的缺点，通知本机关的行政负责人和报告党的上级组织。这些任务，是目前很多党的基层组织还没有作到的。

党的基层组织是党联系广大群众的基本纽带，经常检查和改进基层组织的工作，是党的领导机关的重要政治任务。但是，无论在城市和农村中，许多领导机关，往往只忙于指使基层组织执行一项又一项的任务，却很少去检查一下究竟这些基层组织是在怎样地在那里工作着，很少给基层组织中的党员以具体的教育和帮助。一切直接领导基层组织的党委员会，应当根据党章，在基层组织中普遍地进行教育，并且得出改进对于基层组织的领导的必要的结论。

党的各级监察机关的建立和健全，对于反对党内不良倾向的斗争，具有重大的意义。党的中央监察委员会和地方各级监察委员会，虽然还是在一九五五年三月党的全国代表会议以后才在原有的各级纪律检查委员会的基础上陆续成立，但是已经证明了它们的工作是有成效的。党章草案规定了党的监察机关的任务和监察委员会的上下级之间的关系。党的监察委员会应当不限于受理案件，而且要积极地检查党员遵守党的章程、党的纪律、共产主义道德和国家法律、法令的状况。为了完成这些任务，党的各级委员会必须保证各级监察机关有足够的干部力量，并且经常对于它的工作给以坚强的支持。

共产主义青年团的整个历史表明，它是党的可靠的后备军和有力的助手。当青年团在一九四九年恢复它的组织的时候，它的名称是中国新民主主义青年团。从那时以来，青年团的团员已经发展到两千万人，在各个战线上，我们都可以看到他们的积极活动。由于社会主义改造事业和青年群众中共产主义教育事业的进展，青年团中央委员会已经决定向即将召开的青年团全国代表大会建议，把它的名称改为中国共产主义青年团。党中央认为这个决定是正确的。党章草案指明了党同青年团的关系，要求各级党组织密切地关怀青年团的思想工作和组织工作，领导青年团用共产主义精神和马克思列宁主义的理论教育全体团员，注意保持青年团同广大青年群众的密切的联系，并且经常注意青年团领导骨干的选拔。青年——是我们的未来，我们的一切事业的继承者。因此，我们相信，各级党组织一定不会在执行这些任务的时候，吝惜自己的精力。

*　　*　　*

我在上面，已经把中央委员会提出的党章草案，作了一些必要的说明。中央委员会认为，党章草案对于我们党目前的状况和任务，是适合的。

中央委员会认为，党章草案在由党的第八次全国代表大会讨论通过以后，将成为进一步提高党的质量、扩大党内民主、发扬党员的政治积极性、改善党的组织工作、加强党的团结统一和战斗力的有力武器。

像我在前面所已经说过的，党章草案同第七次大会所通过的党章，并没有根本原则上的不同，而且应当说，草案的基本精神，正是第七次大会所规定的关于党的工作的各项原理的逻辑发展。关于党的群众路线，关于党的民主集中制，关于党的团结和统一，关于提高党员的标准和保障党员的权利，所有这些，在党的第七次大会上都曾经进行深刻的讨论，作出正确的指示。由于这样，我们党从第七次大会以来，在组织工作上同在政治斗争上一样，是生气勃勃的，是蒸蒸日上的。党的组织工作，保证了党的政治任务的胜利的完成。在从第七次大会到第八次大会的十一年岁月中，我们党的组织力量是迅速地壮大了，党同人民群众的联系是大大地扩大和加强了，党内的生活日见活跃，党的队伍比历史上的任何时期更加团结一致，因而党的事业也就比历史上的任何时期得到更伟大的成就。

在我们的工作中，也发生过错误，也遭遇过危险，也存在着缺点和困难。但是，所有这些，都没有也不能使我们的党有什么惊慌。相反，我们党始终具有无限的信心和勇气，去纠正错误，战胜危险，克服缺点和困难，争取新的更大的胜利。

我们党的胜利，首先和最主要地要归功于人民群众对于我们的信任和支持，要归功于全体党员的艰苦奋斗。我们要永远纪念和感谢为党的事业而牺牲了生命的先烈。

我们党的胜利，也要归功于党的各级组织的领导者，特别是我们党的领袖毛泽东同志。

现在，我们党正面临着新的、艰巨的任务。我们要彻底完成伟大的社会主义改造事业，提前完成和超额完成发展国民经济的第一个五年计划，并且积极准备实现第二个五年计划，使我国的工业、农业、交通运输业和商业，实现巨大的高涨，使我国的科学文化事业和人民生活状况达到新的水平。我们一定要解放台湾。我们一定要为维护世界和平积极贡献我们的力量。为了迎接这些伟大的任务，我们必须用最大的努力来更加巩固我们党，更加巩固我们党同最广大的人民群众的联系。

按照马克思列宁主义原则建立和发展起来、在实践中不断地改进自己的组织和工作、不断地加强自己同群众的联系的中国共产党，一定能够团结一致，完成人民交给我们的光荣任务。

# 马列主义要与中国的实际情况相结合*

（一九五六年十一月十七日）

朋友们提出：中国共产党员的含意是什么？谁来决定国际古典的共产主义的原则中哪些是适合于中国的？

关于这个问题，如果朋友们愿意详细了解的话，可以看看中国共产党第八次全国代表大会〔173〕通过的党章，党章中总纲和党员两个部分可以回答这个问题。《关于修改党的章程的报告》也可以说明这个问题。中国共产党员的含意或任务，如果用概括的语言来说，只有两句话：全心全意为人民服务，一切以人民利益作为每一个党员的最高准绳。他的目的是要实现社会主义、共产主义。根据马克思列宁主义的原则，中国在过去民主革命没有完成的时候，首先要完成资产阶级民主革命，民主革命完成以后，现在要建设社会主义，将来再由社会主义发展到共产主义。这样就能把中国人民引导到完全脱离剥削和压迫的社会，建设共产主义的幸福生活。这就是中国共产党员的含意和任务。当然，对于中国共产党来说，有一千一

* 这是邓小平同志会见国际青年代表团时对他们提出的第一个问题的回答。

百万党员，还不是全部或大多数都已达到这样的标准。党的任务是要一步一步地提高党员的觉悟，使他们在思想上行动上成为名副其实的共产党员。中国共产党把这一个任务作为自己的经常任务。中国共产党内农民出身的党员很多，建党不久就有大量农民入党。他们入党是为了反对帝国主义、封建主义，是为了得到土地，可以说还是民主革命的要求，并不是当初就有社会主义的要求。比如说，对农业合作化，也是经过教育和锻炼才逐步有这种要求，现在大部分农民都明确了要走社会主义的道路，要合作化。所以共产党员的标准不是一下就能达到的。一个共产党员，第一，他是普通人，第二，他是普通人中的先进分子。但是也有比普通人还要落后的共产党员。

关于谁来决定国际古典的共产主义的原则中哪些适用于中国。十一年前，中国共产党第七次全国代表大会〔126〕确定了这样的原则，即马克思列宁主义的普遍真理与中国革命的具体实践相结合，以此来指导我国的革命，指导我国的建设。这个原则是我们党和毛泽东同志根据过去革命中失败和成功的经验总结起来，并在第七、第八两次党代表大会上加以肯定的。当然，这只是一个原则，原则的运用还会遇到许多具体问题。一个国家的问题是多方面的，不论是革命时期还是建设时期，如何使马克思列宁主义与各个时期的具体情况相结合，这是一个需要不断解决的问题。这个问题需要党的代表大会来讨论决定，在代表大会闭会期间由中央委员会讨论决定。问题决定好了，还需要党员善于在实际工作中去解决。首先要几万、几十万骨干懂得这条原则，这条原则才会得到实行。

马克思列宁主义的普遍真理与本国的具体实际相结合，

这句话本身就是普遍真理。它包含两个方面，一方面叫普遍真理，另一方面叫结合本国实际。我们历来认为丢开任何一面都不行。在我们中国共产党看来，普遍真理有这样一条，就是消灭封建主义、资本主义，实现社会主义，将来还要实现共产主义。能不能不走社会主义的道路呢？不能。如果离开了这条普遍真理，不实现社会主义，那末中华人民共和国和中国共产党就不要存在了。但是，中国怎样才能比较快地消灭封建主义、资本主义，实现社会主义和共产主义呢？这就必须研究本国的特点。离开本国的特点去硬搬外国的东西，这条普遍真理就不能实现。各位朋友在各地都听到过关于中国资本主义工商业社会主义改造问题的介绍，这就是普遍真理与中国的实际相结合的问题。普遍真理就是要消灭资本主义，消灭剥削，实现社会主义，离开了这条普遍真理就谈不上对资本主义工商业的社会主义改造，那就是走资本主义的道路而不是走社会主义的道路。这是一方面。另一方面，我们今天对资本主义工商业改造所走的道路，是列宁所想过的，但是列宁没有能实现。我们对资本主义工商业采用了和平改造的办法。实践证明，这样做的结果，我们的生产不仅没有受到破坏，而且得到了发展，既消灭了资本主义，又教育了资产阶级。这是比较好的办法。如果普遍真理不与中国的实际相结合，或者结合得不好，那末就会造成很大的损失。像农业社会主义改造，以及其他各个方面，都有这个问题。

在普遍真理与具体实际相结合这个问题上，我们党过去吃过许多亏，以后就一直抓住反对主观主义这一条。反对主观主义有两个方面，即反对教条主义和反对经验主义。教条主义，就是只知道马克思列宁主义的词句，不从具体情况出发来运用，它使我国的革命遭受过失败和挫折。经验主义，就是只看到一些具体实践，只看到一国一地一时的经验，没有看到马克思列宁主义的原则。两者我们都反对。

我还想向朋友们讲一点，根据我们的经验，普遍真理与具体实际，二者结合很不容易。中国共产党也经常犯错误。但是我们注意和研究犯错误的原因，及时改正。毛主席说，人要经常洗脸，房子要经常打扫，党也是这样，要经常改正错误。我自己也常常犯错误。每个人都是这样。毛主席还常常说，他也经常犯错误。不过我们都知道他的错误比我们少。任何人都会犯错误，绝对不犯错误的人是没有的。

# 今后的主要任务是搞建设*

（一九五七年四月八日）

我们前一个阶段做的事情是干革命。从去年农业、手工业和资本主义工商业的社会主义改造基本完成时起，革命的任务也就基本上完成了。今后的任务是什么呢？革命的任务还有一部分，但是不多了。今后的主要任务是搞建设。我们党的第八次全国代表大会〔173〕提出的任务，就是要调动一切积极因素，调动一切力量，为把我国建设成为一个伟大的社会主义工业国而奋斗。这就是我们今后很长时期的任务。这个任务不知道要多少年才能完成。搞建设这件事情比我们过去熟悉的搞革命那件事情来说要困难一些，至少不比搞革命容易。在这个问题上，我们全党还是小学生，我们的本领差得很。搞革命不能说我们没有本事，我们把革命干成功了，搞建设我们还说不上有多大的本事。

不能否认，过去几年我们在各方面的成绩，包括建设方面的成绩，都是伟大的。我们国家发展得确实很快，气象一新。西安，我是一九五二年底来过的，那时和现在就不能比，现在好多现代化的工业企业建立起来了。其他一些大城市也是这样。

---

* 这是邓小平同志在西安干部会上所作报告的一部分。

去年一年我们做了很多事情，有些事情是搞多了搞急了。因为搞多了搞急了，使得我们今天甚至明天还会有些被动。但是总的来说，去年一年的成绩是最突出的。去年基本上完成了社会主义改造，基本建设也发展得很快，农业遇到了那样严重的灾荒，由于实现了合作化，顺利地渡过了灾荒。总之，过去几年我们各方面的成绩是很大的，不看到这一点是不对的。

但是，切不可过分夸张自己的成就，切不可把我们的事情说得太美满了。说得太美满，看得太简单，这一点反映到了我们的宣传工作上，就是把我们的国家描绘得如何漂亮，好像现在什么困难也没有了，剩下的就是享福了。有些干部脑子里想的是，我革命这么多年，国家现在也建设起来了，应该满足我的要求了。实际上我们的困难很多，我们面临的问题比过去更加复杂。要看到，尽管我们的成绩很大，工农业生产发展得很快，在工业建设方面打下了初步的基础，建设了不少企业，但是一直到现在，我们的国家还是一个贫穷的国家，落后的国家。要把这么一个贫穷落后的国家建设成为社会主义的先进的工业国家，需要长期的刻苦的努力。这就是说，需要有勤俭建国的本领。因为你穷嘛！如果在贫穷的基础上不懂得勤俭建国，这个国是建不好的。我们党，我们中国人民，过去在阶级斗争中的本领是不错的，否则怎么能把革命干成功了呢？从整个来说，阶级斗争这门科学，我们党、我们的干部是学会了。但在改造自然方面，这门科学对我们党来说，对我们干部来说，或者是不懂，或者是懂得太少了。当然我们也还有一些人才，但这些人才是很少的，很不够用的，我国的科学技术水平还是很低的。从过去几年的建设来看，证明我们的知识很少，还没有学会勤俭建国的本领。毛主席说，我们过去干革命是花了二十几年的时间才学会的，并且其中犯过大错误。所谓二十几年，即从一九二一年建党起，到一九四五年的七大〔126〕。当然就我们党的中央来说，如何革命的问题，遵义会议〔68〕就解决了。从一九二一年到七大共二十四年，这个期间我们党犯了一次右倾机会主义错误，三次“左”倾机会主义错误〔174〕，特别是第三次“左”倾机会主义错误，差不多把我们的革命力量搞光了，革命根据地有百分之九十垮了，受了很大的损失，花了很大的代价。毛主席说，现在我们搞经济建设，是不是可以不要花二十几年的时间而花更短一点的时间学会，并且不犯大错误，不栽大跟头。这个话的意思是说，如果我们不好好搞，在建设问题上也会栽大跟头，犯大错误。社会主义国家在建设问题上犯大错误，栽大跟头，并不是没有先例的，以为在建设问题上不会栽跟头的想法是不符合实际的。如果不好好学习，不总结经验，我们也会在建设问题上栽跟头。

我们要在比较短一点的时间内学会建设，而且在这中间不犯大错误，不栽大跟头，可能不可能呢？应该说是可能的。因为我们国家搞建设的条件是好的，比起十月革命后的苏联，困难要少一些。首先，国际形势给了我们一个有利的环境。其次，有苏联和其他兄弟国家的经验。我们这几年搞得比较快，原因之一就是有苏联的经验，有苏联的帮助。当然不是说苏联在帮助我们的过程中，每一件事情都是对的，没有缺点。但总的来说，没有他们的帮助，我们不可能有这样大的成绩。我们要继续学习苏联，还要会学。学习苏联好的东西对我们用处很大，借鉴苏联错误的东西，对我们也有很大的益处。我们要善于接受苏联的经验教训，这样就可以少受损失。当然我们也要学习世界上一切先进的经验，世界各国，包括美国在内，有先进的东西我们也要学。但首先是学习苏联，因为现在只有苏联和其他兄弟国家帮助我们，美国对我们搞禁运嘛！

同时，我们自己也有了一些建设的经验。我们搞建设已有七年多一点时间，有的地方如东北还搞得更早。这几年的经验也很重要，不要小看。这是我们自己走出来的路，真正总结起来，对我们来说，益处更大。这几年的建设，大量的是成功的经验，也有不少的错误。我们既要接受成功的经验，也要接受犯错误的教训；既要善于学习国际的经验，也要善于学习自己的经验。

我们国际国内的条件是好的，现在的问题是我们能不能善于利用这个形势，能不能花很少的钱办更多的事，能不能不断地总结经验，发扬成绩，克服缺点，避免犯大错误。关键在于党的领导。过去的革命问题解决得好不好，关键在于党的领导，现在的建设问题解决得好不好，关键也在于党的领导。也就是说，关键在于党是不是善于学习，学习得好就可以避免犯大错误，就可以少花一点钱办很多的事；关键在于党能否依靠群众，不断地克服自己队伍中的主观主义、官僚主义和宗派主义，特别是教条主义。革命当中的主观主义、官僚主义和宗派主义，会使我们脱离实际和脱离群众，在建设中如果犯主观主义、官僚主义和宗派主义，也会使我们脱离实际和脱离群众，会使我们不能达到勤俭建国的目的，会使我们不能调动一切积极因素来搞好建设。

过去几年，我们的建设成绩是很大的，各党各派和全国人民的工作都是有成绩的，我们共产党员的工作也是有成绩的。这是主要的，是首先要看到的，不看到这一点我们会丧失信心。但同时也要看到，建设中暴露出的严重缺点，特别是最近一两年来，脱离实际的主观主义，主要是教条主义倾向，是值得引起我们严重注意的。比如在我们同志的头脑中，对建设总是贪新贪大，这种脱离实际的形式主义的思想使我们吃了亏。新的大的东西要不要呢？肯定要，而且新的大的是我们建设的骨干，像鞍钢及西安一些大的企业就是骨干企业。不搞新的，没有这样的骨干企业，更高级的技术问题就解决不了，今后还要搞一些大的新的企业。但是不能什么都是大的新的，尤其不能认为凡是新的就好，凡是大的就好。不一定。讲到形式问题，形式也要，凡是能够注意的就应该注意，但不能陷入形式主义，不能因为讲形式而浪费国家的资金，不能因为讲形式使工作不利。

现在我们的企业，特别是中央搞的大企业，浪费现象是很严重的。如果我们会搞的话，完全可以节约很多资金，用比较少的钱，同样建设这样新这样大的企业，同样有这样高的技术水平。我们有些企业规模很大，占地很多，每一个工厂，都有一个很大的厂前区，一个办公大楼。没有这些是否可以呢？是否简陋一点也能指挥生产呢？很多钱是花得不适当的。有一些中央企业起了带头作用，气魄大，牌子大，公子少爷的味道足，把一些地方工业带坏了。比如原来是省上的一个煤矿，成本低，交给中央的煤炭管理局后，成本就高了。在地方上还算一算帐，归了中央管理，帐也不算了，认为反正亏本不碍事，国家贴得起。苏联并不是这样的，美国、法国等资本主义国家也不是这样的，甚至国民党也是不敢这样搞的。国民党贪官污吏多得很，但是办企业比我们好。中国的民族资本家很多都是艰苦奋斗出来的，他们办企业比我们高明。上次我到这里来，听说有十三个公私合营厂，他们厂房是旧的，职工宿舍是旧的，厂长住的也很简单，我建议市委组织国营企业的同志去看一看。我向省委同志建议，最好去上海看一看，那里有些企业确实是艰苦奋斗出来的，搞得既经济又实用，参观后可以改变一下观念，那里可是有很多值得我们学习、效法的宝贵经验。大企业，首先是中央企业，需要注意的是不要脑子发热，一脑袋的贪新贪大，追求堂而皇之的形式，脱离中国的现实。要提倡因陋就简，经济节约，艰苦奋斗。我看真正讲节约的应当是社会主义。我在兰州见到一个工厂，设备极简陋，厂长的办公室很朴素，一切都很简单，但是生产出来的产品并不差。当然我并不是说所有的企业都要这样办，但是用这样的精神办企业，是值得学习的。

城市规划中的问题也不少。规划是必需的，不规划是不妥当的，问题是怎样规划。规划也有指导思想问题，规划得不好会造成大的浪费。据说现在西安市城市规划的图纸上已摆得满满的，实际上里边空的地方很多，不知道哪一年才能填起来。我看到一些纱厂和二机部的一些厂子，每一座厂房相隔很远，厂内占地很大，建设要花很多的钱。

在“骨头”和“肉”〔175〕的关系问题中，对解决“肉”的问题也是求新求大。过去我们在城市规划中对“肉”重视不够，应该办商店、理发馆等服务性行业，没有注意办，这是事实。现在这个问题必须解决，不解决不妥当，这是一个制度问题。但是应当着重指出，过去在这方面花的钱并不少，就是用得不适当，今后我们要花更少的钱解决更多的问题。在中央来说，是对于“肉”的问题注意得不够，恐怕在地方来说，对于钱用得不适当的问题应该引起注意。这次我看了很多地方，有的花钱多没有解决问题。如果不客气地说，我们在兰州的印象比在西安好。在兰州我看到很多简易的东西，戏院还可以放电影，座位也不错，这样的戏院盖起来只花十万元，有的花钱更少就解决问题。事实上，那些大的漂亮的少盖一个，就可以盖很多个小的简易的，分布也会更匀称一些。我们国家大，搞一点富丽堂皇的东西，以表示我们的新气象，我不完全反对，但是不应该搞得太多。现在已经感到搞多了，今后无论如何不要再搞了。我们如果本着这样的精神，今后搞一些简陋的东西，“肉”的问题是可以解决的，可以把钱用到最急需的方面去，如修下水道等。西安的电影院戏院并不少，但是在工业区一个也没有，要看戏的人找不到戏院，有戏院的地方没有多少人去看戏，这个布局显然是不适当的。西安的城隍庙，有很多简易的商店，工业区为什么不多搞几个城隍庙呢？现在不是说交通困难吗，如果我们的城市建设布局适当，在人多的地方多建一些简易的商店、理发馆等，交通就不会那么紧张了。有群众的地方就要修学校，少建一些大型的校舍，就可以多建一些简易的学校。总之，这些都是关系到城市规划的指导思想问题，也是处理“骨头”和“肉”的关系的指导思想问题。

我们在建设方面的指导思想应该是：

一、面对国家的现实。我们不要脱离国家的现实。什么叫教条主义呢？教条主义就是脱离自己的现实。经验本来是好东西，如果不善于学习，就会变成坏东西。苏联的许多经验是好的，但是如果采取教条主义的方法去学习就坏了。我们的国家很穷，很困难，任何时候不要忽略这个问题。不是讲增产节约吗？就是因为我们穷。我们要面对国家的现实，在建设当中考虑经济、实用、美观。这个问题周恩来总理在一九五三年就讲过。有些同志讲美，美当然是好的，大家都是愿意美的，但是应该在经济实用的条件下，在可能的情况下照顾美观，实在不大美也就算了，等到将来富裕了再来讲美，今天主要讲经济讲实用。

二、面对群众的需要。我们考虑问题常常忽略了群众的需要。现在有各种观点，追求这个化那个化，连共产主义化也有了，就是缺乏群众观点，容易解决的问题不去解决，宁肯把更多的钱用在不适当的地方。对于花很少的钱就可以解决群众需要的问题，甚至有些不花钱也能解决的问题，却注意得不够。我们的建设工作应该面对群众，发现问题，解决问题，修建学校如此，修建文化娱乐场所如此，解决"骨头"和"肉"的关系问题也是如此。

应当说我们党领导建设事业过去是做得好的，近几年来有些削弱，在花钱方面没有面对国家的现实，也没有面对群众的需要。我们的宣传也总是讲我们国家多么漂亮，多么阔气。有些青年学生、青年工人闹事，就是因为总觉得国家给他们的太少了，不能满足他们的要求，国家对不起他们。干部也有这种情绪，在城里工作后，就不愿意下乡了。我们本来很穷，但却装潢得很富裕。所以我建议西安有意识地搞一些简陋的东西放在高楼大厦周围，可能对于教育青年有所帮助。总之，我们搞建设,不要脱离实际,不要脱离群众的实际生活水平。从现在来看过去,第一条,我们的成绩是伟大的,今后要搞得更好一点。第二条,缺点也是难免的,我们不是消极的批评,不要灰心。错误不是哪一个人的问题,要说错误的责任首先在中央。我们花钱要买到经验,经验这个东西很贵,今后还要花钱买经验,要力争花很少的钱买更多的经验。

# 共产党要接受监督*

（一九五七年四月八日）

党要受监督，党员要受监督，八大〔173〕强调了这个问题。毛主席最近特别强调要有一套章程，就是为了监督。毛主席说，要唱对台戏，唱对台戏比单干好。我们党是执政的党，威信很高。我们大量的干部居于领导地位。在中国来说，谁有资格犯大错误？就是中国共产党。犯了错误影响也最大。因此，我们党应该特别警惕。宪法上规定了党的领导，党要领导得好，就要不断地克服主观主义、官僚主义、宗派主义，就要受监督，就要扩大党和国家的民主生活。如果我们不受监督，不注意扩大党和国家的民主生活，就一定要脱离群众，犯大错误。因为我们如果关起门来办事，凭老资格，自以为这样就够了，对群众、对党外人士的意见不虚心去听，就很容易使自己闭塞起来，考虑问题产生片面性，这样非犯错误不可。所以毛主席在革命胜利之后再三强调这个问题，这是看得很深很远的。

所谓监督来自三个方面。第一，是党的监督。对于共产党员来说，党的监督是最直接的。要求党的生活严一些，团的生活也严一些，也就是说，党对党员的监督要严格一些，团对团

* 这是邓小平同志在西安干部会上所作报告的一部分。

员的监督要严格一些。第二，是群众的监督。要扩大群众对党的监督，对党员的监督。第三，是民主党派和无党派民主人士的监督。要扩大他们对共产党的监督，对共产党员的监督。有了这几方面的监督，我们就会谨慎一些，我们的消息就会灵通一些，我们的脑子就不会僵死起来，看问题就会少一些片面性。共产党员谨小慎微不好，胆子太大了也不好。一怕党，二怕群众，三怕民主党派，总是好一些。谨慎总是好一些。

在群众方面，要扩大各方面的民主。人民代表大会、政协会要开好。开好各级人民代表大会、政协会，很有益处。最近全国政协会开得很好，畅所欲言，有好多好意见。厂矿企业的管理方面，要扩大民主。最近中央关于处理罢工罢课问题的指示里强调了这个问题。要搞职工代表大会，加强它的作用，这就是要求我们在厂矿企业里扩大群众的监督。在这方面，八大决议中只讲了一面，强调了党委领导下的厂长负责制，这次处理罢工罢课问题的指示里还加了一条，即党委领导下的群众监督制。既有自上而下的党委领导下的厂长负责制，又有自下而上的党委领导下的群众监督制。厂矿企业的领导同志，有群众监督比之没有群众监督要好一些，会谨慎一些。实行群众监督可以把群众的积极性调动起来，会提出很多好的意见。听说相当一部分厂矿企业的行政领导者对这一点想不通。他们总觉得：不受监督，自己下命令舒服，独断专行比较方便。正因为相当多的领导同志思想不通，看起来监督就更加重要了，不搞群众监督就更危险了。就是农村办合作社，也要扩大民主，实行民主办社。农村干部的命令主义是同上级领导的缺乏民主作风分不开的。计划搞得那样死，怎能不强迫命令呢？在山西，农民对我们的意见是："你们管得太多了"。我们到晋南，当地领导机关规定八月初五棉花打顶尖，不够尺寸不准打顶尖，干部拿上尺子到地里量着打顶尖，照办了的每亩收棉四十斤，没照办的每亩收棉五十斤。这叫什么先进经验？这也是滥用党的威信。农民对我们无可奈何，反正是党的号召，做就是了。这种情况，偶尔发生群众还可以原谅，长此下去那还行？在学校，也要扩大民主生活。教职员工会、学生会，要发挥作用，教职员、学生的意见要能充分表达。学校的负责人，要善于吸收教职员的意见，善于吸收学生的意见。发扬民主不会妨碍统一领导。我们的军队不是最讲集中吗？我们过去打仗也靠军队的民主生活，这对我们统一指挥有什么妨碍呢？对领导管理有什么妨碍呢？只有加强上下团结，事情才更好办嘛。实际上群众参与的事情，即使遇到困难，即使有的搞错了，他们也能忍受，很少埋怨；相反，实行命令主义，搞对了群众也不满意。所以，扩大各方面的民主生活，扩大群众的监督，很重要。

各党派的"长期共存、互相监督"〔176〕和思想上的"百花齐放、百家争鸣"〔177〕这十六个字，毛主席讲了，我不准备多讲。这里要讲的是我们党内不少人思想不通，不了解它的好处。这十六个字的方针对我们国家有深远的影响，对我们党有极大的好处，对发展马克思列宁主义有很大的好处。如果我们不注意，不搞"百花齐放、百家争鸣"，思想要僵死起来，马克思主义要衰退，只有搞"百花齐放、百家争鸣"，各种意见表达出来，进行争辩，才能真正发展马克思主义，发展辩证唯物主义。这一点，斯大林犯过错误，就是搞得太死了，搞得太单纯了。在苏联，马克思主义在一个时期衰退了。"长期共存、互相监督"也是这样，有监督比没有监督好，一部分人出主意不如大家出主意。共产党总是从一个角度看问题，民主党派就可以从另一个角度看问题，出主意。这样，反映的问题更多，处理问题会更全面，对下决心会更有利，制定的方针政策会比较恰当，即使发生了问题也比较容易纠正。所以，对这十六字方针应当想通。

现在有的地方不是讲闹事吗？有些人不是讲大民主〔178〕吗？有些青年总觉得大民主解决问题。我们是不赞成搞大民主的。大民主是可以避免的，这就要有小民主。如果没有小民主，那就一定要来大民主。群众有气就要出，我们的办法就是使群众有出气的地方，有说话的地方，有申诉的地方。群众的意见，不外是几种情况。有合理的，合理的就接受，就去做，不做不对，不做就是官僚主义。有一部分基本合理，合理的部分就做，办不到的要解释。有一部分是不合理的，要去做工作，进行说服。总之，要让群众能经常表达自己的意见，在人民代表大会上，政协会议上，职工代表大会上，学生代表大会上，或者在各种场合，使他们有意见就能提，有气就能出。有小民主就不会来大民主。群众把气出了，问题尽可能解决了，怎么还会有大民主呢？怎么还会有罢工罢课呢？大民主我们并不提倡，搞大民主并不好。匈牙利搞大民主〔179〕，要几年才能恢复元气，吃亏的还是人民。波兰搞大民主〔180〕也需要相当一个时期才能恢复元气。所以，大民主不要希望搞，没有什么值得效法的地方。但是，严重的官僚主义者总是会有的，所以有时闹事也是不可避免的。这也不要紧，遇到这种情况要沉住气，要善于面对群众，依靠群众，耐心地去做工作，这样问题就可以解决。

如果像刚才说的那样去做，我们的党是能够领导的，是不会被打倒的，因为我们同群众在一起，不是用宗派主义的态度对待群众、对待党外人士，不是用官僚主义的态度对待群众，不是用主观主义的态度处理问题。如果我们党过去能领导好，今后还是能领导好。共产党有没有资格领导，这决定于我们党自己。人家承认不承认是另外一回事，不承认也不要紧。如果你合格，人家不承认也合格；如果不合格，人家承认了也还是不合格。归根到底在于我们自己。现在，共产党能不能领导学校，能不能领导科学？现在本事还不大嘛！照毛主席的话，就是又能领导，又不能领导。政治领导，宪法上规定了，看起来还可以，但不是所有的共产党员都行。如果共产党用宗派主义、主观主义、官僚主义的态度领导人家，再说共产党能领导也领导不起来。用正确的方法正确的思想去领导，就会领导得起来，团结得起来。至于哪一个部门的科学，当然是不懂的了。不懂，就团结大家来搞嘛。总之，共产党的领导够不够格，决定于我们党的思想和作风。

只要党和党员不脱离群众，只要党和党员接受监督，只要党和党员虚心学习，只要党和党员不断地进行工作，进行思想政治工作，我们党就一定能同过去领导革命取得胜利一样，顺利地领导国家建设，在比较短的时间里，学会建设，学会管理经济，把我们国家由落后的农业国建设成为先进的工业国。

# 在中国新民主主义青年团第三次全国代表大会上的祝词

（一九五七年五月十五日）

亲爱的代表同志们：

中国新民主主义青年团从一九四九年成立以来，到这次第三次全国代表大会的召开，已经八年了。这八年当中，青年团在中国共产党的领导下，积极参加了我国的民主革命和社会主义革命的斗争，积极参加了伟大的社会主义建设。青年团在自己的工作中，表现得不愧为祖国的优秀儿女的旗帜，不愧为党在各个战线上的有力的助手。现在，我们的祖国，由于社会主义改造的基本完成，已经进入了一个新的历史时期，我们的青年运动也将随之进入一个新的历史时期。作为这个伟大的历史性转变的一项标志，就是中国新民主主义青年团将要在现在召开的第三次代表大会上，改名为中国共产主义青年团。我谨代表中国共产党中央委员会向你们致以最热烈的祝贺。

用共产主义青年团来作为我们这支青年先进队伍的名称，不只是给全体青年团员带来了巨大的光荣，而且也在中国青年的肩上放上了更为繁重的任务。这个任务,就是在党的领导下,用共产主义的精神教育青年一代,团结全体青年积极参加建设社会主义的劳动,以便尽快地把我国建设成为一个伟大的社会主义工业国,为将来实现共产主义准备条件。同志们,这就是我们今后一个长时期的任务。这个任务绝不比过去的革命任务来得容易和轻松一些。必须了解,我们国家原来的经济落后,广大人民的生活还是贫苦的,而帝国主义还在包围着我们,我们的困难还是很多的。我们如果不能把全国人民都团结起来,把他们的积极性最充分地发挥起来,克勤克俭,艰苦奋斗,那末,我们的社会主义建设就不可能取得胜利。在这个艰巨的任务面前,我们的共产主义青年团员,一定要以对祖国、对人民的无限忠诚,同党一起站在这个伟大斗争的最前列,密切联系全体人民群众和青年群众,在不同的岗位上进行长时期的艰苦的奋斗。

同志们,为了创造社会主义的幸福生活,没有极艰苦的劳动,是不可能的。我们要参加劳动,特别要积极参加工农业生产的体力劳动,因为体力劳动是社会存在和发展的基础,是最大多数人民都要担负的光荣义务。轻视体力劳动的剥削阶级思想的残余,是我们的新社会前进的障碍物。我们的青年团员要不愧成为共产主义的先进战士,就一定要向轻视劳动、特别是轻视体力劳动的思想作斗争,而且要以自己的模范行为带动广大青年群众投身到体力劳动的战线上去。我们要成为建设社会主义的劳动战线上一支值得人民信任的突击力量。

中国共产党中央委员会在这里向工农业生产战线上的全体青年男女表示敬意。他们是我国社会主义建设事业的急先锋，是人民幸福生活的创造者。我们希望他们用更大的努力增产节约，希望他们更出色地完成自己的任务。我们希望全国的青年学生努力学习，积极准备参加建设祖国的生产劳动，首先是体力劳动。从事脑力劳动的青年，也应该经过一段时间的体力劳动，这对于他们的德育、智育、体育的全面发展是必要的。青年团的干部如果没有必要脱离生产，就应该不脱离生产；如果是必须脱离生产的，也应该抽出一部分时间参加体力劳动，这对于联系群众和锻炼自己，都有很大的利益。

为了在党的领导下更好地完成社会主义建设的任务，中国共产主义青年团的全体团员，就需要不断地努力学习。我们要结合建设祖国的实践，努力学习马克思列宁主义，提高自己的共产主义觉悟，克服资产阶级思想以及其他各种错误思想的影响。我们要努力学习各种劳动的本领，不断提高自己的文化、科学技术水平。青年团员必须带动广大青年，尊敬年长的一代，从他们那里学会各种有用的本领。

作为中国共产党的亲密助手，共产主义青年团员还必须学会怎样把最广大青年群众团结起来一道前进。我们不只是要善于团结先进的青年，而且还要善于把一切爱国的青年、包括还不赞成共产主义世界观的爱国青年，都团结起来，共同为祖国的社会主义事业奋斗。共产主义青年团应该克服自己队伍中任何脱离群众的宗派主义的倾向，努力使自己成为中国全体爱国青年的知心朋友和核心力量。而为了达到这个目的，就要特别提倡谦虚，反对骄傲自大，就要要求每一个青年团员努力去帮助别人，而不要怕自己吃亏。吃苦在前，享受在后，这就是我们的口号。

同志们，摆在我们面前的任务，虽然是十分艰巨的，但是，中国共产党深信，青年团员和中国全体青年必然能够克服自己道路上的各种困难，出色地完成自己的光荣任务。这是因为，中国青年不仅有中国共产党的领导，有各民主党派和无党派的爱国人士的关怀，而且有自己的光荣的革命传统。在过去长期的革命斗争和近年来的建设工作中，中国青年已经有了良好的表现。他们不怕牺牲，不怕困难，不怕吃苦，热爱劳动，遵守纪律。我们共产主义青年团员不仅要把这个光荣传统继承下来，而且要在新的历史条件下把它大大地加以发扬。应该指出，在革命胜利以后的顺利环境中生长起来的一代，是朝气勃勃的，但是也有弱点。这就是他们中间不少人往往把事情看得很容易，往往害怕困难，不愿吃苦耐劳，或者在改善物质条件方面提出过高过急的要求。但是，这不能责备青年，而在于党和团对他们的工作还做得不充分。只要我们在今后进一步改善对青年的思想教育工作，把国家的真实情况和达到美好的将来的必由之路清楚地告诉他们，在全体青年中间发扬艰苦奋斗的正气，反对自私自利的歪风，并且努力纠正我们工作中的官僚主义、宗派主义和主观主义的错误，那末，我们就一定能够帮助广大的青年自觉地克服自己的弱点，勇敢地、愉快地迎接自己的战斗任务。

同志们，毛泽东同志说过，“我们正在做我们的前人从来没有做过的极其光荣伟大的事业”〔181〕。在这个极其光荣伟大的事业中，青年团员的模范行动和创造精神将起重大的作用。我们要在社会主义建设的胜利史上写下青年们的光辉的一页，我们就一定要老老实实，勤勤恳恳，戒骄戒躁，克勤克俭，把一切可以团结的力量团结起来，用艰苦的劳动来创造我们的幸福生活。我们要学习苏联和各人民民主国家的先进经验，我们要学习世界各国人民的长处。我们要同以苏联为首的社会主义各国的人民团结在一起，我们要同世界上一切爱好和平的人们团结在一起。

用艰苦的劳动建设我们的祖国！

努力学习马克思列宁主义，学习科学和文化！

全中国的青年大团结万岁！

全世界爱好和平的青年大团结万岁！

# 办教育一要普及二要提高*

（一九五八年四月七日）

这次会议应集中讨论中小学问题。总的估计是，普及教育和扫除文盲的情况很好，勤工俭学劲头很大，职业中学发展很快。这些都是前几年所没有的好现象，现在应该注意总结经验，适当地调整和解决已经出现的新问题。

目前教育方面要解决的问题，主要是普及与提高的问题。我们的方针是，一要普及，二要提高，两者不能偏废。只普及不提高，科学文化不能很快进步；只提高不普及，也不能适应国家各方面的需要。社会主义建设需要有文化的劳动者，所有劳动者也都需要文化。教育普及了，群众的科学文化水平提高了，发明创造就会多起来。我们在任何时候都要坚持"两条腿走路"，做到在普及基础上的提高和在提高指导下的普及。

现在看来，普及问题比较容易解决，比较难的是如何提高。任何时候都不要忽略职业中学的教学质量问题。职业中学的一部分毕业生应该能够升入高等专科学校学习。职业中学如果只有现在这几门课，是不可能提高的。现在已经建立起来的各类学校，都不能降低教学质量。提高教学质量，涉及一

* 这是邓小平同志在中共中央书记处会议讨论教育工作时的讲话。

个学生人数的问题。学校应该挖掘教学潜力，多招学生，但是不要因此而降低教学质量。学生人数多，又能保证质量的，才是好学校。由此联系到勤工俭学，也要注意这个问题。《工作方法六十条》对勤工俭学的提法很慎重，认为开展勤工俭学是有范围的，并不是不加区别地一律都搞。除了对中等技术学校和技工学校提出要做到自给或者半自给、学生实行半工半读以外，对其他学校都没有提出这样的要求，只要求学生参加劳动。职业中学搞半工半读是肯定的，城市中还应该发展一批职业中学，这类学校很多可以做到半自给或者自给。一般学校要给学生参加劳动的机会。劳动也是教学，是政治思想课。学生参加劳动，一是必须，二要适当，三看可能。普通中学可以根据现有的条件搞一些小农场、小作坊，学生轮流参加生产，或者到农村参加义务劳动。学校要把劳动定到课程中，每周规定半天，主要是使娃娃们养成劳动习惯，加强集体观念。劳动有了收入，也可以拿来帮助贫苦学生，但是不能把劳动搞成社会职业，不要以赚钱为目的，一提倡赚钱，就容易计较个人利益。城市中学的学生年龄小，又没有好多门路，不可能实行半工半读。个别中学如果有条件能够做到半自给或者自给的，也可以搞，但是不要影响学生的学习。总之，学校要保证提高教学质量，否则就不能说是成功的。

成都会议已经确定，教育经费整个不减，分到各省的也不减少。各省再想想办法，争取拿这么多钱办更多的事，但要保证原有的教学质量。必要的教学器材不能减少。经费使用不宜过紧。我们节约经费有个原则，不能因为节约经费而影响教学质量。如果教学质量降低了，过几年就能看出来，那时大学招生就要发生困难。

师资问题要注意。正规大学、中学现有的师资质量不能降低。至于近几年大量发展起来的学校，现在不要强调其师资是否合格，办起来就是好事，以后慢慢调整和提高。当然，这么多职业中学办起来了，牵涉到以后高等学校如何办的问题。有的国家中小学质量差，吃了亏。我们无论如何要保证有一批学生基础课学得好，否则将来要吃大亏。

在宣传上，还是毛主席的话，心要热，头要冷。现在主要不是抓指标，而是抓措施。只要措施是积极的，就不是机会主义。河南提出一年做到普及小学教育，也以提两年为好，即使两年实现不了也不要紧，慢一点也不是不光荣，不是机会主义。不要所有的省都照河南那样办。只要心热，措施积极，迟一两年完成也可以。

教育部以后要把中小学教育的相当一部分交给地方去办，各省能办多少，由省里根据实际情况去安排，教育部可以不管。教育部要管教材，不能设想我们国家可以没有统一的中学教材。中小学教材可以组织各地去编，不一定要教育部自己关起门来搞。教材、教育制度，教育部要出主意，提方案，还要注意抓典型，总结先进经验，加以推广。这样做，就能够促进我国教育事业的发展。

# 正确地宣传毛泽东思想*

（一九六〇年三月二十五日）

对毛泽东思想的宣传问题，我曾经在山东、天津谈过，后来在中央也议了。昨天在毛主席那里还谈了这个问题，他赞成这个意见：第一，现在的主要问题是把毛泽东思想用得庸俗了，什么东西都说成是毛泽东思想。例如，一个商店的营业额多一点就说是毛泽东思想发展了，打乒乓球也说是运用了毛泽东思想。第二，马克思列宁主义很少讲了。这种情况，不少报纸都不同程度地存在。为什么要提出这个问题呢？因为按照我们对毛泽东思想的正确理解，一个是要坚持马克思列宁主义，保卫马克思列宁主义；一个是要发展马克思列宁主义。毛泽东思想同马克思列宁主义是一回事。毛泽东思想坚持了马克思列宁主义的普遍真理，并且在马克思列宁主义的宝库里面增添了很多新的内容。所以，不要把毛泽东思想同马克思列宁主义割裂开来，好像它是另外一个东西。我们在宣传毛泽东思想的时候，一定要按照中央的指示〔182〕，把“学习马克思列宁主义”和“学习毛泽东同志的著作”并提。当然，也可以单独提毛泽东思想，但是一定不要忘记了马克思列宁主义，不要丢掉这个最根本的东西。

---

* 这是邓小平同志在中共中央天津会议上讲话的一部分。

最近，有些同志提出，要以毛泽东思想为纲学习政治经济学。当然，毛泽东同志在政治经济学上是有发展的，但是，讲初期的发展时期的资本主义，总是马克思和恩格斯，总是《资本论》；讲帝国主义，总还是列宁的《帝国主义是资本主义的最高阶段》；讲社会主义，列宁和斯大林都有，毛泽东同志也有重要的发展。所以，不能只是讲以毛泽东思想为纲学习政治经济学，否则人家问你研究帝国主义以哪个著作为纲，你怎么答复？扯不清楚。当然，对于帝国主义的论述，毛泽东同志有发展，例如关于帝国主义是纸老虎的论断。但是，《资本论》和《帝国主义是资本主义的最高阶段》已经把关于资本主义和帝国主义的基本的理论问题解决了。对待毛泽东思想是一个很严肃的原则性的问题，不要庸俗化，庸俗化对我们不利，对国际共产主义运动也不利。

关于毛泽东思想的宣传，中央已经发了一个指示，准备还要搞点材料，再发个指示。一定要把毛泽东思想这个旗帜掌握得好。光讲毛泽东思想，不提马克思列宁主义，看起来好像是把毛泽东思想抬高了，实际上是把毛泽东思想的作用降低了。

还有一个集体领导问题，也要在适当的会议上说一说。我们党是集体领导，毛泽东同志是这个集体领导的代表人，是我们党的领袖，他的地位和作用同一般的集体领导成员是不同的。但是，切不可因此把毛泽东同志和党中央分开，应该把毛泽东同志看作是党的集体领导中的一个成员，把他在我们党里头的作用说得合乎实际。毛泽东同志是尊重集体领导的。他昨天讲，提法要合乎实际，不合实际就站不住脚。我们应该本着这种精神，去做好毛泽东思想的宣传工作。

# 提倡深入细致的工作*

（一九六一年十月二十三日）

你们这次会议开得很好。胡耀邦〔183〕同志对青年团过去几年的工作概括的那几点，也好，赞成。我在中央书记处开会的时候讲过，这几年，总的来说不是路线错误。我们有不少成绩，但是也有大量的缺点，而且教训应该看得严重一点，深刻一点，应该吸取。这几年的毛病、责任不是你们担，耀邦同志讲，你们有份，比如刮"共产风"〔184〕，你们有份。但是，这几年，各级团组织总是在各级党委领导下努力做工作。党也一样，你们也一样，是努力的嘛。这些错误，这些缺点，主要不是团的问题。你们检查这一点也好，全党的教训，青年团也吸取嘛，有份无份都要知道嘛。

这次会议，你们进一步讨论团怎样做工作，有些问题这次也搞清楚了。现在我想提出这么一个问题，就是青年团本身领导方面的问题。根据这几年做的和现在肯定的，团的工作无非两部分：一是参加全党全国范围内的各种工作，在同级党委领导下面，努力奋斗；一是属于青年团本身的特殊性质的工作，

---

* 这是邓小平同志在接见中国共产主义青年团中央工作会议全体同志时的讲话。

青年团应该有自己的系统领导。对于系统领导这一点，应该说过去讲得不够明确，这一次把它讲明确好。当然，所谓系统领导，比如团中央发一个指示，各级团委在具体执行中，还要跟同级党委商量，同级党委根据当地的条件，什么时候做，如何做，统一加以安排。这样，就把团的系统领导和党的统一领导结合起来了。

系统领导的作法不能完全像过去那样。比如青年团单独来一个号召，在全国搞一个什么运动，有没有？可能有。过去有些号召是必要的，我们并不否定团对全国青年可以有单独的号召。问题是这种形式怎么用法，什么时候用，在什么问题上用，哪些用法对，哪些用法不对。不但青年团有这个问题，党也有这个问题。比如党向全国号召搞丰产方，于是青年团就搞个青年丰产方，妇联就搞个妇女丰产方，结果都搞得不好。这个经验，大家都知道。这当然不只是你们青年团的事，你们也是根据党的号召。这几年，这样的事情不少。比如青年团号召青年种树，这总是不错的，问题是由团单独地搞，又没有好好地领导，成活率很低，这个教训要吸取。青年报发表社论，提出号召，不要搞一般号召，而是扎扎实实地告诉青年怎么做法。这样的号召，可能会产生好的效果。这种属于号召青年应该努力奋斗的事情还有的是。比如青年的学习，团总是要管的。学习不要像过去那样强迫受训，那种方法要改变，那个效果不好。总之，这些问题要总结一下，不能否定青年有特殊的要求，特殊的问题。既然不能否定，团就有事情干，就应该有自己系统的工作。属于全国范围的，团中央同党中央商量。属于全省范围的，团省委同党省委商量。无非得到他的支持，得到他的同意。他同意,他支持你,你去干,可以干得更好。他不同意的事情,你干也干不好。这个经验你们总应该有的。

那末,要青年团做的事情是什么呢?是要做更多的事情,还是做少一些事情?是做更多的事情。是要起更多的作用,还是起少一些作用?是起更多的作用。是要做更多人的工作,还是做少一些人的工作?是做更多人的工作。可以不可以这样说,在各个岗位的工作中,成年和青年一块搞,大量的人一块搞,你们青年团在里头起模范作用,这就是做了更多的事情,起了更多的作用,做了更多人的工作。你们起了模范作用,影响就不同了,首先影响青年,其次影响成年。

这样的工作当然没有那么热闹。这个热闹问题很值得研究。今天在座的大概也有人在太行山呆过,也有人在冀鲁豫呆过。过去冀鲁豫的工作比太行热闹得多,太行的工作不够热闹,但是精雕细刻。当然,那个时候太行的工作再加点热闹就好了,但是归根到底它是细致的工作,精雕细刻的工作,很深入的工作,结果得益处大,兵就不跑。当然,完全否定热闹的形式,也是不对的。但是只满足于那个形式,缺乏深入的工作,细致的工作,是搞不好的。我们的事业总是要求精雕细刻,没有一样事情不是一点一滴的成绩积累起来的。难道我们的事业就是几个发明创造的人搞出来的?他们有他们的功绩,他们的功绩比一般人来说要大,一个人甚至要起很多人的作用。但是,归根到底,事情总是所有的人一点一滴地搞成的,这是最根本的。

我们党对于群众路线历来的解释,正如毛主席讲的,无非是从群众中来,到群众中去,集中起来,坚持下去。这就是正确地反映群众的意见，然后正确地领导群众。党的正确的路线、政策是从群众中来的，是反映群众的要求的，是合乎群众的实际的，是实事求是的，是能够为群众所接受、能够动员起群众的，同时又是反过来领导群众的，这就叫群众路线。群众路线要采取各种形式，其中包括热闹的形式。我们现在并不取消热闹的形式。比如最近我们在商业系统里面就要搞个反对"走后门"运动。现在小偷、小流氓在青年里面也多起来了，不搞点运动不行呀。对于"走后门"这个问题的处理要从严，不是从宽。我们的社会风气，应该说，一九五九年以前是很好的，外国人赞扬，我们也引以自豪。这两年我们再看一看，有好多情况就不那么好。这说明，一旦搞得不好，歪风邪气就会钻出来。所以，我们不能否定在某一个时候要有一个具有一定规模的热闹的形式，有这样热闹的形式，才能把一个歪风打下去，才能把一件事情办好。在全国范围有这样的问题，在一个区域、一个城市也有这样的问题。但是我们的群众路线，不是满足于那个热热闹闹，主要的是要做经常的、细致的工作，做人的工作。这是一点一滴的工作，这样的工作积累起来，才有我们伟大的成绩。所以，我们要搞得深入一些。我们党的历史，我们党的传统，有热闹的形式，但是归根到底，我们是实事求是地做深入的工作。为什么我们过去在农村做的工作那样好？就是因为做得很深入。我们甚至做一件事情可以不登报也能搞好。禁鸦片烟，不登报，完成了；土地改革〔123〕和镇压反革命〔147〕，不登报，完成了。这就是靠家喻户晓。所谓家喻户晓，就是一种又是热闹的事情，又是极端细致的事情。所以，我们主要是做细致的工作，深入的工作。做人的工作也好，做各行各业、各方面的工作也好，种庄稼也好，搞工业生产也好，办学校也好，都要做细致的工作。我们要把大量的工作放到群众中去，同他们一块生活，一块活动，一块说笑话，一块下棋，然后去做工作。一不要党气，二不要团气。这就难了。所以，我们做细致的工作，不是比过去更容易。最容易的工作是开大会，发个一般号召，敲锣打鼓，搞得热热闹闹，那个工作究竟见多少效？

我们要把主要精力放到经常工作方面。那末，还要不要发挥青年突击作用？青年突击作用还是存在的。可不可以提？可以提。当然，是不是经常那么提，也不必。比如一个工厂，为了完成一件“急、难、新”的事情，组织一个青年突击班，带头突击，我也赞成。我们过去从来没有否定这一点，并且认为这是一种发挥青年作用的有效形式。在农业方面，为了解决某一个困难的问题，组织个青年突击组去攻关，好不好？好。这是好的形式，不是坏的形式，还是可以运用的。问题是怎么个做法，不是什么事都要普遍那么搞，而是真正按照需要去搞。

现在青年团的事情相当多，因为社会上的事情相当多。我们这几年假如说有经验，有这样一条，就是资产阶级思想的影响，社会渣滓的影响，总要钻出来。现在我们说起话来好像有点理不直气不壮的样子，因为群众吃得不好，穿得不好，住得不好。过去我们好多话说过分了，说满了，说大了，有的运动搞“左”了。有这个问题。党也如此，团也如此。懂得这一点，我们倒要理直气壮地好好地做工作。比如刚才说的流氓多起来了，商店“走后门”，这里面还不是有青年？公共场所，北京车站那么乱，那里边也有青年人，甚至有少年。现在的风气很值得注意。我们说调整，也要把这个调整好，把作风和思想调整一下。各个地方要好好调查，仔细研究这个问题。所谓群众路线，包括调查研究。社会风气不好，也是个同群众有关的问题，大量的群众不满意，有一部分群众陷到里面去了。归根到底，我们要对青年进行共产主义教育。要多做点工作，多搞点调查研究。我们有解放后的前十年的经验，那十年，我们的风气相当正。而且那个时候确实有群众监督，是广泛的群众运动，是深入细致的工作。儿童有礼貌，关心集体事业，关心公共秩序，看到不对头的地方就批评。这种好风气，要把它恢复起来。现在提倡做这个工作没有人听，慢慢总有人听。要引导人们向兴旺的道路走。要树立共产主义的远大理想。人穷志不要短，越到困难的时候，越要有志气。在青年里面应该广泛地宣传这些思想。

现在摆在党和青年团面前的工作不是少了，而是多了；工作不是比过去更好做了，而是更难做了。至少这个阶段是如此。在气象一新、大家都满意、大家高高兴兴的情况下，工作好做；在现在不是那么兴旺的情况下，工作难做。越是在这个时候，越要多做工作，越要做得深入细致。

# 大批提拔年轻的技术干部*

（一九六一年十一月二十三日）

这几年来，我们对技术干部关心不够，对他们的使用有问题。有许多新生力量，能力未得到很好发挥。好多大学毕业生，工作了几年还当见习技术员，为什么不能大胆提拔当工程师？留学生回来后，使用得又怎样？我们再没有钱，也要把这批人提上来。不在其位，不谋其政嘛。把年轻人提起来，放到重要岗位，管的业务宽了，见识就广了，就能更好地发挥作用。要重视二十几岁、三十几岁的年轻人。世界上的科学家，成名的很多是在三十岁左右。现在再不重视培养提拔年轻人就晚了，到了我们这个年纪就不行了。

解放十多年来，我们培养的工程技术人员有多少？大学毕业的有多少？一个设计院，一个企业，有多少人该提升？各部要根据所属单位的情况，提拔一大批工程师。冶金部系统可以增加几千个工程师，铁道部也可以这样做，包括提拔工人当中的优秀分子。研究院中也可以设工程师。今冬明春要进行这项工作。

---

* 这是邓小平同志在中共中央书记处会议上听取冶金工业七年规划汇报时的讲话。

这次提拔工程师，不是个别的，有多少提多少。我看全国能够提拔几万个工程师。要经过精选、评议。提拔的条件主要是根据专业技术水平，政治条件是不反对共产党，忠于祖国。共产党员专业技术不合格的也不能提。有的人可以破格提成工程师，不一定都要经过见习技术员、技术员再提为工程师。新提的工程师一切待遇都按照工程师的标准，无非一个人增加几十元工资。

我们现在主要的问题是浪费专业技术力量。绝大多数工厂的技术干部都有窝工现象。有些单位让他们去搞与专业技术无关的行政工作，还有的长期下放劳动或打杂。以后，对大学毕业生的使用，要注意发挥他们的专长。

各级、各行，各大厂或者是部委，可考虑建立考核委员会。一定要掌管到他那个单位，列入名册的有多少专业技术人员，是些什么情况。大学毕业生工作两年考核一次。这就是说，不要漏掉了人才。解决这个问题光靠人事部门不行。专业技术水平一定要由专家来考核鉴定。要经常帮助专业技术人员进修，给他们提供自学条件，这也要定个制度出来。看来学位不搞不行，可以先搞一个方案。

# 重要的是做好经常工作*

（一九六一年十二月二十七日）

在群众工作方面，我们党的几次会议上，讲过群众路线问题。群众路线是我们党长期的很好的传统。我们的工作向来是很深入的，过去在农村也好，全国胜利之后也好，各种工作是做到家的。不是吹牛皮，一些外国党也真正相信我们的群众路线。我们过去做了许多事，有的并不登报，不登报不等于不普遍深入地宣传，如整顿社会治安、社会风气，都做到家喻户晓。这是依靠党的领导，依靠各个群众组织的经常工作去做的。

这几年，经常的细致的工作忽略了。这是党的领导方面的问题，党没有专门党的工作，团没有专门团的工作，工会没有专门工会的工作，妇女也没有专门妇女的工作了，要有就是三八队、青年队、娃娃队，大家都去搞一般工作，丢掉了我们各行各业应该经常死死抓住不放的事情。最近中央要开个空前的大会，近七千人，研究党的工作。现在党的工作大大削弱，反映到党对妇女工作的领导也可以看出来。这几年有没有群众路

---

* 这是邓小平同志接见参加全国省、市、自治区妇联主任会议全体同志时讲话的一部分。

线呢？不能说没有，但至少相当多的群众运动不是群众自愿的，是违反群众路线的。我们不回避这些问题。过去搞了一些蠢事，也是好事，使我们更加体会到党的传统经验是很宝贵的，更深刻地体会到要把它恢复起来，好好地做深入细致的一点一滴的工作。过去传统的作风、做法，凡是好的东西都要恢复起来。不是巩固这几年大喊大吼的东西，而是巩固原来长期积累下来的好经验、好作风、好做法。调整、巩固、充实、提高八字方针，主要是讲经济方面，但群众工作也有这个问题。哪些事情不妥当，哪些提法不妥当，不要隐讳，实事求是总结起来就妥当了。

妇女工作的经常工作是什么？就是妇联要特别负责做的特殊工作。勤俭持家就是这样的工作。勤俭建国、勤俭持家一定要联起来，只提一个不够。有了强盛的国，家才会富起来。首先是勤俭建国，其次是家要管好。现在搞十年计划，这个口号十年不变，坚持到底，因为我们国家的物质基础就是这么个状况。这就是妇联的特殊工作。当然男同志也要勤俭持家，但宣传以妇联为主，你们向男同志宣传，大姐向大哥宣传。勤俭建国、勤俭持家应经常提倡，是长期要做的工作〔185〕。

家庭和睦也是经常要做的工作。要处理好的，一是夫妻关系，二是婆媳关系，三是妯娌关系，四是父母子女关系等等。这是我们长期以来妇女工作中的经常工作。这样的问题，就是妇女的特殊问题，就是妇联的特殊工作。子女的教育，父亲也有责任，但总是母亲担得更多。婚姻问题常常要从妇女这个角度反映，一般说妇女总是处于原告地位。她们关心这些问题，这不也是特殊问题吗？至于妇女卫生、疾病防治、娃娃接生、喂奶等，这些都是妇女的特殊问题。我们的传统是，无论哪项工作，包括妇女工作在内，都要在自己的职责范围内，深入工作，充分根据群众的要求，提出具体办法，领导群众去解决问题。

强调经常工作并不一概拒绝突击运动这种形式。如三反〔186〕、五反〔187〕、镇反〔147〕、土改〔123〕等，都是突击运动。又如现在要解决水害问题，也要搞突击。妇女工作某个时候、某项事情采取一下突击的形式不是不可以，但经常工作是基础。群众运动只是群众路线的一种形式，不是一年到头全运动，不是一律的这里运动什么那里也运动什么。不能照搬，只能实事求是。如果一年到头运动就没有劲了，就变成浮夸、形式主义了，实际上违反了群众意志，脱离了群众。因此，归根到底要把经常工作建立起来。大量的日常工作是基础，突击运动只有建立在这个基础上才最可靠，没有长期的群众工作基础不行。三年解放战争打胜了，这是在长期的群众工作的基础上集中了一切力量才实现的。如渡黄河，群众把门板都贡献出来，光冀鲁豫的门板还不够，连冀南的门板也下下来了。那时群众吃得很差，还是拿出粮食供给人民解放军。这没有长期工作的基础是不行的。国民党就不可能做到这一点。共产党长期联系群众办好事，和群众的根本利益是一致的，解放战争是人民战争，依靠人民才能做到这一点。

现在党的工作、群众工作要着重把经常工作建立起来。这次会议提出，把基层组织建立起来，提得好，还要提得够一些。工作总是离不开基层。还要开妇代会、工作会议，一年定期搞一搞，总结一下经验，讨论一些问题。经常工作的制度要恢复，没有制度工作搞不起来。经常做些什么工作，你们不提，党委就排不上议程。党委觉得需要时会抓你们，如计划用粮，但对特殊问题就不一定知道，要靠妇联提出来。总之，要把经常工作建立起来，包括整顿组织，健全组织。建立和健全基层组织，就要有基层干部。我赞成你们的意见，大多数的公社设专职妇女干部，人数少的公社可以兼职，兼要真正的兼，总要配备一个女同志，主要做妇女工作。三年把经常工作建立起来，算你们最大的成绩。这项工作要老老实实地做。至于提这样口号，那样口号，这样方针，那样方针，只有有了基层工作，有了经常工作，才有希望落实。否则只发号召写指示，发下去就会像石头掉在大海里，影子都看不见。现在各行各业都在建立自己的经常工作，当然还是在党委领导下进行，党委不支持就搞不成，但你们管你们这一行，该解决的事情就解决。只要你们经常提出问题，提出主张，提出办法，做出成绩，党委怎能不支持。

你们这次会议讨论了形势没有？妇女工作一定要管本行，议大事。管事要管本行，议事要议大事，要把眼界搞开阔些。这不单是指做妇女工作的干部，妇女群众也要关心政治。经常工作中有政治，有思想，勤俭建国就是大事，这里就有思想。只看到一个家，不看到国，那怎么行。妇女干部要看世界，农村妇女也要看世界。开各种会议，要谈形势，听了报告，要发表点议论，养成风气。这叫务虚，这个虚，实际上是实，思想认识会反映到实际中去，反映到工作劲头上去。一定要议论大事，不要搞得狭窄得很。在培养妇女干部方面，要注意这个问题。以后订个章程，包括县在内，开妇联会，要议大事。

# 在扩大的中央工作会议上的讲话

（一九六二年二月六日）

同志们：

这次会议，是一次意义十分重大的会议。刘少奇同志的报告〔188〕，总结了建国以来十二年、特别是近四年的经验，提出了今后的工作方针和十年的奋斗目标。毛泽东同志的讲话〔189〕，特别是关于民主集中制问题的讲话，对于我们党，对于今后加强党的领导，对于各方面完成任务，是有深远意义的。我完全同意刘少奇同志的报告和毛泽东同志的讲话。

现在，我讲一讲党的问题。

刘少奇同志报告的三大部分中，有一大部分是讲党的问题的。我还想讲一点意见。

我们党是取得了革命的胜利，并且领导全国政权的党。这个党，照我们历来的说法，是光荣的、伟大的、正确的党，是名副其实的马克思列宁主义的党。我们党一定要在国际上高举反对帝国主义的旗帜，高举革命的旗帜，高举无产阶级国际主义的旗帜。同时，我们也历来高举着维护世界和平的旗帜。我们党在国际方面能否尽到自己应尽的责任，归根到底，首先决定于能否把我们国内的工作搞好。要搞好国内建设，搞好国内各方面的工作，又首先决定于我们党的领导。

我们党能不能在国际上担负起不可逃避的责任呢？我们党能不能在国内领导好各方面的工作呢？我想，我们全党绝大多数的同志会说，是能够的。

我觉得，我们党有这么五个优点，有五好。

第一，有好的指导思想。这就是以毛泽东思想为代表的党的指导思想。毛泽东思想，就是把马克思列宁主义的普遍真理同中国革命和建设的具体实践相结合的思想。这个思想，从历史上证明了是好的。中国的革命，不是由别的思想引导到胜利的，而是由毛泽东思想引导到胜利的。革命胜利以后，也正是在毛泽东思想的指导下，我们的社会主义建设才获得了这样伟大的成就，并且继续胜利地前进着。

第二，有好的党中央。这就是以毛泽东同志为首的党中央。从一九三五年一月遵义会议〔68〕以来，二十七年的历史证明，我们的党中央是一个好的党中央。有的同志可能会说，党中央不是也有缺点和错误吗？刘少奇同志的报告中不是说，中央对近几年来我们工作中的一些缺点和错误负主要责任吗？这个问题怎么解释呢？我们认为，没有缺点和错误的中央是没有的。问题在于我们是不是严肃认真地正视问题，是不是实事求是地对待问题。我说我们中央好，从这次会议也可以看得出来。在这次会议上，我们的中央，按照马克思列宁主义的原则，认真地总结经验，开展批评和自我批评，发扬成绩，修正错误。这样做，照列宁的话说，就是一个郑重的党的标志。我们党是合乎这个标准的。刘少奇同志的报告集中讲了我们这几年工作中的问题，特别是讲了许多缺点和错误，进行批评和自我批评，总结经验。这样做是不容易的。正因为我们敢于严肃认真地正视问题，实事求是地对待问题，对就对，错就错，是就是，非就非，所以说，我们党是合乎列宁所说的标准的，我们的中央是好的中央。

第三，有大批好的骨干，包括大批新的积极分子。现在，我们的党员中，有百分之七十几到八十是全国解放以后入党的。但是，这些党员，都是在实际斗争中涌现出来的。我们的党员绝大多数是好的。

特别要指出的是，我们的干部绝大多数是好的，我们有好的骨干。现在，县以上的主要骨干，军队团以上的主要骨干，大多数是经过长期革命斗争锻炼的。地委一级干部大都是抗日战争初期入党的，县委书记多半是抗日战争中期入党的，当然也有一批新的。这些骨干，是经过风浪的，是很可宝贵的。现在，我们的干部又有了十二年社会主义革命和建设的经验，包括正面的经验和反面的经验。正面的经验是很重要的，反面的经验也是很重要的。刘少奇同志的报告中讲到，我们有了反面的经验，就增加了“免疫力”。我们的干部，经过历次革命斗争的锻炼，又有了十二年建设经验，是我们党的好的骨干。

第四，有好的传统、好的作风。我们党的好传统、好作风，就是毛泽东同志所概括指出的，理论与实践相结合的作风，联系群众的作风，自我批评（当然也包括批评）的作风。总的来说，就是毛泽东同志所说的实事求是的作风。

我们党还有一个传统，就是有理想，有志气，不怕“鬼”。当然，应该说，这个传统从马克思起就有了的。我们党历来是有理想，有志气，不怕“鬼”的。尽管这几年我们有一些想法和做法不切实际，也不要因为批判了这些东西，就丧失了理想，丧失了志气，就怕起“鬼”来了。好像我们在工作中有了那么一些缺点，犯了那么一些错误，就看到绳子都是蛇了。现在有各种“鬼”，可能有这样一种丧失信心的“鬼”。全党要防止这种“鬼”。我们还是要有理想，有志气，把事情搞好。我们相信，我们自己是能够克服缺点，改正错误，把事情搞好的。

我们还有一个传统，就是有一套健全的党的生活制度。特别是遵义会议以后，在毛泽东同志领导下，我们党建立了一套健全的党的生活制度。比如民主集中制；团结——批评——团结的方法；言者无罪、闻者足戒，惩前毖后、治病救人；批判从严、处理从宽，不搞过火斗争、无情打击；艰苦朴素、谦虚谨慎，等等。这些都是毛泽东同志一贯提倡的，是我们的党规党法。应该说，除了像前面所说的犯错误的时期以外，多少年来，我们是努力这样做的。毛泽东同志和党中央的许多领导同志，历来都强调谦虚谨慎。在党的第八次全国代表大会〔173〕上，毛泽东同志讲话中着重讲了这个问题。

我们党的好传统当然不止这些，我只是举例来说的。

我们党有这些好的传统，所以我们党历来是团结的，统一的，有战斗力的。

第五，有好的人民，人民对我们党有最大的信赖。我们党是一个密切联系群众的党。这也是我们一个好的传统。我们国家的人民是有高度的政治觉悟的人民。毛泽东同志多次讲过这么一个例子：在红军过草地的时候，伙夫同志一起床，他不问今天锅里有没有米煮，却先问向南走还是向北走。向南走向北走是当时最重要的战略问题〔190〕。这说明我们军队里的战士都是关心战略的。

我们的人民懂得顾大局。他们有理想,不会丧失信心。大家知道,在土地革命战争的时候,在抗日战争的时候,在解放战争的时候,人民为了支援军队,把什么东西都拿出来了。这些年来,只要我们真正依靠人民,跟人民讲清道理,人民,不论工人也好,农民也好,知识分子也好,爱国民主人士也好,都是识大体、顾大局的,都是相信跟着党走是对的。

当然,必须指出,这几年来,我们一些同志滥用了人民对党的信任,滥用了党的威信,群众是不满意的。但是,当我们犯这样的错误的时候,群众还是这样想:共产党不见了。当我们改正错误的时候,人民群众就说:共产党回来了。这样的人民,是很好的人民。我们不依靠人民,不走群众路线,是毫无道理的。

上面所讲的,是对我们党的一个总的估计。再说一遍,我们党有五好:有好的指导思想,有好的中央,有大批好的骨干,有好的传统,有好的信赖党的人民。这样的党,既然能够领导人民取得革命的胜利,也一定能够领导人民取得社会主义建设的胜利;既然能够把国内工作搞好,也一定能够在国际共产主义运动中担负起自己应负的责任。

应该指出,最近几年,我们党的领导,党的工作,是有严重缺点的。特别重要的是党的优良传统受到了削弱。有些地方有很大的削弱,严重的削弱;有些地方好些。就全党来说,有相当程度的削弱。我们宁肯把这个问题估计得重一点,使全党有所警惕。因为这几年许多同志忙于具体工作,不大谈党的问题,不大注意党的建设,所以强调指出这一点是十分必要的。

为什么我们党的优良传统受到了削弱呢?原因是多种的,我认为首先是,我们不少同志对毛泽东思想学习不够,体会不够。这几年来,我们不大注意调查研究,因而所提的一些任务往往不是实事求是的,所提的一些口号,也有许多不是切合实际的。指标过高,要求过急,还有一些不适当的"大办",这就使得我们的许多好传统受到了冲击。而许多好的传统的削弱,又反过来加重了工作中的缺点和错误。

其次,在这几年的党内斗争中发生了一些偏差。无论反"左"的,反右的,都有这种情况。这次会议讨论中,同志们也提出了这个问题。在几次运动中,确实发生了一些偏差,伤害了一大批党内外干部。当然,对于那些蜕化变质的分子,是应当斗争并且给予处分的。我们所讲的是伤害了一部分不应当伤害的干部。由于这些偏差的影响,我们党的许多好的传统受到了削弱。例如,实事求是,说老实话,本来是我们党的传统,但是,由于没有贯彻实行民主集中制、运动中斗争过火等种种原因,这几年在我们党内滋长了一种不如实反映情况,不讲老实话,怕讲老实话的坏风气。有意弄虚作假,是不好的;怕讲老实话,虽然原因是多方面的,不同于弄虚作假,但也是不好的。

近几年来,我们不少同志对党的优良传统坚持不够,特别是对于实事求是的传统、群众路线的传统、民主集中制的传统这三个方面的忽视和损伤,给我们的工作带来了很大的危害。这是值得全党严重注意的。

现在,我们必须把党的优良传统恢复起来,加强起来,发扬起来。今天的问题,并不是要建立什么新章程的问题,章程早就有了。我在前面说过,从遵义会议以后,我们党建立了一套党的生活制度，树立了一套好的传统作风。我们要把这些好的制度、好的传统作风认真地恢复起来，发扬起来。要做到这一些，应该说并不很困难。在座的同志，绝大多数对于这些好制度、好传统是熟悉的。大家应该回忆一下，检查检查，把那些好的制度、好的传统作风，恢复起来，发扬起来。到会的同志做到这一点是特别重要的。因为到会的同志差不多都是全国各地方各部门的“班长”、“副班长”，对全党的工作有重大的影响。

坚持党的优良的传统作风，具有十分重要的意义，因为我们党是一个执政党。执政党的特点，已经在党的第八次全国代表大会的报告中讲清楚了。我们党成为执政党，这是一件值得高兴的事情。但是，执政党也不是很容易当的。执了政，党的责任就加重了，共产党员的责任就加重了，我们领导干部的责任就加重了。我们要负担什么责任呢？在过去我们无非是闹革命，革命胜利以后，我们党执了政，掌了权，就要担负起把国家引导到社会主义道路去和进行建设的艰巨任务。

我们正在建设社会主义。同志们不要以为建设社会主义没有问题了。刘少奇同志的报告里讲到，毛泽东同志的讲话里也讲到，如果搞得不好，特别是民主集中制执行得不好，党是可以变质的，国家也是可以变质的，社会主义也是可以变质的。干部可以变质，个人也可以变质。

我们执了政，拿了权，更要谨慎。第一，我们要权，无产阶级要权，不能让权被资产阶级拿到手上；马克思列宁主义者要权，不能让权被机会主义者拿到手上。第二，我们拿到这个权以后，就要谨慎。不要以为有了权就好办事，有了权就可以为所欲为，那样就非弄坏事情不可。

我们进了城，执了政，是做官呢，还是当人民的勤务员呢？这个问题是毛泽东同志过去多次讲过的。可以有两种态度：一种是做官，一种是当人民的勤务员。如果不是做官，而是当人民的勤务员，那就要以普通劳动者的面貌出现，要平等待人，要全心全意地为人民服务。但是，进了城，执了政，做官的条件是具备的，这就最容易沾染官气。事实上，我们许多同志确实已经沾染了不少官气。所以，我们每天每时都要注意执政党的特点。认识了这个特点，我们就能更加注意坚持党的优良传统。这样，就可以避免沾染官气，就可以避免脱离群众、脱离实际，就可以使我们的国家坚持社会主义制度、并在将来发展到共产主义的道路上去，就可以使我们党坚持马克思列宁主义的原则。

坚持党的优良传统，除了调查研究、实事求是、联系群众、及时纠正错误等等以外，必须注意健全党的生活。这是坚持党的优良传统的一个最重要的方面。在这一方面，我想谈四个问题：第一个是民主集中制的问题，第二个是建立经常工作的问题，第三个是培养和选择干部的问题，第四个是学习的问题。

第一个问题，民主集中制。这个问题，毛泽东同志在讲话里已经讲得很明白。毛泽东同志把民主集中制提到很高的原则高度来讲，讲到要社会主义还是要资本主义、要无产阶级专政还是要资产阶级专政的问题。事实确是这样，没有民主，就没有集中；而这个集中，总是要在民主的基础上，才能真正地正确地实现。没有无产阶级的民主和无产阶级的集中，也就没有社会主义，资本主义就要复辟。从领导方法来说，只有从群众中来，才能到群众中去。没有民主基础上的集中制，既不能实行真正的从群众中来，也不能实行真正的到群众中去。不实行民主集中制，不但脱离人民群众，脱离党员群众，而且上级脱离下级，甚至在同级里也势必造成少数人或个人脱离多数，少数人或个人专断的局面。

目前，我们党的生活是有严重缺陷的。当然，造成严重缺陷的原因有多种。这几年指标过高，要求过急，既助长了分散主义，又助长了命令主义，党的民主集中制也就有了相当大的削弱。有许多事情，形式上似乎比过去更集中，但在实际上，分散主义的现象却是很严重的。另外有许多事情，形式上似乎比过去民主，但在实际上，命令主义、少数人或个人独断专横的现象却是十分严重的。这次会议提出，要加强民主集中制，发扬民主，加强集中统一，反对分散主义。这是很必要很适时的。

这几年，工作中的分散主义是相当厉害的。同志们可以细细想一想，在集中正确意见的基础上，统一认识，统一政策，统一计划，统一指挥，统一行动，这五个统一究竟怎样呢？究竟是过去革命战争时期更集中，胜利以后前几年更集中，还是这几年更集中呢？应该指出，这几年，形式上比过去集中得多，但在五个统一方面，却不如过去了！这就是说，分散主义发展了。

同分散主义同时并存的是，命令主义也发展了，党内民主削弱了。没有了民主，就不可能有集中，从而也就不可能有认识的统一，行动的统一。我们强调加强集中统一和反对分散主义，更应坚持民主集中制的原则。不应该误解，以为强调集中统一，就可以抛弃民主集中制的那个民主。为了加强集中统一，反对分散主义，就更要坚持民主集中制的民主这一方面。

有了这一方面，集中就有了基础，就可以真正集中统一起来。毛泽东同志在大会上的讲话中，已经把这个问题讲得很清楚了。

我们今后订计划，一定要切合实际，并且留有余地。今后规定任务，一定不要过重，也不要过死。同志们在讨论中担心，以后中央规定的任务会不会过重。我们在这里许一个愿，中央努力做到不过重，也不过死。过去几年中，中央的缺点，主要表现在计划指标过高上。计划指标如果切合实际，并且留有余地，那就不会发生过重、过死的问题了。今后订计划，一方面要有统一的计划，另一方面，在统一的计划内，要给下面留有这样的可能，就是使下面能够结合当地的具体实际去安排，特别是在因地制宜方面，在发挥地方积极性方面，都要做得更好。

我们今后制定具体政策和解决问题，在强调集中统一的时候，更应该运用毛泽东同志提倡的"从群众中来，到群众中去"的方法。要经过调查研究，把下面的意见集中起来，然后制定一个切合实际的政策，制定一个切合实际的计划，再到群众中去贯彻实行，并且在实践中加以检验。解决具体问题，也应该如此。

总之，在我们党内和国家内，必须按照毛泽东同志提出的，要造成又有集中又有民主，又有纪律又有自由，又有统一意志、又有个人心情舒畅、生动活泼，那样一种政治局面〔191〕。这种局面首先要从党内造成。（刘少奇：什么叫争上游呢？首先，就是要力争造成这种局面的上游。有了这种局面，生产建设也就会搞得多一点，好一点。）我们国家也要造成这样一种局面。但是，如果党内不造成，国家也造不成。我们党一定要造成这样的生动活泼的政治局面，我们党内一定要有充分的民主。

我们党是统一的，团结的，有战斗力的党。没有民主，就没有集中统一；没有集中统一，党就没有战斗力。我们党要永远保持集中统一。这样的党，才真正有战斗力。但是，只有在民主基础上，在充分发扬民主的基础上，才能够建立这样一个统一的党，有纪律的党，有战斗力的党。

当然，在这些方面，这几年有些损伤。现在我们重新提出来，有错误的就改，没有坚持的好传统，就恢复起来，发扬起来。这些传统对我们并不是生疏的。在讨论中，有很多同志都怀念过去我们的党内生活。既然怀念，就说明大家还记得，那就恢复起来吧。

今后，一定要把我们党的优良传统恢复起来，发扬起来。一定要按照传统，按照党章的规定，建立党员与党的正确关系。党员对党，对工作，对问题，对领导人，都有权按组织原则，在党的范围内，提出批评和意见，并且有权保留自己的意见。党章规定，在问题没有作出决定以前，在党的会议上或在党的报刊上，党员都可以自由发表意见。只是不准两条：第一，不准不执行党的决议。党员对于党的决议如果有不同意的地方，可以提出意见；如果认为决议中有不正确的地方，也可以要求修改。但是，党章规定，党员必须执行党的决议，虽然在执行中有权保留自己的意见。如果不执行，那就是违反党的纪律。第二，不准搞派别活动。（毛泽东：不准搞暗藏的派别活动。有一部分人，他公开发表不同的意见，是不是许可呢？）这是党章上许可的。在问题没有作出决定以前，都可以公开地发表自己的意见；在作出决定以后，就必须坚决执行。但是，在执行过程中，也还可以提意见。至于理论上、学术上的问题，那是另外一回事，那是不论什么时候都可以自由讨论的。这几年来，有许多事情是违反党内民主的原则的，应该纠正。

有同志担心，毛泽东同志讲了话，刘少奇同志作了报告，“三不”，不抓辫子，不戴帽子，不打棍子，哪晓得隔了几年之后会不会变呢？这种想法，是这几年的实际状况的一种反映，是可以理解的。但是，尽管可以原谅，也还是一种错误的想法。应该相信我们党的传统。当然，有的同志要看一看，是可以的。我们不是说允许保留意见吗？现在有的同志还是只写匿名信。写匿名信可以叫做“半勇敢”。我们最近收到一些匿名信，其中说的都是很好的意见。为什么要匿名呢？既然是共产党员，为什么不可以公开地郑重地发表自己的意见，由半勇敢变为全勇敢呢？我们大家要带头。只要我们带头，就可以把这个风气转过来，就可以把我们党的优良传统恢复起来，发扬起来。如果现在还是东怕西怕，还是怕讲心里话，我们党的老传统就恢复不起来。特别是我们在座的“班长”、“副班长”，更应该带头恢复老传统。这些老传统，中央提倡，毛泽东同志提倡，我们党历来就有章程，只是这几年有了损伤，是应该和能够迅速恢复起来的，不正常的现象是应该和能够迅速纠正过来的。当然，一定要说清楚，要做到这点，党内一定要有充分的民主。

要把我们党的老传统真正地恢复起来和发扬起来，党的各级领导同志的态度是很重要的。各级领导同志要善于倾听反面意见，倾听不同意见；要听老实人的话，要听老实话。这也是我们的传统。毛泽东同志，刘少奇同志，历来是这样提倡的。

中央多少年来都是这样提倡的。在这次会议的讨论中，很多同志说，过去发表意见比较随便，同志间也容易交心。那就照样恢复起来吧。但是，这里一定要我们党的各级主要领导同志注意到这个问题。党的各级主要领导人，特别是“班长”、“副班长”，要服从和团结多数，尊重少数。这一点，毛泽东同志过去不晓得讲过多少次，这次会上又讲了这个问题。做领导人的，总要取得大多数人的同意，事情才好办，绝不能一个人讲了就算数。对少数人要尊重，少数人的意见不一定就是错误的。即使是错误的，他们的意见也不会是孤立的，只有重视这些意见，才能很好地去加以纠正，帮助同志们改正错误。

还有，领导人的度量要大一点。要能容人，要能听得进反面意见，要能用平等态度待人，要能更谦虚谨慎，等等。

我们党的各级领导同志，特别是主要领导人，威信建立在什么地方呢？建立在思想、工作、言论的正确上，建立在民主作风上，建立在批评和自我批评的作风上。领导人不可能什么事都做得百分之百的正确，不可能一点缺点、错误也没有。问题在于对自己的缺点和错误，有没有自我批评的精神，让不让别人批评，听了正确的批评能不能接受和照办。有错误，自己讲，而且讲够，又能倾听别人批评的意见，这就有了主动，就可以使大家心情舒畅。这样做绝不会损害自己的威信，只会提高自己的威信。

对于我们党的各级领导人（包括党委会的所有成员），应该有监督。这种监督是来自几方面的，来自上面，来自下面（下级），来自群众，也来自党小组生活。我想提出这么一个问题，大家看看妥当不妥当。我觉得，对领导人最重要的监督是来自党委会本身，或者书记处本身，或者常委会本身。这是一个小集体。我们一些领导同志，同伙夫、勤杂人员等同志们编在一个党小组里，那是起不了多少监督作用的。当然，根据党章规定，人人要过支部生活。我想，我们是不是可以这样，就是把领导人的主要的小组生活，放到党委会去，或者放到书记处去，或者放到常委会去。在党委会里面，应该有那么一段时间交交心，真正造成一个好的批评和自我批评的空气。同等水平、共同工作的同志在一起交心，这个监督作用可能更好一些。（刘少奇：可以有这么个建议，各级党的委员会一个月之内要有一次党内生活会。委员会开会，进行批评和自我批评。）不一定一个月，三个月有一次也很好了。（刘少奇：一季有一次，一年四次也好，开党内生活会。这么一个建议，行不行？每一个委员会，省委也好，地委也好，县委也好，一季开一次会，搞批评和自我批评，过党的生活。）（毛泽东：检查工作，总结经验，交换意见。）谈谈心，相互批评批评，有意见就讲。我们要重视党委内部的互相监督作用这个问题。上级不是能天天看到的，下级也不是能天天看到的，同级的领导成员之间彼此是最熟悉的。这样做，对于同级里面讨论问题，取得一致意见，作出决定，也是很重要的。

在党委内部生活中，应该注意集体领导，分工负责。这里边"班长"的作用很重要。我们党，在过去一段时间里，中央和毛泽东同志都特别强调树立核心；后来，核心大体上树立了，就特别强调如何当好"班长"。这就是说，一定要树立核心。不建立核心，处于涣散的状况，这个党委的工作是做不好的。这次会上"将军"，大概多半是"将""班长"的"军"。这并不是不重视“班长”。相反，正是重视“班长”。这就是说，“班长”要当好。现在没有适当“班长”的，还要培养“班长”，或者由上级选择一个比较好的“班长”。有了“班长”，大家就要帮助他当好。当“班长”是很不容易的，常常遇到很为难的事情。不要以为当“班长”很舒服。我知道，好多“班长”也是叫苦的。“班长”的事情很多，谁也不能说样样事情就处理得那么周到。看来，有一些事情，不原谅也是不行的。而“班长”本人，既然知道不容易当，那就要照毛泽东同志在七届二中全会上所讲的，要学会“弹钢琴”〔192〕。这是不容易学会的。我们恐怕是永远要学的。哪一天都得要讲“要学会”，不能说“都会了”。（毛泽东：会了，又可以不会的。）遇到新的事情又不会了，遇到新的问题又不会了，遇到新的对象又不会了，到了新的地区又不会了，可不容易学会哩。哪一天都要学会“弹钢琴”，学会当乐队指挥。“班长”不勇于负责是不行的。有一些问题，“班长”不负责出面处理也是不行的。有些事情，你不出面处理，推到哪里去呢？

这里，是不是可以把问题大体上分两种性质：一种叫日常性质的问题；一种叫重大的问题，或者是政策性质的、重大性质的问题。日常的问题，总是要分工负责点头的。第一书记不点头是不行的呀。如果每一件事情都开委员会讨论，开书记处会议讨论，这样开会要开死人的呀。总是或者由第一书记，或者由第二书记，或者由其他书记，分工负责，该点头的还是要点头才行。但是，重大的问题，就必须分别情况，提到委员会，提到常委会，或者提到书记处，加以讨论，大家取得共同的意见，作出共同的决定。（毛泽东：如果意见不一致，就少数服从多数。）

总之，民主集中制是党和国家的最根本的制度，也是我们传统的制度。坚持这个传统的制度，并且使它更加完善起来，是十分重要的事情，是关系我们党和国家命运的事情。凡是违反这个制度的，都要纠正过来。

再说一次，这次会议，毛泽东同志强调提出这个问题，意义很重大。这几年来，由于我们没有搞好民主集中制，以致上下不通气，这是一个带普遍性的严重的现象。这次会议，刘少奇同志报告、毛泽东同志讲话，提出这个问题。至少在会议当中，我们做到了初步通气，这就比较好。当然，也有不少的同志睡不着觉，有的不只两天睡不着觉。睡不着觉就是好现象，这就可以通通气。这次会议的目的是带个头，通气也是带个头，把民主集中制恢复起来，坚持下去。我们提出，对中央、对省，提出批评和意见，出出气，也是为了通气，也是为了恢复和坚持民主集中制。

我在这里总的交代一下，在这次会议上，各个小组批评省委的，或者批评地委、县委的，有不少事情应该由中央来负责。这个问题，在刘少奇同志的报告中已经讲了。中央有中央的帐，主要应该由中央负责的，还是应该由中央负责。当然，也有省委的帐，地委、县委的帐，省委、地委、县委自己应该负责的，自己在自己的那个帐本里边去写。但是，有不少是应该由中央负责的。比如，由于高指标所形成的一套连锁反应，（毛泽东：几个大运动。）几个“大办”〔193〕、大运动所出现的这些问题，中央负主要责任。当然，这不是说，在执行当中，省委没有自己的责任，地委、县委没有自己的责任了。

这次会议以后怎么办？中央也谈过这个问题。中央认为，在这次会议以后,不要普遍地在全国范围内,各省、各地区、各县都来一个“出气”大会。是不是个别的要搞一搞呢?也可能要。(毛泽东:个别的地方,个别的部门。)个别的县,个别的地区,或者个别的省,个别的部门,个别的单位,可能有这个需要。这个问题,由上一级掌握,不要统统来,不要都搞。(毛泽东:从正面去做。)在一般地区,从正面讲民主集中制。当然,在会议当中,过去几年搞得不好的领导同志进行自我批评是必要的。还是照毛泽东同志讲的精神办,就是说,检讨一次不够就检讨几次,讲得人家不愿意听了,就可以不再讲。要争取主动。这也是一个正面的方法。总之,不要统统都来一个“出气”大会。但是,在省一级,在省的委员会或者常委会或者书记处,这样的范围内,在地、县、部门、单位这一级的委员会内部,要开这么一个会议,交交心,检查一下。(毛泽东:有气的让他们出。)有多少出多少。(毛泽东:出错了不怪人家。出得对,你应该接受;出错了,你怪人家也不好。)出气,并不是每一个气都出得对的,出错了也不要紧。一方面,不要要求自己出错了的气也要人家同意;另一方面,也不要要求人家的每一个气都出得对。此外,各级领导同志还可以找几个有不同意见的人,或者对自己有意见或者对工作有意见的人,谈谈心,检查一下党委的内部生活和领导方法。用这样一些正面的方法,把我们的老章程老传统恢复起来。

关于民主集中制,就讲这些。

第二个问题,建立经常工作。一切工作的成绩,都是由一点一滴的细致工作积累起来的。刘少奇同志的报告里讲了这个问题。群众运动是实行群众路线的一种形式。群众运动搞得好不好，也是要看我们经常的工作基础搞得好不好。我们禁鸦片烟运动，土改运动，那样大的规模，都不登报，搞得那么细致，搞得那么好，都是在深入细致的工作基础上搞好的。没有深入细致的工作，是不能搞得那么好的。这几年，我们搞了许多大运动，差不多是把大运动当作我们群众路线的唯一的形式，天天运动，这是不好的。结果，很多经常工作，各部门、各系统、各单位的经常工作，被不断的运动和“分片包干”的方法挤掉了。这个“分片包干”的工作方法，是同那种专搞运动的方法有关，是不好的。应该吸取这几年的教训。

例如，过去我们城市里的街道工作是做得很好的。确实，在团结好人、改造坏人、树立好的社会风气、贯彻执行各种任务中，街道工作起了很好的作用。妇女工作、青年工作、工会工作、党委工作，都做得很细致的。但是近几年来，这些工作都有了很大的削弱。这里只是举例。各方面工作都有这样的情况，不必多解释了。

总之，要建立经常工作。党、群众组织、军队、企业、机关，都要把经常工作建立起来，要把经常的组织工作、经常的宣传教育工作建立起来。有了经常的细致的工作，了解问题就可以比较深入，这对调查研究也有帮助。

党委要加强支部和小组的经常工作。现在的支部生活很不健全。这个问题的重要性，我不多讲，但要引起严重的注意。各级党委组织部门要认真地注意这个问题。党员一定要过支部生活，过小组生活，在这里面检查工作，进行批评和自我批评，学习。这是党章所规定的，要认真执行。

第三个问题，培养和选择干部，特别是培养和选择各级的领导核心。这是很重要的问题。培养和选择干部,也应该作为各级党委的经常工作。我们要建立经常的干部工作。这几年,我们的重要教训是,干部状况不稳定。一批一批地变动,就不是好现象,看到这样的现象,就要引起警惕。要经常注意干部的情况,干部的好坏长短应该从他的长期工作中去鉴别,而不要只从某一运动或某一短时期的表现去鉴别。

过去,我们党历来对于干部问题的处理是很慎重的。因此,我们党是很团结的,上下通气的,全党一致的。但是,这几年确实不通气了,特别是几个大运动,有相当数量的干部是处理得不适当的。由于处理不慎重,损伤了一部分干部。对于这几年中受到批判和处分的干部,应该按照中央关于讨论和试行农村人民公社工作条例修正草案(即六十条)的指示〔194〕中所提出的原则来处理。在处理的时候,区别三种情况:一种是搞得对的,既然是对的,就不应该改。一种是部分错的,那就部分改,或者叫部分平反,就是把过头了的那一部分取消。一种是完全错了的,那就要完全平反。总之,要实事求是,分别对待。甄别、平反的工作,不要搞运动,要指定专门机关、专门人搞。比如,可以由监察委员会来搞。如果因为问题比较多,人不够,可以再加一些人。党委要指定适当的领导同志来主持这件事。现在,我们工作很忙,任务很紧,特别是在困难的时候,也不能把力量统统用到甄别、平反工作上面。而这样的事情,是很细致的工作,要花时间的,所以,要指定专人来搞。最好是谁搞错的由谁来平反,这对于团结比较有利。

第四个问题,学习马克思列宁主义的理论和毛泽东同志的著作。这个问题的道理,不必多讲。这几年的教训是,我们对马克思列宁主义的基本原理和毛泽东思想，体会不够。我们有许多错误是从这里来的。我们忙于事务，不注意学习，容易陷入庸俗的事务主义中去。不注意学习，忙于事务，思想就容易庸俗化。如果说要变质，那末思想的庸俗化就是一个危险的起点。我们还是要造成一种学习的空气，学习理论的空气，（毛泽东：不重视学习理论，天天搞事务，一定要迷失方向。）学习实际的空气，这也是我们的一个党风，我们党的一个好的传统作风。

关于健全我们党的内部生活，提出这么四个问题。当然，还有其他很多问题，这里只提出这么四个问题。

现在，我们还有不少的困难。我们的任务是很艰巨的。虽然现在是低指标，但是完成低指标也是很艰苦，很不容易的。特别是今年，毛泽东同志提出来，要把我们的工、农、商、学、兵、政、党七个方面理出一个头绪来。我们的工作是很多的，很繁重的，党的领导是很重要的，各级党委的领导是很重要的。

这次会议提出了加强党的领导，提出了加强民主集中制，加强集中统一。而集中统一，最重要的是思想的统一。有了思想的统一，才有行动的统一。对刘少奇同志的报告，对毛泽东同志的重要讲话，我们全党要统一认识。然后，我们在工作上，在行动上，才能够统一起来。

总之，我们的方针确定之后，就要一条心，向前看，继续总结各地方、各部门、各单位的经验。对于党和国家的政策和任务，必须千方百计，克服困难，去贯彻执行。决定了就要执行，要一致执行，这是一条纪律，也是我们党的传统。

我们这一代，特别是在座的同志们，差不多都是各级的主要负责同志,责任重大。我们这一代,一定要坚持我们党的好的传统，树立好的榜样，当好人民的勤务员，在我国的社会主义事业中，在世界人民的解放事业中，尽到自己应该尽的责任。

刘少奇同志讲到力争上游,我们一定要力争上游。

我们要在坚持党的优良传统作风方面,力争上游!

我们要在加强和正确执行民主集中制方面,力争上游!

我们要在学会当好“班长”,学会当乐队指挥,学会“弹钢琴”方面,力争上游!

我们要在我们这一代为下一代树立良好榜样方面,力争上游!

我的话完了。

# 克服当前困难的办法*

（一九六二年五月十一日）

中央财经小组的报告〔195〕，周总理对这几天议论的问题的讲话，我没有不同的意见。这次决定的东西，我看只能这样办。当前工作中的问题我们还认识得很不够，有一些问题还要研究，但是就已经认识的，下这样一个决心很必要。现在我讲几点意见：

第一，这次各方面的问题都摆出来了，要做的事情很多，恐怕中心任务是两个：一个是减少两千万城市人口，一个是加强农村生产队的工作。这两件事都不能够抓迟了。有些事情还可以慢一点，但是这两件事越抓迟了越不利。比如减少城市人口的工作如果抓迟了，就影响钞票投放和粮食供应，也影响生产的调整，各方面都受影响。加强生产队的工作如果抓迟了，就影响农业生产。我们有了粮食、棉花和其他东西，才翻得了身，这些东西要靠生产队拿出来。减少城市人口的工作也涉及生产队的问题，安置城市人口就要靠生产队。所以，生产队工作做不好，农业生产也搞不好，减少城市人口的工作也会遇到困难。现在先定方针，然后要做一系列的工作。

---

* 这是邓小平同志在中共中央工作会议上的讲话。

第二，最近中央发了一个关于甄别平反工作的文件[196]，请大家注意。干部的甄别平反，对于调动干部的积极性，特别是调动县以下农村干部和群众的积极性很重要。所谓甄别平反，主要对象是干部，可是每一个干部都联系着群众，实际上影响到大量的群众。这个工作军队搞得最早，也安定得最早。对地方来说，有些地方也搞得比较好。谭震林[101]同志在山东看到干部的生产积极性、人民的精神面貌比河南好一些。经过研究，原因很多，其中一条就是后期伤害的人比较少，并且对他们采取一揽子甄别平反的方法，所以工作比较主动。四川也是采取这个办法。现在，大家都赞成这个办法，就是全国县以下，首先是农村，来个一揽子解决。就是说，过去搞错了的，或者基本搞错了的，统统摘掉帽子，不留尾巴，一次解决。因为县以下都是一些基层干部，问题只有那么多，右倾也只是右倾到那个程度，"左"倾也只是"左"倾到那个程度。他们又是直接联系群众的，亲戚朋友、各方面的人听到这些事，人心不安。大家情绪不安定，是不利的。现在我们不是要抓生产队吗？为了把基层干部和群众的积极性调动起来，甄别平反是一个很重要的工作，不要轻视这个工作。上面的领导同志，要下去帮助承担责任，这样搞可以快一些。这件工作，请各中央局告诉各省、市、自治区党委，凡是开始做了的，继续做，没有做的，迅速做。其结果一定要向群众当面公布。这实际上是我们承认一个错误，承认我们过去搞得不对。

第三，树立和加强各级党委的领导核心，特别是县以下和企业党委的领导核心。为了把农业搞好，首先要解决地方县以下党委的问题。当然，地委以上也要注意这个问题。现在看来，我们有些问题处理得迟了一点。我们可能遇到的障碍，主要来自县，存在所谓争不争上游，有没有干劲，情况看得对不对，决心大不大、信心够不够的问题。我们现在的危险，就是缺乏信心，就是看见困难不想办法，不当机立断。见事迟的情况难免，因为认识不到。但是迟一点认识到了，仍然不采取措施，这样慢慢拖下去，势必拖垮。现在看来，许多思想问题主要出在县这一级。当然，也有基层企业、事业单位的问题。

加强各级党委的领导核心，扩大的中央工作会议〔197〕提出了这个问题，看来重视得还不够。我们在一九五三年为适应国家工业建设的需要，从地方党委抽调了一批干部去企业工作，那一次对地方党委的领导是有相当大的削弱。企业就是靠那一批干部壮大起来的。现在除了一部分地方党委有比较老的骨干以外，相当一部分地方党委的骨干，当“班长”、“副班长”的时间是在一九五七年以后。一九五八年刮“五风”〔198〕，这些干部的错误是比较严重的。我们的干部，过去绝大多数都是办的好事，这几年，他们主观上也并不是想做坏事，他们还是好干部，还是要信任他们。但是既要看到他们的优点，也要看到他们的弱点。

树立各级党委的领导核心，主要的办法是从现有的各级党委的干部中挑选作风好的来培养。所谓作风好，主要是联系实际，联系群众，主观主义少一点。这几年主观主义多得很。搞命令主义还有什么群众路线？不因地制宜叫什么联系实际？解决领导核心问题还有一个办法，现在我们正在精简大批企业，这些企业中有好多干部是过去从农村来的，他们比现在的地方党委的干部资格都老一些，中央和省、市、自治区党委完全有可能利用这个机会，层层下放一批干部，加强地方党委，加强县委，加强公社党委。每一个县，每一个公社，至少要有两三个人当“班长”、“副班长”。调去的人不一定就是当第一书记，也可以当书记或委员。要通过这个措施，把农业搞好，把县、社、大队和生产队的领导核心搞好。不管党也好，政也好，根本的问题是选举。拿大队来说，你有什么办法派人去当一个大队的脱离生产的干部？派少数人去加强加强，了解了解情况，当一个时候是可以的，根本的办法还是要用当地的人，本乡的人，本大队的人，根本的办法是搞民主。但是公社和县这两级，是有个加强领导核心的问题。县社两级，不管现在有无核心，即使有了核心，也应该加点人进去，换一换空气。老面孔，大家熟悉，太久了，有好处，也有缺点。天天在一起，都习惯了，有些事情不容易察觉，有些事情就麻痹了，该提的问题、该批评的问题也就马虎了，新的感觉也就比较少了。如果调剂一下，对于转变作风，树立新的气象，都有好处。中央组织部最近要认真抓这件事。省、市、自治区党委的组织部门也要认真做这件事。反正一个省就是那么多县，最多的一百几十个县，省委的同志，大概对每一个县的领导干部都认得的，大体上可以排一排队，加一点新的人进去，把空气改变一下。这对于干部的培养，对于工作，都是有利的。

# 怎样恢复农业生产*

（一九六二年七月七日）

这个时期，我们在经济上采取了一些措施，应该说总的情况比前一个时期好一些。所谓好一些，并不是说我们的生产有什么发展，而是说我们的调整工作开始见效了。至于吃、穿、用的问题，一下子还不能够很快地得到解决。但是只要根据我们现在的调整方针搞下去，就有可能缩短一点克服困难、争取好转的时间。

我们要克服困难，争取财政经济状况的根本好转，要从恢复农业着手。农业搞不好，工业就没有希望，吃、穿、用的问题也解决不了。农业要恢复，要有一系列的政策，主要是两个方面的政策。一个方面是把农民的积极性调动起来，使农民能够积极发展农业生产，多搞点粮食，把经济作物恢复起来。另一个方面是工业支援农业。

一九五七年时，粮食产量是三千九百亿斤，去年是二千九百亿斤，今年不晓得能不能搞到三千亿斤。气候也是问题，今年有些地方遭受水灾，也还有些地方干旱。总的看来，今年的

---

* 这是邓小平同志在接见出席中国共产主义青年团三届七中全会全体同志时讲话的一部分。

粮食产量不会比去年差，但就是达到了三千亿斤，还要再增加九百亿斤，才能达到一九五七年的水平。我们要研究用什么办法，要多长时间，才能把粮食生产恢复起来，随着粮食产量的增加，再把经济作物恢复起来。

农业本身的问题，现在看来，主要还得从生产关系上解决。这就是要调动农民的积极性。现在全国也还有个别的农村人民公社实行公社所有制，群众不愿意拆散，能够保持的就让它保持好啦，也有以生产大队为核算单位的，比较多的是以生产队为核算单位。有些以生产队为核算单位的地方，现在出现了一些新的情况，如实行"包产到户"、"责任到田"、"五统一"〔199〕等等。以各种形式包产到户的恐怕不只是百分之二十，这是一个很大的问题。怎么解答这个问题，中央准备在八月会议上研究一下〔200〕。现在"百家争鸣"。这样的问题应该"百家争鸣"，大家出主意，最后找出个办法来。

生产关系究竟以什么形式为最好，恐怕要采取这样一种态度，就是哪种形式在哪个地方能够比较容易比较快地恢复和发展农业生产，就采取哪种形式；群众愿意采取哪种形式，就应该采取哪种形式，不合法的使它合法起来。这都是些初步意见，还没有作最后决定，以后可能不算数。刘伯承〔16〕同志经常讲一句四川话："黄猫、黑猫，只要捉住老鼠就是好猫。"这是说的打仗。我们之所以能够打败蒋介石，就是不讲老规矩，不按老路子打，一切看情况，打赢算数。现在要恢复农业生产，也要看情况，就是在生产关系上不能完全采取一种固定不变的形式，看用哪种形式能够调动群众的积极性就采用哪种形式。现在看来，不论工业还是农业，非退一步不能前进。你不承认这个退？农业不是在退？公社不是在退？公社核算退为大队核算，大队核算又退为生产队核算，退了才能前进。目前，要注意充分地调动群众的积极性，发挥他们的潜力。第一步恢复粮食，第二步恢复经济作物，同时把农具和牲畜慢慢地恢复起来。这是一个生产关系的调整，是对我们的考验。当然，我们全党应该有一个统一的主意，应该有一个主见。比如说，要尽量保持以生产队为基本核算单位，就得说服群众，加强干部。这是一种可能。还有一种可能，就是有些包产到户的，要使他们合法化。这都是些想法，究竟采取什么措施，我们全党在考虑，中央在考虑。现在要冷静地考虑这些问题。过去就是对这些问题考虑得不够，轻易地实行全国统一。有些做法应该充分地照顾不同地区的不同条件和特殊情况，我们没有照顾，太轻易下决心，太轻易普及。过去我也讲过，我们的运动太多，统统是运动，而且统统是全国性的，看来这是搞不通的。有的应该搞运动，比如土改运动，但是也有个阶段的不同和方法的不同啊。

上面所说的都是在农村方面要采取的一些政策，目的就是要多打一点粮食，多种植一点树，耕牛繁殖起来，农民比较满意，一面自己能够多吃一点，一面多给国家一点。总的来说，在全国，要巩固集体经济，也就是要巩固社会主义制度，这是根本方向。当然，也要解决工作中领导中的具体问题。在农村，还得要调整基层的生产关系，要承认多种多样的形式。照我个人的想法，可能是多种多样的形式比较好。

要恢复农业，还要解决好城市与农村的关系问题。城市人口多了，就要挤农民的口粮，就要从农民手上拿出更多的粮食来，这样，农业恢复起来就困难。比如城市里多一千万人，就要增加粮食四十亿斤，多二千万人，就是八十亿斤，多三千万人，就是一百二十亿斤。一百二十亿斤，看起来平均一个人每个月只有三十几斤，实际上却是个了不起的数字，因为出粮食比较多的地方全国只有那么三百多个县啊！

挤农民口粮的有两个方面。一个是城市人口。这要从减少城市人口方面打主意，要在去年减少城市人口一千多万人的基础上，今年、明年再减少两千万人，甚至于更多一点。如果这样的要求真正能够实现，城市人口就相当于一九五七年的水平。再一个挤农民口粮的是公社以下生产大队、生产队的干部。这部分人数量也不小。如果我们从体制问题上来解决，把这部分人减少一大批，那末挤占农民口粮的人就可以大大减少。农民的口粮一增加，饲料就有保证，就可以养猪，大牲畜就可以不再死亡，而慢慢地发展起来。当然，这里面也还有生产关系问题，如耕畜怎么养法，是私养为主，还是公养为主。

所谓从体制问题上来解决，就是改变公社、生产大队、生产队的现有关系。用什么方法解决，中央考虑过多次，现在省委的同志也还有不同的意见。多数同志主张，实际上是把大队一级取消。公社和大队两级，除了领导领导、计划计划、检查检查、推动推动以外，不管钱，不管粮；将来把供销社搞起来了，商业也不管。现在一个公社有几百人吃公粮，这个问题很大。公社实际上是一个大乡，人员编制、工作范围、工作性质、工作任务，都可以恢复到大乡那个程度，公社委员会也就是乡人民委员会。大队一级我们设想只要一个人，他可以参加生产，不要从农民手上拿东西，国家补贴一点，这是一个办法。或者是采取老办法，规定一个补贴的数目，从村里出，也可以。将来有些大队可以合并一下，几个大队变成一个村，有一个村长、一个支部书记、一个文书就可以了，文书的工分由国家补贴。这样不但可以把挤占农民的口粮大大减少，而且可以改善党和群众的关系，这是最大的好处。

总之，要从这两个方面着手解决城市与农村的关系问题，一个是减少城市人口，这是一个大政策；一个是调整公社、大队、生产队的体制，这也是一个大政策。我们要一步步地使农民缓过气来。农民缓过气来了，生产积极性就提高了，农业的恢复和发展就有希望了。

恢复农业的另一方面的政策是工业要加强支援农业。第一，为农业需要服务的工业生产不能减弱，还要改善。要解决这些工业生产中存在的问题。比如农业机械，过去搞了这么多年，但如何根据各地的不同情况，采用适合的农业机具，长期以来没有很好解决。又如水利建设，这几年国家花钱不少，但是灌溉效益却不高。现在要考虑对原来的水利工程进行修补，有的地方要打一点井。又如肥料生产，哪个地方适用哪种化肥，也要搞清楚。总之，支援农业的工业不能减，而且要搞好。第二，工业要着重解决人民吃、穿、用的问题，减轻农业的负担。比如穿的问题，我们就可以从工业方面慢慢地加以解决。本来一九五七年我们已经决定从国外购买生产维尼纶的资料和设备，后来耽误了。如果把维尼纶厂建设起来，就可以减轻棉花供应的压力，还可以和农民搞一些交换。有了交换，就可以刺激农业生产的发展。穿是这样，吃、用也是这样。

为了恢复农业，还要解决市场和物价问题。市场要管好。

中央已经决定把全国的供销合作社普遍搞起来。搞好供销合作社，不仅有利于交易，而且还可以组织和促进生产，增加市场供应，使农民增加收入。

总之，要把群众的积极性调动起来，首先是把农民的积极性调动起来，同时也把城里人的积极性调动起来，好好地搞，就有希望。现在看来，我们可以找到一条在比较短的时间内恢复国民经济的道路。我们要争取在五年内，就是在第三个五年计划之内，或者更短一点的时间，使我们的财政经济情况根本好转。

# 执政党的干部问题*

（一九六二年十一月二十九日）

党要管党，一管党员，二管干部。对执政党来说，党要管党，最关键的是干部问题，因为许多党员都在当大大小小的干部。

干部工作问题很多，有些问题还想不出好的办法来解决。现在干部数量已经很大，可能多几百万到千把万，包括生产大队、生产队的干部。就算是多三五百万，也是个大问题。而且干部队伍又是越来越大。每年从大专学校、中等专业学校毕业出来的至少有二十万。军队每年转业的干部有几万，最近两年还要多一点，每年有十几万。地方的同志一定要支持军队干部转业，不然，军队统统是军官，没有兵，或者一个军官带两个兵、三个兵，这样军队就没有战斗力了。军官就是有个年龄的限制，年龄大了，打起仗来爬山就爬不动。特别是当个团长，上了四十岁就不行了，跑到前线去侦察，探地形，翻雪山，就困难得很，年轻一点的才跑得动。最近从军队调一些干部出来，是有意识地抽调一部分骨干加强商业方面。这些干部，各地方必

* 这是邓小平同志在接见参加组织工作会议和全国监察工作会议的同志时讲话的一部分。

须容纳，必须分给商业部门，这是中央的决定，不能因为你们那里的干部不好安排就不接受。还有，干部总是要提拔一些新的。这几个方面加起来，每年最低限度要增加三十万左右的干部，十年就要增加三百万左右，实际上不止这个数。

多少年来，我们对干部就是包下来，能上不能下。现在看来，副作用很大。我们面前摆着这个难题，现在还没有很好的办法解决。唯一的出路是要能下。这是一项很艰巨的工作。首先，思想上要弄通。应该说，问题倒还不全是待遇问题，解决待遇问题可以保留原薪原级，问题是职位要能下。现在副职太多，一个军区的副司令员要开两桌饭，一个省的副主席、副主任、省委副书记也要开两桌饭。这个问题，多少年来，中央在考虑，地方也在考虑，但是始终解决不了。解决这个问题，需要做很多的工作。要说服我们的干部，造成一种能下的空气。生活待遇和政治待遇可以不降低。要劝说一批同志去担任荣誉职务，比如在一个县，当个县的政协委员、政协副主席。省也是这样。有一部分干部可以到下面去工作，替换一些下面的干部，让他们回到生产中去，待遇不降低。还有一部分完全不能工作的干部，索性就离开职务继续休养，或者担任一个荣誉职务。干部能上不能下的问题现在已经成为我们工作中的障碍，虽然一下子还不能解决，要慢慢来，但是总要逐步地解决。

这次中央书记处开会听取组织工作汇报时，我提出干部能上能下，是不是可以试验一下，先从基层做起。比如，支部书记当了两届后，就回到生产中去，生产队长当了两年又回去当社员。不是一级一级的总是上，要下，要能上能下。要能领导人，又能被人领导。在被领导时还可以起个帮助领导的作用，老支部书记帮助新支部书记，老生产队长帮助新生产队长。过一两年又可以选他当支部书记或生产队长。相应地，在一个企业，一个学校，也可以采取这种办法。这对干部是一个锻炼。这个问题，中央没有议过，我是第一次发表这个意见。在农村基层搞久了，也有缺点。当上一二十年的支部书记，又是“一帮子”，他的话差不多就是“圣旨”，这对于发扬民主，贯彻执行民主集中制，都不利。支部书记到下面当个普通党员，生产队长到下面当个普通社员，可以看看他们当支部书记或队长的时候，工作和作风究竟怎么样，这对于发扬民主有好处。这个问题，请你们回去跟中央局和省、市、自治区党委的领导同志交换一下意见，看是不是可以找些地方试一试。我个人考虑，可能是个好办法，至少没有坏处。企业里面的技术干部不能随便下放，不能让工程师去当工人，一个好的车间主任下去当普通工人也不好。首先从一部分党员行政管理干部中试行，比如厂一级干部可以下去当车间主任，当两年再说。为什么总是你领导人家，不可以被人家领导一下呀？总之，先从基层做起。要逐步从制度上，习惯上，风气上，做到能上能下。这一点，我们不如资本主义社会，资本主义社会是能上能下的。苏联怎么样，我不清楚。这是摆在我们面前的一个大问题。

对干部的管理和监督要加强。最近，刘少奇同志批评，对干部作鉴定好多年没有搞了。组织部门应该建立这方面的工作。对干部的监督，无非是这样几个方面：首先是党的生活的监督，党员干部要过党的生活。今年一月扩大的中央工作会议〔197〕提出，许多高级干部完全在支部里面过党的生活，监督比较困难。这是多少年的经验了。那个时候提出，一个季度或者半年，可以在一个党委，一个党组，结合讨论工作，过一次党的生活，做点批评和自我批评，看看执行方针政策正确不正确，努力不努力，坚决不坚决。这不只是个人的修养问题，也是一种监督，是党的生活的一种形式。对这一部分干部采用这种形式比较好。这已经是肯定了的，现在就是做的问题。至于一般党员、干部，人人都应该经常过支部生活，过小组生活，接受党的监督。民主集中制的贯彻执行，这也是一种监督。还有党员和群众的监督，党的监察制度的监督，组织部门对干部实行鉴定制度的监督。监察工作主要是监察干部，包括比较负责的干部，即使不是同级的主要干部，至少也是一些负责干部。要把管理和监督干部的经常工作好好地建立起来，把监察工作好好地加强起来，把干部的鉴定制度恢复起来，这样做极有好处。对干部中存在的问题，经常抓就容易解决，搞一次运动费力得很。

干部工作的另外一个问题，就是干部交流问题。这是中央作了决定的，现在也是执行的问题。干部交流，是自上而下的工作。属于中央管理的干部的交流，由中央组织部提出意见，经过中央批准。省委管理的干部的交流，由省委组织部提出意见，经过省委批准。干部交流不是由下面提出什么比例、数字，而是根据需要。少奇同志讲，有的不到百分之五，有的可以超过百分之五，有的可以不动。中央提出第一批干部交流的比例是不超过同等干部的百分之五。规定这个比例的意思是，不要一下子调动很多，来一个调动风，要慎重一点。干部交流，并不完全是因为犯了错误才调动，有的是这个原因，有的不是这个原因，就是交流一下对干部有好处。相熟的人搞到一块太久了，语言听习惯了，对事物的感觉就迟钝了，考虑问题就马虎了。有点新的语言，新的感觉，比较好。干部在这里呆一呆，那里呆一呆，接触的面广一些，知识也多一点。还有一种情况，不是哪一个人不合格，或者犯了错误，而是因为合作不好，形成“几套马车”。一个企业，一个学校，一个党委，都有这样的问题。有了这样的问题，何不把他调动一下？还是担任原来的职务，换个地方就可能合得来了。有的人这里合不来，那里也合不来，多换几个地方就清楚了，总是他的毛病啦。干部交流，是为了锻炼干部，便利工作，给各个单位、各级党委创造一个好的工作条件。

干部的学习空气要加强。这一次军队首先提倡干部学习，我看军委的规定是正确的。地方干部也要读点书，造成一种学习的空气。要学的东西很多。学习什么，我这里不讲了，总是要学习马克思列宁主义、毛泽东思想，内容多极了。

党校和轮训的问题，最近中央宣传部、中央组织部都在考虑。宣传工作会议提出党校和轮训分开，恐怕这个意见是对的。党校，带有经常的性质，学习时间长一点。党校还要培养理论干部，要求学员系统地读些书。轮训，则时间很短。或者把党校分成两部，一部搞经常的党校教育，一部搞轮训，教员也分开。中央党校也提出恢复过去的两部，中央还没有正式考虑，我是同意这个意见的。各地方也可以研究这个问题，注意这个问题。看来，党校不经常办会受到损失。一个时期我们没有重视这个问题，变过去变过来。轮训有的地方已经完成了，有的没有完成。没有完成的继续进行，已经完成的可以考虑搞第二轮。第二轮不一定搞一个半月，不一定还是那些内容。比如八届十中全会〔201〕的内容，也可以搞个第二轮，用十天半月或者一个星期，脱离工作，去议论一番。也可以读一读书，或者在一个时期集中议论一个什么问题。这些，中央可以考虑，地方也可以考虑。

轮训中，"三不"还要不要？"三不"，就是不抓辫子，不戴帽子，不打棍子。中央书记处讨论了这个问题，"三不"还是要。中央关于轮训干部的决定〔202〕中提出的"三不"原则，要继续贯彻执行。过去执行"三不"有一定的缺点，就是只有那个过去挨过批评要出气的人才能出气，而过去批评过别人的人，甚至他的意见是正确的，或者有正确的、有不正确的，他也不敢讲，也不能讲。只能讲这一方面的，不能讲那一方面的。既然要"三不"，就大家都来个"三不"嘛。总的来说，还是毛主席的四句话："知无不言，言无不尽"，"言者无罪，闻者足戒"〔203〕。要造成这种空气。"三不"只是反映了"言者无罪"，四句话里面的一句，是根据一个时候的需要提出来的。完备的提法，还是毛主席的四句话。这四句话，在中央关于轮训干部的决定里头是有的。轮训决定中不只是"三不"，还有好多个"不"，比如小组讨论不作记录。我们还是提倡"知无不言，言无不尽"，说老实话，说错了纠正。毛主席和少奇同志说，我们党内不怕公开的反对派，怕搞鬼，搞阴谋。反对派总是有的，只要是公开的，就不怕。大家都做到"知无不言，言无不尽"，这样就正常了。执行当中有了片面性，就改嘛。总的来说，我们还是要贯彻执行今年一月扩大的中央工作会议上毛主席讲的民主集中制。

# 立足现实，瞻望前途*

（一九六三年八月二十日）

关于工业的发展问题，我主要考虑的是如何立足现实，瞻望前途。现在我们的基础如何，要有清醒的估计，估计得过高或过低都不好。摸清了现在的基础，从现实出发，总结本国的经验，吸取外国的经验，工业发展就可以做到多快好省，实现总路线〔204〕的要求。

摸清现实，不仅是工业基础，还有个农业基础。这里牵涉到人口问题，去年净增一千三百多万人，今年可能净增二千万人，到一九七〇年将有八亿人口。人多，一是好办事，二是不好办事，要吃、要穿、要用。解决吃、穿、用的问题还要费劲好多年。再有一个是技术人才的基础。过去十三年在培养技术人才方面进展很快，但是技术人员不足仍是各部门存在的尖锐问题。这方面要做的事还不少，如教育制度要作适当改革，师资不足需要补充等等。管理水平不高也是问题。

工业水平和技术水平应当区别。我们的技术水平还不高，技术种类也还不全。一些重要的军工产品现在还有许多技术

---

* 这是邓小平同志在工业决定起草委员会会议上关于工业发展问题的发言要点。

问题不能解决。这些是“硬东西”，如果没有外国资料和材料，一下子搞不上去，想跨过去不是容易的。我们现在的工业水平也不算高，如机床只有近六十万台，精密的、大型的、特种的都很缺乏。再如铁路只有三万四千多公里，近三分之一的钢轨要换，许多桥梁也要修补。

国家工业建设的道路，毛主席早就确定了，他在《论十大关系》和《关于正确处理人民内部矛盾的问题》中，就提出要工农业并举，轻重工业并举。这是各国经验的总结。美国早先工业发展快，靠农业有一个强大的基础。日本二次大战后也因为先解决了农业问题，工业发展得很快。现在我们的弱点基本在农业。每年增加一两千万人，要吃、穿、用，压力很大。

工业本身，首先是基础工业本身就存在不少问题。钢铁两头，采矿和轧钢，都差得很多。有色金属工业很薄弱。机械工业的力量也很差。石油产量只有几百万吨，燃料就靠煤，而煤要上去得多投资、花时间。许多国家工业发展得快，尖端工业能够较快地上去，都是因为有强大的基础工业。现在似乎还找不到一个国家，基础工业很差，而尖端工业发展很快的。

总之，制定发展工业的方针和规划，要考虑农业基础，工业基础，科学技术基础，加上管理水平。按照农、轻、重的次序〔205〕安排，从长远看会发展得快一些、好一些。我考虑，在一定时期内，我们工作的重点，必须按照以农业为基础的方针，适当解决吃、穿、用的问题（当然是低水平）；工业本身必须着力解决基础工业薄弱的问题。

我们的奋斗目标怎样提？经过四十年努力走到世界前列。怎么解释？就是成为世界上主要的几个工业强国之一，而不是赶过所有国家。说赶过所有国家，现在没有把握，因为基础不同，而且人家也在前进。当然，成为世界几大强国之一，可能不一定要用四十年。

我设想，是否先提一个近期的目标，如再经过五年至七年的努力，初步或基本建立一个全国范围的独立的工业体系。我们好好精打细算，合理规划，争取在一九七〇年达到这个目标。如果不行，加一年两年。我们基本建成或者说是初步建成一个独立的工业体系，也就是为工业、为农业、为国防建设的更快发展打下基础。

在这个过程中，第一要抓吃、穿、用的问题。农业除开化肥、农药以外，要着重解决水利问题，包括排涝在内。要想办法多搞点轻工业，增加积累，重要的是要发展经济作物。今后几年宁肯继续进口粮食，也要加快发展经济作物。第二要抓基础工业。要建设新的铁路。第三要抓国防尖端技术。常规武器的问题仍然需要注意解决。这就是我们的纲。是否如此，不妨提出几个方案，几种做法，大家来讨论。总的提法还是四个现代化。

今后建设新企业以中小企业为主，建必要的大企业。搞中小企业，管理水平也提高得快。

改变管理体制，搞托拉斯〔206〕，大工业市直属中央，是否如此，请各大区〔207〕同志考虑，要推敲一下矛盾在哪里。

文件中要讲积累和消费的比例问题，即投资比重问题。这个问题非解决不可。

要提一下干部政策。总的是又红又专，红专结合，管工业的一定要专。一个令人高兴的情况是确有一批司局长和一些副部长比较强，并且懂得业务。省、市也有一批这样的干部。要把这些人放到企业（中小企业，不一定大企业）中去当两年厂长，然后再上来当部长、副部长。这样，我们就会有一批又红又专的强的领导骨干，我们的管理水平就会大大提高。这个问题关系到我们的前途，在组织上要采取这个政策。

# 建设一个成熟的有战斗力的党*

（一九六五年六月、十二月）

## 一

我想介绍一下我们党和毛泽东同志从一九三五年遵义会议〔68〕一直到一九四五年七大这十年中间处理党内问题的一点经验。

从一九三一年一月我们党的六届四中全会〔208〕起，到一九三四年底，差不多四年的时间犯第三次"左"倾路线错误〔67〕，我们的革命力量曾遭受很大损失，到最后在蒋介石统治区损失几乎百分之百，在红军苏维埃区损失百分之九十。"左"倾路线统治时期，不仅完全拒绝毛泽东同志的正确路线，而且把毛泽东同志调离党和军队的领导岗位，一直到长征。长征的前一段，因为没有毛泽东同志的指挥，所以就犯错误，使红一方面军由八万人减少到三万人。到了遵义，王明〔209〕、博古〔210〕路线不能继续下去了，怎么办？就开中央政治局扩大会

* 这是邓小平同志同亚洲一位共产党领导人两次谈话的节录。第一次谈话时间是一九六五年六月十四日，第二次谈话时间是同年十二月二十七日。

议，即遵义会议，才开始了毛泽东同志的领导。当时，毛泽东同志在遵义会议上采取了正确的方针，只是提出军事路线的错误，还不提政治路线错误。毛泽东同志在那时候没有当总书记，博古的总书记当然当不成了，但还是由曾经站在王明路线一边的洛甫〔12〕当总书记。为什么这样呢？就是要把犯错误的同志团结起来，特别是在困难的时候。毛泽东同志正确处理党内问题的政策，使大家团结起来了，渡过了最困难的时刻，完成了长征。长征结束以后，毛泽东同志还没有当总书记。当然，遵义会议以后，毛泽东同志就是我们党的领导核心了。在抗日战争期间，我们党采取总结经验的方法，用整风的方法，把历史上两条路线的斗争搞清楚了，一直到一九四五年我们党的第七次全国代表大会〔126〕，才得出最后的结论，并在组织上把毛泽东同志选为中央委员会的主席（那时候改变了形式，不叫总书记了）。这就是说，毛泽东同志对于犯错误的同志是采取团结的态度。"从团结的愿望出发，经过批评或者斗争，在新的基础上达到新的团结"这个思想，就是毛泽东同志在那个时候形成的。这项工作花了十年的时间，使犯错误的同志真正了解他们的错误，他们的积极性被调动起来，党更加团结起来了。在这个基础上争取了抗战的胜利，迎来了全国的解放。所以，处理党内的问题，可以有两种方法，一种是比较快比较急地解决问题，一种是耐心地花较长的时间来解决问题。当然不是说任何时候，对任何性质的问题，都一定要花上十年时间去解决，主要是看采取这个方法的效果怎么样，这个效果就是教育犯错误的同志认识错误，使全党对于党内的是非问题、两条路线的是非问题弄得更清楚，并受到教育。简单地从组织上解决问题是不是牢靠呢？还是从思想上解决问题牢靠。当然，我们的经验不一定适合你们党内斗争的情况，但是这也算作是一种方法，供你们参考，因为任何一个党都可能遇到这样的问题。

我们历来对兄弟党讲，制定自己的适合于本国情况的战略和策略，纲领和要求，只能由各国党自己搞。自己搞，可以取得经验，正确的是自己的，错误的也是自己的，自己去总结。错了也没有什么了不起，只要善于运用批评和自我批评这个方法，不断地总结经验，总是能够不断地前进的。我们党对兄弟党只是介绍我们的经验，这些经验哪些可以借鉴，哪些不能借鉴，完全由各个党自己去选择。但是我们相信毛泽东同志总结出的一个比较重要的原则，这就是每一个党都必须把马克思列宁主义的普遍真理同本国的革命实践、本国的实际情况相结合，才能够制定正确的战略和策略，才能够赢得革命的胜利。

如果要说我们的经验，那就是：制定和执行正确的战略和策略要根据本国的具体情况，特别是对阶级和阶级斗争的情况，要作深入的了解。我们这个党，建立不久就确定中国社会是一个半殖民地半封建的社会，根据这个社会性质来确定我们的革命阶段、革命对象和革命动力，规定反帝反封建是我们第一阶段的革命任务。但是，提出了反帝反封建这个任务就等于真正懂得什么叫反帝反封建吗？不！因为制定和执行反帝反封建的正确的战略和策略是很不容易的。在这个革命阶段当中，应当如何反帝反封建，依靠什么力量，团结什么力量，打击什么力量，这些问题，我们党在一个相当长的时期内没有解决，没有搞清楚。

比如对于农民问题，我们党历来就明确，农民占我国人口的绝大多数，要发动农民。从我们党成立到大革命的时候，农民运动有很大的发展。但是，是不是农民运动发展了，就等于我们党了解了农民呢？没有。毛泽东同志说，他从一九二五年起，差不多用了六七年的时间，才开始真正了解农民。以后他才提出对于农民和工农联盟的正确纲领和政策，才根据中国的实际正确地提出了农村包围城市的战略方针。在土地革命中，我们根据农村的阶级状况提出了正确的阶级政策。只有"土地归农民"这么一个口号是不够的，土地怎么分配就是一个很大的问题。毛泽东同志提出，农村里边包括地主在内，都要同等地分配一份土地。当时在我们党内"左"倾机会主义占统治地位，他们反对这个主张，说这不是阶级路线。他们提出富农分坏田，地主不分田，说毛泽东同志是机会主义。他们说，富农是剥削阶级，是农村的资产阶级，为什么要同贫农一样地分一份土地呢？地主压在农民头上好多年了，为什么还要同等地分一份土地呢？表面上看起来这是多么的革命！他们就是不懂得农村。他们不懂得地主不分田，地主的嘴巴要不要吃饭？富农分坏田，富农的嘴巴要不要吃饭？如果地主、富农要吃饭，他们又没有田，怎么办？这实际上是把所有地主、富农逼得同蒋介石联合起来反对农民，结果是对于贫农、中农不利，对于工农政权不利，对于生产也不利。如果给地主、富农分了田，使他们逐步由剥削者变成劳动者，就可以使用他们的劳动力嘛。我只是举个例子，这样的问题很多。在农村不做充分的调查研究，不仔细地研究农村的阶级状况，也就不可能真正了解贫农和一般农民的要求，不了解什么政策才适合于农民阶级的利益。一些形式上很革命的“左”的东西，并不适合农民的利益，所以单单一个“土地归农民”的口号是不能解决所有问题的。

又如怎样对待民族资产阶级的问题，这是民族民主革命阶段中一个很重要的问题，处理不恰当，就会犯“左”倾机会主义或者右倾机会主义的错误。民族资产阶级是动摇的，它同帝国主义、封建主义有千丝万缕的联系。我们党在这个问题上既犯过“左”倾机会主义的错误，也犯过右倾机会主义的错误，犯“左”倾机会主义错误的时间比犯右倾机会主义错误的时间还长，损害还大。大革命的前一个阶段，我们党正确地对待了这个问题，同以孙中山为代表的资产阶级革命派合作，实行国共合作，发展革命，也同蒋介石进行合作。在这个合作当中，如果我们只是同资产阶级打交道，那是错误的。我们同资产阶级建立同盟来搞民主革命，有个最重要的问题，就是要在这个形式下来发展进步力量，发展工人的力量，发展农民的力量。大革命后期，我们党犯了陈独秀右倾机会主义〔65〕的错误，就是怕同资产阶级作政治上的斗争，怕触动它，不敢发动群众，等到蒋介石一背叛就使大革命失败了。大革命失败之后，我们党出现过三次“左”倾机会主义路线〔174〕的错误，就是要打倒一切。当时主要打击的是资产阶级、资产阶级的知识分子和小资产阶级的政党。这样做的结果，把我们自己孤立起来了。城市里的许多人，包括知识分子和青年，在很长一段时间内脱离我们。工人运动也搞不起来，那时不区别对象，就是罢工，而且条件也提得很高，结果工人运动也垮了。我们在城市中的力量一步步地丧失，一直到最后差不多搞光了。但是在农村，在毛泽东同志领导的地区，实行了正确的政策。当时红军保护工商业。有些工商业资本家也进行封建剥削，我们只取消他们的封建剥削部分，对他们的商店和工厂不去触动，所有的东西都不没收，而且加以保护。实行这样的政策，对于我们的根据地有很大的好处，能够打破国民党的经济封锁。后来“左”倾机会主义路线的领导人到了中央苏区[17]，反对毛泽东同志的正确政策，打击民族工商业。结果在蒋介石封锁下，根据地连盐都没得吃。就是在陈独秀右倾机会主义时期，城市工作也有“左”的错误。比如，那时候武汉有同我们党合作反对蒋介石的国民党左派政府，我们也在那里举行罢工，提出的经济要求甚至超过了资产阶级所能负担的程度，结果市场凋敝了，损害了革命政权的经济基础。所以在对待民族资产阶级方面，我们党有“左”的经验也有右的经验。我们要采取正确的政策。民族资产阶级当然是动摇的，但是要利用它的积极的一面，要有团结有斗争。什么情况下以团结为主，什么情况下以斗争为主，这是不能硬性规定的，是一个灵活运用的问题，要根据对本国民族资产阶级的具体分析来确定。

我举这么两个例子，主要是为了说明，制定正确的纲领和政策，要对本国的具体实际作深入的了解。这个工作很不容易，特别是对农民问题的了解很不容易。

我再介绍一下我们党在抗日战争时期的经验。策略是为战略服务的。抗日战争以前，我们叫土地革命时期。那个时候，我们对于地主阶级的政策是没收土地的政策。日本加紧侵略中国后，民族矛盾变成主要的矛盾了，主要的打击对象是日本帝国主义。这个时候，国际上一切间接的同盟者我们都要联合，比如美国，我们那时同它就有来往。对于官僚资产阶级，它由过去的主要打击对象变成了又团结又斗争的对象。它的代表就是蒋介石。我们同他合作抗日，在合作抗日中间采取又团结又斗争的政策。另一个主要的打击对象地主阶级也变成又团结又斗争的对象了。这就是说，对于地主阶级，不采取没收土地的政策，但又要适当满足农民的要求，所以采取减租减息〔50〕的政策。如果这个时候我们还继续同国民党打仗，不把日本帝国主义作为主要的打击对象，抗日就搞不起来。如果主要的打击对象又是日本帝国主义又是国民党，抗日也搞不起来。如果主要的打击对象还是地主阶级，不采取减租减息的政策，而是采取没收土地的政策，那就会把地主阶级赶到日本侵略者那边去。所以，不能混淆主要打击对象，一混淆就把自己孤立起来了。抗日战争时期，蒋介石不是主要打击对象。但是在又团结又斗争的问题上，我们党内也有右倾机会主义，这就是王明的右倾投降主义〔211〕错误。

## 二

要使一个党逐步成为成熟的党，同群众有联系的党，是不容易的。从我们党的历史来看，我们全党成熟的标志是第七次全国代表大会，那是在一九四五年。我们从一九二一年建党，经过了二十四年，才成为一个成熟的党。当然，这是从全党来说。作为中央领导，可以说在一九三五年一月遵义会议确立了以毛泽东同志为核心的中央领导时，就成熟了，这也用了十三年半的时间。

遵义会议以后，党内还不断有斗争。在抗日战争初期，还有第二次王明路线，王明由“左”倾机会主义变为右倾机会主义。全党干部包括一些主要干部，对党的历史、两条路线的斗争，怎样把党建设成为一个正确的党、联系群众的党，用什么样的思想作风来武装党等问题的认识，都还不很清楚。

一九三五年十月，红一方面军胜利结束长征〔18〕，中央到达陕北，那时还不是在延安，而是在延安以北的一个地方。三个方面军会合后，毛泽东同志看到，红军只剩下三万人，而在这三万人中，负责干部无非是两三千人，怎样研究党的历史，总结经验教训，教育党员，这是一个很严重的问题。那时候，毛泽东同志的主要精力就放在怎样统一党的思想方面。接着就爆发抗日战争。毛泽东同志一方面领导抗战，使党实行正确的抗战路线；另一方面总结党的经验教训，写出了包括哲学、政治、军事等方面的一系列的文章。在这个基础上，又搞了整风运动〔63〕。整风可以说在一九三九至一九四〇年就开始了，经过五年左右的时间，特别是经过从一九四二年开始的全党范围的整风，彻底地清算了“左”倾机会主义和右倾机会主义，最后统一了全党的思想。犯过错误的人，也承认过去犯了错误。在这样的基础上，我们党作出了《关于若干历史问题的决议》。这个决议讲了路线的错误，特别是王明的“左”倾机会主义路线错误。但是王明一直坚持错误，他现在仍住在莫斯科，还写文章骂我们。

我们整个党用毛泽东思想统一起来是在第七次全国代表大会。我们党的第六次全国代表大会〔212〕是一九二八年开的，到一九四五年才召开第七次全国代表大会，隔了十七年。这次代表大会是正面讲问题，是一次团结的大会。大会结束不久，日本就投降了。这时，全党已经用毛泽东思想武装起来了。用毛泽东思想武装起来的这样大的一个党，面临美国支持的蒋介石发动的内战，就有办法了。

所谓全党成熟，首先是在思想上，我们党有了把马克思列宁主义同中国革命的具体实践相结合的毛泽东思想，广大干部和党员掌握了这个思想。在政治上，从遵义会议以后，党内虽然有过错误的路线，但是毛泽东同志总是用正确的路线去克服错误的路线，因此，从那以后党的方针和政策都是正确的。体现了正确路线的方针和政策，变成了群众的行动，得到了群众的拥护，经过抗日战争时期，党员从三万人发展到一百二十多万人，军队也从三万人发展到一百万人，解放区人口达一亿多。如果不是党的路线正确，方针政策正确，这是不可能的。在组织上，形成了一个健全的马克思列宁主义的党，树立了一个正确的党风。在党的第七次全国代表大会时，毛泽东同志把党风概括为三条：第一，这个党必须是理论同实际相结合的党；第二，这个党必须是密切联系群众的党；第三，这个党必须是建立在自我批评基础上的党。没有批评与自我批评精神，就不会及时地总结经验，修正错误；也不会用正确的和错误的经验，正面的和反面的经验，来教育干部、党员和群众。毛泽东同志经常教导我们，不犯错误的党，不犯错误的人，不犯错误的领导是没有的，问题在于及时总结经验，用批评与自我批评的精神检查工作。这样，就可以不使小错误发展为大错误，发展为路线性的错误；就可以使党员和干部从正确经验中受到教育，也可以把错误变成肥料，将坏事变成好事。

在党的组织方面，毛泽东同志还提出了一系列的方针原则。我们党的组织原则是高度的民主和高度的集中相结合，把列宁提出的民主集中制原则精神发挥了。一个党不集中不行，如果没有中央的和各级党委的集中领导，这个党就没有战斗力。这种集中，如果没有高度的民主作基础，集中也是假的。全党提倡民主、提倡批评与自我批评，就能真正把全党的意志集中起来，真正做到万众一心。毛泽东同志提倡军队也要搞民主。我们的人民解放军实行三大民主，即政治民主、经济民主、军事民主。连里开会，战士可以批评连长，这种民主妨碍不妨碍连长统一指挥呢？不妨碍。连长发现错误就改，这样就能更好地指挥，部队的战斗力更强。这不仅是在一个连里，就是在我们一个大的作战区，有了错误，指挥员也要受批评。比如哪一个战役没有打好，军长、团长就对这个作战区的指挥员提出批评意见嘛！有什么办法呢？搞得不好，只好承认错误。这样，对下一仗怎么打，就有办法了。有了党内民主和批评与自我批评，有问题就不是在下面乱讲，而是摆到桌面上来。毛泽东同志还提出“惩前毖后，治病救人”，对犯了错误的人应当允许人家革命。例如我们党的第七次全国代表大会和第八次全国代表大会〔173〕选出的中央委员中还有王明，第九次全国代表大会是否选他还要考虑，就是要给他革命的机会。总之，对待犯错误的同志要耐心地帮，叫做一看二帮。所谓“看”，无非是看他能改不能改。不管他能改不能改，总是要帮够，要“惩前毖后，治病救人”。

毛泽东同志确立的一套建党思想，在我们看来，对列宁的建党原则有很大的发展。好的党风要继承下来，要由接班人传下来。我们特别注意宣传毛泽东思想，使它在群众中扎根。建立一个什么样的党的问题，这不仅是我们这一代的问题，也是下一代、再下一代的问题。一个国家的革命，核心问题是党。有了一个好党才能引导革命走向胜利。革命胜利后，搞社会主义也要靠一个好党，否则胜利就靠不住。

以上讲了那么多，介绍了我们党的历史。总之，党要能团结全党干部和党员，在必要的斗争中去团结。有了党的团结，才能有力量去团结广大群众。如果有了这样的党，哪怕党员少，也可以发挥很大作用。一个人数少但有战斗力的党比一个人数多而缺乏战斗力的党要强得多。党有战斗力，就可以发展起来。

# 注 释

1 **大革命** 指一九二五年至一九二七年中国人民反对帝国主义、封建主义的革命运动。——第2、87页。

2 **托派**，这里指中国的托派。一九二七年革命失败后，以陈独秀为代表的一小部分投降主义者，采取了托洛茨基主义立场，认为中国资产阶级对于帝国主义和封建势力已经取得了胜利，中国资产阶级民主革命已经完结，中国无产阶级只有待到将来再去举行社会主义革命，在当时就只能进行所谓以"国民会议"为中心口号的合法运动，而取消革命运动。因此他们又被称为"托陈取消派"。一九二九年十一月陈独秀等人被开除出党后，在托洛茨基的直接撮合下，同其他托派分子相结合，在一九三一年五月建立了统一的中国托派组织"中国共产党左派反对派"（一九三五年改称"中国共产主义同盟"）。陈独秀被推为书记处书记。不久，它的领导成员先后被国民党政府逮捕，这个组织随即瓦解，但一些托派分子和托派小组织还在继续活动。抗日战争时期，托派在宣传上也是主张抗日的，但是攻击中国共产党的抗日民族统一战线政策。把托派与汉奸相提并论，是由于当时在共产国际内流行着托派与帝国主义国家间谍组织有关、中国托派与日本帝国主义间谍组织有关的错误论断所造成的。——第2页。

3 **三三制** 是中国共产党在抗日战争时期的统一战线政权政策。根据这一政策，抗日民主政权中人员的分配，共产党员大体占三分之一，左派进步分子大体占三分之一，中间分子和其他分子大体占三分之一。——第8、70、89、119页。

4 一九三五年十二月九日，北平学生数千人在中国共产党的领导下举行爱国示威游行，提出"停止内战，一致对外"、"打倒日本帝国主义"等口号。游行的学生遭到了国民党政府的镇压。次日，北平各校学生宣布总罢课。十六日，学生和市民一万余人，再度举行示威游行。全国人民纷纷响应，形成中国人民抗日救亡运动的新高潮。这次运动，历史上称一二九运动。——第10页。

5 宋哲元（一八八五——一九四〇），山东乐陵人。一九三五年一二九运动时任国民党军第二十九军军长、河北省政府主席。——第10页。

6 党团 是当时中国共产党在政府和群众组织中建立的党的领导机构。在中国共产党第七次全国代表大会制订的党章中，党团改称党组。——第13、73页。

7 联办 是冀南、太行、太岳行政联合办事处的简称，一九四〇年八月一日成立。当时是晋冀豫边区的最高政权机关，并担负边区根据地的立法任务。一九四一年八月晋冀鲁豫边区政府成立时，联办撤销。——第13、35页。

8 救亡室 是抗日战争初期晋、冀、豫等地抗日军民开展群众性政治、军事和文化活动的组织形式。其名称各地区、各部门有所不同，山西一些地方通常称民革室（即民族革命室），有的地方称救国堂。——第19、26页。

9 一九四一年三月十八日，冀南、太行、太岳行政联合办事处决定接受中共中央北方局的提议，邀请党政军民各界组织边区临时参议会筹委会，在管辖范围内进行选举参议员的活动。同年七月七日，晋冀豫边区临时参议会在山西辽县（今左权县）开幕，参加会议的包括冀南、太行、太岳和冀鲁豫四个地区的参议员。七月九日，晋冀豫边区临时参议会改名为晋冀鲁豫边区临时参议会，它是边区最高权力机关。——第21、37、83页。

10 布尔什维克 是俄文 Большевик 的音译，意即多数派。一九〇三年俄国社会民主工党第二次代表大会制定党纲、党章时，以列宁为首的马克思主义者同马尔托夫等机会主义者展开激烈的斗争。在选举中央领导机关时，拥护列宁的人获得了多数票，称为布尔什维克。此后，马克思主义者曾被称为布尔什维克，马克思列宁主义曾被称为布尔什维主义。——第21、87页。

11 “东亚新秩序”是一九三八年十一月三日日本首相近卫文麿在《帝国政府声明》中提出的侵略和奴役中国的阴谋计划。其中确定“日满支提携”，即日本、伪满洲国（一九三一年日本帝国主义侵占中国东北后制造的傀儡政权）和国民党政府“合作”，共同反共，以便日本在政治、经济、文化各方面控制中国。——第23页。

12 洛甫 即张闻天(一九〇〇——一九七六),江苏南汇张家宅(今属上海川沙县)人。一九三四年在中共六届五中全会上当选为中共中央政治局委员。一九三五年一月遵义会议后,根据中共中央政治局常委分工代替博古负总责。一九三八年后任中央书记处书记兼中央宣传部部长。——第24、339页。

13 见张闻天《中华民族新文化的内容与性质》(《张闻天选集》,人民出版社1985年版,第252—253页)。——第24页。

14 这里的《政治工作条例(草案)》,是指八路军政治部制定的《中国国民革命军第十八集团军(第八路军)政治工作条例(草案)》。这个草案是对一九三八年颁发的《国民革命军第十八集团军政治工作暂行条例(草案)》的修订,全文载于一九四〇年出版的《八路军军政杂志》第二卷第四期、第五期。后来,在一九四二年正式颁发。——第25页。

15 《新华日报》华北版 是中共中央北方局的机关报,一九三九年一月一日创刊,一九四三年十月一日改为《新华日报》太行版。——第26页。

16 伯承,即刘伯承(一八九二——一九八六),四川开县人。早年参加响应辛亥革命的学生军和护国、护法战争。一九二六年加入中国共产党。一九二七年参加领导八一南昌起义,任中共前敌委员会参谋团参谋长。同年底去苏联学习。一九三〇年回国后,曾任中共中央军事委员会委员、中国工农红军学校校长兼政治委员、中央革命军事委员会总参谋长。一九三四年参加长征,任红军总参谋长兼中央纵队司令员。红军第一、第四方面军会合后,与朱德等一起同张国焘的分裂主义进行了坚决的斗争。抗日战争爆发后,任八路军第一二九师师长,和政治委员邓小平一起创建了晋冀豫等抗日根据地。解放战争时期,历任晋冀鲁豫野战军、中原野战军、第二野战军司令员。一九四七年六月,和邓小平一起率部挺进大别山地区,揭开了中国人民解放军对国民党军全国性战略反攻的序幕。后又参与指挥了淮海战役和渡江战役。中华人民共和国成立后,历任中共中央西南局第二书记、西南军政委员会主席、中国人民解放军军事学院院长兼政治委员、中共中央军事委员会副主席,全国人民代表大会常务委员会副委员长等职。他是中共第七届至第十一届中央委员、第八届至第十一届中央政治局委员。——第30、135、154、323页。

17 **中央苏区** 是第二次国内革命战争时期，中国共产党领导的以中华苏维埃共和国临时中央政府所在地瑞金为中心的根据地，位于江西南部福建西部。范围最大时辖有二十一个县，约二百五十万人口。——第30、65、97、343页。

18 **长征**，这里指一九三四年十月中国工农红军第一、三、五、八、九军团（即中央红军，一九三五年六月与红四方面军会合后，恢复第一方面军的番号）及中共中央和军委机关、直属部队编成的两个纵队，从江西南部的瑞金等地出发的战略性的大转移。红军经过福建、江西、广东、湖南、广西、贵州、四川、云南、西康（现在分属四川省和西藏自治区）、甘肃、陕西等十一个省，翻过终年积雪的高山，越过人迹罕至的沼泽草地，历尽艰苦，击溃数十万国民党军的多次围追堵截，行程两万余里，一九三五年十月胜利地到达陕西北部的革命根据地。——第30、97、163、185、345页。

19 **三民主义** 是孙中山在中国资产阶级民主革命中提出的民族、民权、民生三个问题的原则和纲领。随着时代的不同，三民主义的内容有新旧的区别。这里指一九二四年一月，孙中山接受共产党人的建议，在中国国民党第一次全国代表大会上重新解释的三民主义，即新三民主义。新三民主义包含联俄、联共、扶助农工三大政策和反对帝国主义、反对封建主义的纲领。——第31页。

20 一九三八年三月二十九日至四月一日中国国民党临时全国代表大会在武汉召开，会上通过的**抗战建国纲领**，内容包括抗战的军事、政治、经济、外交等方面的政策。这个纲领对人民作了某些让步，如规定组织国民参政机关，许诺给予人民言论、出版、集会、结社自由。后来由于蒋介石推行消极抗战、积极反共的政策，纲领中对人民的某些让步没有兑现。——第31页。

21 **阳明堡火烧飞机** 指八路军在山西代县阳明堡袭击日本侵略军飞机场的战斗。一九三七年十月十九日夜，八路军一二九师七六九团第三营，在第一、第二营的配合和当地群众的协助下，秘密渡过滹沱河进入阳明堡日军飞机场，突然发起攻击，经一小时激战，焚毁敌机二十四架，歼灭日军百余人。——第 33 页。

22 正太线 是石太铁路的旧称。筹建时拟从河北正定柳林堡筑至山西太原，开工时改为从河北石家庄筑至太原。——第 33 页。

23 指一九三七年十月下旬至十一月上旬，八路军第一二九师第三八六旅先后在娘子关以南的七亘村、黄崖底、广阳地区伏击日军的战斗。一九三七年十月下旬，日军的两个师团沿正太路西进，企图与同蒲路的日军会攻太原。三八六旅一部于二十六日和二十八日两次在七亘村设伏，袭击日军第二十师团的辎重部队，歼敌四百余人；随后于十一月二日在黄崖底伏击日军第一〇九师团的一个大队，歼敌三百余人；十一月七日，第三八六旅在七六九团配合下，继八路军第一一五师在广阳地区伏击歼灭近千名日军后，再次在广阳以东地区设伏，歼敌二百五十余人。——第 34 页。

24 一九三七年十二月二十二日，日本侵略军为保障其后方和交通线的安全，调集步骑兵五千余人，由山西太谷、榆次、寿阳、阳泉、平定、昔阳等地出动，分六路围攻在寿阳东南地区活动的八路军。八路军第一二九师第七七二团在内线与敌周旋，第七六九团等部在外线袭击敌人。在八路军内、外线部队的打击下，日军被迫于二十六日撤退。此役毙伤敌七百余人，为建立晋冀豫边根据地创造了条件。——第 34 页。

25 一九三八年四月初，日本侵略军为解除其后方的威胁，集中三万余人的兵力，自同蒲铁路线上的榆次、太谷、洪洞，平汉铁路线上的邢台，正太铁路线上的平定，邯长大道上的涉县、长治和临屯公路上的屯留等地分九路向晋东南地区的八路军及其他抗日武装进行围攻。八路军总指挥部决定采取集中主要兵力击破日军一路，以一部兵力钳制其他各路日军的作战方针。经过十几天的战斗，除三路日军深入晋东南根据地外，其余各路均被阻止。四月十六日，八路军一二九师主力抓住战机，转入内线，在武乡以东长乐村地区歼灭日军两千二百余人，各路日军闻讯后纷纷回撤。至四月二十七日，八路军彻底粉碎了日军围攻，共歼敌四千余人，收复县城十八座，巩固和扩大了晋东南抗日根据地。——第 34 页。

26 一九三八年三月上旬，日军第一〇八师团沿邯(郸)长(治)公路西犯，企图配合沿同蒲路南下之第二十师团消灭退至晋南的国民党军。八路军第一二九师奉中共中央军委和八路军总部命令，进至襄垣东南地区，伺机破袭邯长路，打击西犯之敌。十六日，先以一部袭击敌重要兵站基地黎城，吸引潞城之敌来援，然后在黎城与潞城之间的神头岭地区伏击援敌，共歼日军一千五百余人。三十一日，又在涉县西南的响堂铺伏击日军辎重车队，歼灭日军四百余人，毁敌汽车一百八十辆，缴获大批军用物资。邯长大道上的这两次伏击战的胜利，有力打击和钳制了日军，支援了晋西、晋南地区的国民党军。——第 34 页。

**27** 道清路 指从河南滑县道口镇至博爱县清化镇的铁路线。——第 34 页。

**28** 徐州会战 是中国军队同日本侵略军在以徐州为中心的广大地区进行的一次战役。从一九三七年十二月起，华北、华中的日军分南北两线沿津浦铁路和台潍（台儿庄、潍县）公路进犯徐州外围地区。一九三八年四月上旬，中国军队在取得台儿庄战斗的胜利后，继续向鲁南增兵，在徐州附近集结了约六十万的兵力；而日军在台儿庄遭到挫败以后，从四月上旬开始调集南北两线兵力二十多万人，对徐州进行迂回包围。中国军队在日军夹击和包围下，分路向豫皖边突围。五月十九日，徐州被日军占领。武汉会战是中国军队同日本侵略军在以武汉为中心的广大地区进行的一次战役。徐州会战后，日军调集南北战场的兵力，自一九三八年六月中旬起开始会攻武汉。八月，日军沿长江两岸从东、北、东南三面逼进武汉，先后共投入兵力三十五万人。中国军队先后共投入兵力一百一十万人，并在武汉外围的若干战略要地，对日军的进攻作了比较顽强的抵抗，但未能阻住日军前进，武汉被日军包围。十月二十五日，中国军队全线撤退，二十七日，武汉失陷。——第 34 页。

**29** 维持会 是抗日战争期间日本侵略者在中国沦陷区指使汉奸建立的临时性的地方傀儡政权组织。——第 34 页。

**30** 会门 是旧中国的民间结社，有三合会、哥老会、大刀会、在理会、洪门等。这些组织的成分主要是破产农民、失业手工业者、流氓无产者等。他们以宗教迷信为联系纽带，有的还拥有武装。一些会门曾进行过反抗官僚、地主压迫的斗争。这类组织由于普遍存在着封建性、落后性，往往容易被反动统治阶级甚至日伪所利用。——第 34、55 页。

31 这里的自卫团、联庄会 是抗日战争期间日本侵略者为维持占领区的“治安”在各乡镇组织的武装，有的地区称民团。——第34、55页。

32 抗日战争期间，占领华北的日本侵略军为了达到以华制华的目的，在其占领区内，将一部分降日的国民党军的散兵游勇及土匪武装等加以收编，称为皇协军。其任务是协助日本侵略军守备交通线和据点，配合日军进攻中国共产党领导的抗日根据地。——第34页。

33 “治安肃正”计划 是日本侵略军在一九三九年初至一九四〇年三月为强化对华北的占领而实行的残暴计划。其主要内容包括以军事进攻摧毁抗日根据地，建立伪组织、培植亲日武装团体，实行所谓“自卫”与“自治”控制民众，施以怀柔政策欺骗民心等。——第35页。

34 参见毛泽东一九三八年在中共扩大的六届六中全会上所作的《论新阶段》的政治报告。——第35页。

35 “囚笼政策”是日本帝国主义妄图消灭中国共产党领导的敌后人民武装和摧毁抗日根据地的一种残酷政策。它是以铁路为柱，公路为链，碉堡为锁，辅以封锁沟、墙，对抗日根据地军民实行网状压缩包围。——第35页。

36 白晋战役 指一九四〇年五月上旬八路军第一二九师在根据地人民群众配合下对日本侵略军抢修的白(圭)晋(城)铁路实施的破击战。此役破坏铁路五十余公里，摧毁大小桥梁五十余座，歼敌三百五十余名，打破了敌人的修路计划和分割根据地的企图。——第35页。

37 百团大战 是抗日战争时期八路军在华北敌后发动的一次大规模的战役。一九四〇年八月二十日至十二月五日，八路军出动了一百多个团四十万兵力，在广大民兵和群众的配合下，向华北敌后主要的交通线发动攻击，并配合各根据地军民进行反“扫荡”作战。这次战役持续三个半月，进行大小战斗一千八百多次，攻克敌人据点二千九百多个，歼灭日、伪军四万六千多人。——第35页。

38 冀南钞票(简称冀钞)是晋冀豫边区冀南银行发行的法定货币。一九三九年十月开始在冀南、太行地区发行。后在整个华北地区流通，对保障和促进华北地区生产、贸易的发展和经济建设起过重要作用。一九四八年十二月中国人民银行成立后，发行全国统一使用的人民币，冀钞停止发行和流通。——第36、84页。

39 指在蒋介石发动的第一次反共高潮期间八路军为制止国民党顽固派的军事进攻而实行的自卫反击作战。从一九三九年冬至一九四〇年春，八路军连续粉碎了国民党顽固派石友三、鹿钟麟、朱怀冰等部对冀南、太行等抗日根据地的进攻。——第36页。

40 一九三九年十二月三日，山西军阀阎锡山调集四个军又一个师、一个旅的兵力围攻驻守在晋西地区的山西青年抗敌决死队第二纵队及八路军晋西独立支队，惨杀隰县等六个县的抗日民主政府和牺盟会的干部及八路军伤病员数十人。十二月八日至二十六日，阎锡山所属孙楚部联合蒋介石的中央军向活动在晋东南的抗敌决死队第一、三纵队发动进攻，摧毁沁水、阳城等七个县的抗日民主政权和人民团体，屠杀共产党员和群众五百余人，逮捕千余人，并策动决死三纵队部分反动军官叛乱。这些反共事件统称为十二月事变。——第36页。

41 黎城会议 指一九四〇年四月中共中央北方局在山西黎城召开的高级干部会议。——第36页。

42 所谓"治安强化"，是日本侵略者在"治安肃正"的基础上，进一步实行政治、军事、经济、文化"总力战"的措施。自一九四一年春至一九四二年冬，日本侵略军在华北地区连续进行了五次"治安强化"运动，对抗日根据地加紧"扫荡"，在游击区建立伪军，加强控制，在其占领区内实行保甲制度，调查户口，扩组伪军，以镇压抗日力量。——第37、56页。

43 抗日战争时期，日本侵略者为巩固其占领区，摧毁、缩小抗日根据地，大量修筑据点、碉堡、公路、沟墙等，将抗日根据地分割成若干小块，切断联系，严加封锁。这些公路、沟墙等纵横交错，形如网状，被称作格子网。——第37页。

44 这里的军分会 指中共中央革命军事委员会华北分会。——第37页。

45 一九四二年四月二十九日，侵华日军第十二军集中独立混成第一、第七、第八旅团及伪军各一部，共一万二千余人，对冀南抗日根据地进行大规模"扫荡"。冀南抗日根据地被严重分割，大部分变为游击区或敌占区。这里说的冀南根据地变质，即指此。——第37、69页。

46　晋冀鲁豫边区政府，参见本书注〔7〕。——第 37 页。

47　一九四一年十月八日，山西黎城封建迷信组织离卦道的数百名道徒，在汉奸、特务的操纵、控制下，发动武装叛乱，企图占领县城，推翻抗日政府，组织伪政权，投靠日本侵略者。中共黎城县委、黎城县政府当即领导抗日军民平定了这一叛乱。——第 38 页。

48　一九四二年春，平汉铁路线上的日本侵略军策划对冀西抗日根据地进行扫荡，破坏当地的春耕生产。为了配合日本侵略军的行动，少数潜入根据地的汉奸、特务暗中活动，预谋于四月十一日在沙河县柴关村集合，并裹挟受骗群众发动武装暴动。当地的抗日政府迅速破获此案，将首犯就地正法，粉碎了敌人企图摧残抗日根据地的阴谋。——第 38 页。

49　太平洋战争　指第二次世界大战期间反法西斯联盟国家与日本在太平洋地区进行的战争。一九四一年十二月七日晨，日本未经宣战，以强大的海、空军突然袭击美国在太平洋地区的主要海、空军基地珍珠港，使美国太平洋舰队遭到惨重损失。十二月八日，美、英对日宣战。同日，德、意对美宣战。日本军队先后侵占了东南亚的许多国家和地区以及太平洋上的一些岛屿，后来在太平洋地区各反法西斯国家武装力量的沉重打击下，不断遭到失败。一九四五年八月，日本无条件投降，战争结束。——第 39 页。

50　抗日战争爆发后，晋冀鲁豫边区的抗日民主政权为改善根据地人民的生活，动员人民支持抗战及解决财政困难，曾陆续颁发过有关减租减息、合理负担法令。减租减息法令的要点是：地租，一般以实行二五减租为原则，即不论何种租佃形式，均按原租额减去百分之二十五，利息一般减到不超过一分半。合理负担法令的要点是：按资产及收入多少规定纳税的比例，除少数最贫困者得免征外，其余的人均须按照比例纳税，但最高不超过每人全年收入的百分之三十至三十五。解放战争时期和建国初期，在新解放的地区也曾实行过减租减息政策，解放战争时期在一些地方也实行过合理负担政策。——第 41、57、57、68、74、79、109、109、127、149、169、172、186、189、344 页。

51　所谓总力战，是抗日战争战略相持阶段日本侵略者实行的政治、军事、经济、文化等各方面相结合，以控制占领区、进攻抗日根据地的战略方针。——第43页。

52 指中共中央政治局一九四二年九月一日发出的《关于统一抗日根据地党的领导及调整各组织间关系的决定》。"决定"要求各根据地实行党的一元化领导，党的各级委员会成为各地区的最高领导机关，统一领导各地区的党政军民工作，取消各地党政军委员会；强调要严格执行民主集中制及下级服从上级、全党服从中央的原则；同时注意纠正和防止党委包办政权、民众团体工作的现象。"决定"对于统一抗日根据地各组织的行动步调，加强对敌斗争和根据地建设具有重大意义。——第43页。

53 八股文是中国明、清封建皇朝考试制度所规定的一种特殊文体。它内容空洞，专讲形式，玩弄文字。这种文章的每一个段落都要死守在固定的格式里面，连字数都有一定的限制，人们只是按照题目的字义敷衍成文。**党八股**是指革命队伍中某些人在写文章、发表演说或者做其他宣传工作的时候，对事物不加分析，只是搬用一些革命的名词和术语，言之无物，空话连篇，同上述的八股文一样。——第48、88页。

54 **"灌仓计划"**是抗日战争时期日本侵略军在华北地区实施的一种抢粮计划。所谓"灌仓"，即打着代为保管的幌子，强迫占领区和游击区的群众将自己收获的粮食放进设置在日军据点附近的仓库里。其目的是解决侵华日军的粮食需求和防止粮食流入抗日根据地。——第56页。

55 指彭德怀一九四二年十二月十八日在太行区军队营级、地方党县级以上干部会议上的报告，题为《怎样继续坚持与巩固抗日民主根据地》。刊于中共中央北方局一九四三年一月十五日出版的《党的生活》。——第64页。

56 一九三三年九月，蒋介石调集约五十万兵力，采取堡垒主义的新战略，向中央革命根据地发动第五次"围剿"。这时，王明"左"倾冒险主义的领导错误地用阵地战代替游击战和运动战。他们先是实行进攻中的冒险主义，继而又犯了防御中的保守主义错误。结果，红军屡战不胜，陷于被动，苦战一年未能打破"围剿"。一九三四年十月，中央红军主力部队被迫撤出中央革命根据地，进行长征。——第65、97页。

57 **中共六届六中全会** 指一九三八年九月二十九日至十一月六日在延安举行的中国共产党第六届中央委员会第六次扩大的全体会议。会上，毛泽东作了《论新阶段》的政治报告和会议总结，要求全党同志认真地负起领导抗日战争的重大历史责任。全会坚持抗日民族统一战线的政策，批评了关于统一战线问题上的右倾投降主义错误，确立了全党独立自主地领导抗日武装斗争的方针，把党的主要工作方面放在战区和敌后，大力巩固华北，发展华中。会议强调全党必须自上而下地努力学习马克思列宁主义理论，善于把马克思列宁主义和国际经验应用于中国的具体环境，反对教条主义。——第68页。

**58** 抗日战争爆发后，晋冀鲁豫边区的抗日民主政权，为发展战时生产、提高劳动热情、保护工人与增进劳资双方利益、巩固抗日民族统一战线，曾颁发过有关雇工增资内容的法令。其中规定：雇工的工资依照各地生活状况，一般以除工人本身外再供一个人至一个半人的最低生活费用为标准。延长工时必须按钟点增发工资；假日继续工作，除发原工资外，应按标准增发工资。——第69页。

**59** 吴满有，陕西横山人，一九二八年逃荒到延安务农。一九四二年在大生产运动中努力开荒生产，成绩显著，成为陕甘宁边区的劳动英雄。一九四三年一月十一日，延安《解放日报》发表社论，号召全区农民开展"吴满有运动"，掀起了学习吴满有、大力开荒生产的热潮。——第80页。

**60** 统一累进税 是抗日战争时期抗日民主政府实行的税收制度。这种税制把对农村同时征收的几种资产税与收入税统一于一种税中。税率按纳税富力分等累进。这里的"统一累进税"办法指《晋冀鲁豫边区统一累进税暂行税则》，一九四三年四月二十五日颁布。——第83页。

**61** 国民党政府为了控制全国金融，禁止银元流通，自一九三五年十一月四日起，实行法币政策，规定中央银行、中国银行、交通银行（后加中国农民银行）发行的纸币为法定的全国统一流通的货币，简称法币。抗日战争和解放战争时期，国民党统治区通货恶性膨胀，法币急剧贬值，自一九四八年八月十九日起，发行金圆券代替崩溃的法币。——第84页。

**62** 引自毛泽东一九四三年一月二十五日致彭德怀的电报。原文是："敌后各根据地的中心工作是战争、经济与教育三项。"——第85页。

**63** 整风 指中国共产党自一九四二年起在全党范围内开展的一个马克思列宁

主义的思想教育运动。主要内容是:反对主观主义以整顿学风,反对宗派主义以整顿党风,反对党八股以整顿文风。经过这个运动,全党进一步地掌握了马克思列宁主义的普遍真理与中国革命的具体实践的统一这样一个基本方向。——第86、151、345页。

64 三次大的革命战争 指一九二五年至一九二七年的第一次国内革命战争、一九二七年至一九三七年的第二次国内革命战争和一九三七年开始的抗日战争。——第87页。

65 陈独秀机会主义 指一九二七年上半年以陈独秀为代表的右倾投降主义错误。当时陈独秀放弃对于农民群众、城市小资产阶级和中等资产阶级的领导权,尤其是放弃对于武装力量的领导权,主张一切联合,否认斗争,对国民党右派反共反人民的阴谋活动采取妥协投降的政策,以至当大地主大资产阶级的代表蒋介石、汪精卫先后背叛革命,向人民突然袭击的时候,中国共产党和广大人民不能组织有效的抵抗,使第一次国内革命战争遭到失败。同年八月七日,中共中央在汉口召开紧急会议,总结了大革命失败的经验教训,结束了陈独秀右倾投降主义在党中央的统治。——第87、342页。

66 李立三(一八九九——一九六七),湖南醴陵人,中国共产党早期的领导人之一。一九三〇年六月十一日,中共中央政治局在李立三领导下通过了《新的革命高潮与一省或数省的首先胜利》决议案,主张全国各地都要准备马上起义,定出了组织全国中心城市武装起义和集中全国红军进攻中心城市的冒险计划,随后又将党、青年团、工会的各级领导机关,合并为准备武装起义的各级行动委员会。这种"左"倾冒险主义错误,被称为立三路线。同年九月中共六届三中全会纠正李立三的"左"倾错误。李立三本人在会上也承认了错误,随即离开了中央的领导岗位。以后,长期的革命实践证明他改正了错误,在中共第七、第八次全国代表大会上继续被选为中央委员。——第87页。

67 指一九三一年一月至一九三五年一月以教条主义者王明为代表的"左"倾冒险主义错误。一九三一年一月,在中共六届四中全会上,王明等人在共产国际及其代表米夫的支持下,取得了在中共中央的领导地位。他们在政治上混淆民主革命和社会主义革命的界限,把反资产阶级和反帝反封建并列;否认九一八事变后国内阶级关系的明显变化,把中间势力当成"最危险的敌人”；继续推行“城市中心论”，主张红军夺取中心城市以实现一省数省首先胜利而形成全国的胜利。在军事上，先是推行冒险主义，后来又变为保守主义和逃跑主义。在组织上，实行宗派主义，对不同意他们错误主张的人，进行“残酷斗争，无情打击”。王明“左”倾冒险主义在党内统治达四年之久，给党和革命事业造成了重大的损失。一九三五年一月，中共中央政治局召开遵义会议，确立了以毛泽东为代表的新的中央的正确领导，从而结束了王明“左”倾冒险主义在中共中央的统治。——第87、338页。

68　**遵义会议** 指一九三五年一月长征途中，中共中央政治局在贵州遵义举行的扩大会议。这次会议集中讨论和纠正了军事上的错误，从组织上结束了王明“左”倾冒险主义在中共中央的统治，确立了以毛泽东为代表的新的中央的正确领导，在最危急的关头挽救了红军，挽救了党。——第88、153、263、298、338页。

69　这里指一九三七年十一月太原失陷前后到一九三八年十月武汉失守前后。在此期间，日本侵略军对华北实行正面进攻，国民党军不断南退。为了坚持华北敌后抗战，中国共产党及其领导的八路军深入敌后，在华北开展独立自主的游击战，大量发展党员和建立健全党组织，大力发展抗日武装、建立抗日政权、开辟抗日根据地。——第89页。

70　**湖西地区** 即微山湖以西江苏、山东、河南三省交界地区，又称苏鲁豫边区。一九三九年八月至十一月间，边区内错误地开展肃托斗争，许多党、政、军干部被诬为“托派分子”，先后被逮捕，受审查，有的被错杀，整个边区的党组织一度陷于瘫痪，给革命事业造成了极其严重的损失。湖西“肃托事件”是一起重大历史冤案，一九四〇年至一九四五年，中共中央、中共中央山东分局曾先后作过多次处理。一九八三年十二月，经中共中央批准，予以彻底平反。——第90页。

71　**彭德怀**（一八九八——一九七四），湖南湘潭人，第十八集团军副总司令。一九四二年八月至一九四三年九月任中共中央北方局代理书记。——第90页。

72　**学委** 是当时整风运动中成立的学习委员会的简称。中共中央有总学习委员会（简称总学委），党政军直属系统有分区学习委员会，以下各级有学习委员会，其任务是领导整风学习。这里指北方局党校学习委员会。——第93页。

73　陈指陈赓（一九〇三——一九六一），湖南湘乡人。当时任晋冀鲁豫野战军第四纵队司令员。谢指谢富治（一九〇九——一九七二），湖北黄安（今红安）人。当时任晋冀鲁豫野战军第四纵队政治委员。这里所说的陈谢兵团指向中原挺进时，根据中央军委的命令组成的陈（赓）谢（富治）集团，下辖晋冀鲁豫野战军第四纵队、第九纵队及第三十八军、第二十二旅。——第94页。

74　山东大军　指当时在山东同国民党军作战的陈毅、粟裕领导的华东野战军主力。该部受命挺进豫皖苏，与刘伯承、邓小平领导的晋冀鲁豫野战军主力和陈赓、谢富治领导的晋冀鲁豫野战军陈谢集团实施外线作战，将战争引向国民党统治区，在以河南为中心的江、淮、河、汉地区，进行一系列重大战役。——第94页。

75　三大纪律八项注意　是毛泽东等在第二次国内革命战争时期为中国工农红军制订的纪律，其具体内容在不同时候和不同部队略有出入。一九四七年十月，中国人民解放军总部对其内容作了统一规定，并重行颁布。三大纪律是：（一）一切行动听指挥；（二）不拿群众一针一线；（三）一切缴获要归公。八项注意是：（一）说话和气；（二）买卖公平；（三）借东西要还；（四）损坏东西要赔；（五）不打人骂人；（六）不损坏庄稼；（七）不调戏妇女；（八）不虐待俘虏。——第95、119、162页。

76　指晋冀鲁豫野战军司令员刘伯承、政治委员邓小平指挥的六个纵队，华东野战军司令员兼政治委员陈毅、副司令员粟裕指挥的八个纵队，晋冀鲁豫野战军第四纵队司令员陈赓、政治委员谢富治指挥的陈谢集团。这三路大军自一九四七年六月起先后挺进大别山、豫皖苏边区和豫陕鄂边区，实行战略展开，在中原战场上形成"品"字形的有利态势。——第96页。

77　十年苏维埃时期的内战　指一九二七年至一九三七年中国共产党领导中国人民武装反抗国民党反动派，为实行土地革命、建立和保卫工农苏维埃民主政权而进行的革命战争，通常称第二次国内革命战争或土地革命战争。——第97页。

78 任弼时（一九〇四——一九五〇），湖南湘阴县唐家桥（今属汨罗市）人。当时任中共中央政治局委员、中央书记处书记。这里所说的报告，指一九四八年一月十二日他在西北野战军前线委员会扩大会议上所作的题为《土地改革中的几个问题》的讲话。这个讲话已收入《任弼时选集》。——第100页。

79 全国土地会议 指一九四七年七月十七日至九月十三日中共中央工作委员会在河北省建屏县（一九五八年并入平山县）西柏坡村召开的党的全国土地会议。会议总结了一九四六年“五四指示”下达以后土地改革的经验，反对了土地改革中右的倾向，确定了没收地主阶级土地、按人口平均分配土地的政策，起草并通过《中国土地法大纲》，作出结合土地改革整顿党的组织的决定。《中国土地法大纲》的颁布，推动了各解放区消灭封建剥削制度的土地改革运动。会议对前一段土改中已经出现的“左”的倾向注意不够，对某些地区土改不够彻底和党内思想不纯、组织不纯的状况估计过于严重，因而使“左”的错误进一步发展。——第101页。

80 苏维埃后期 指一九三一年底至一九三四年底，即自第三次反“围剿”胜利结束后至遵义会议的时期。这一时期以王明为代表的“左”倾冒险主义在苏区占据了统治地位。——第102页。

81 张国焘（一八九七——一九七九），江西萍乡人。一九三一年至一九三二年任中共鄂豫皖中央分局书记兼军事委员会主席期间，曾开展错误的“大肃反”，杀害了许多革命干部和群众。——第103页。

82 见毛泽东《和美国记者安娜·路易斯·斯特朗的谈话》（《毛泽东选集》第4卷，人民出版社1991年版，第1195页）。——第104页。

83 一九三八年十月毛泽东在中共扩大的六届六中全会上所作的题为《论新阶段》的报告中，提出了“保护私人工商业的自由营业”政策。会议作出决议，通过了毛泽东的报告。——第104页。

84 《新区土改要点》即《新解放区土地改革要点》，是毛泽东为中共中央起草的党内指示。已收入《毛泽东选集》第四卷。——第104页。

85 见毛泽东《论政策》（《毛泽东选集》第2卷，人民出版社1991年版，第763页）。——第105、111页。

86 这个指示已收入《毛泽东选集》第四卷。——第108、127页。

87 桂系 指以李宗仁、白崇禧为首的广西地方军阀。一九三八年后，桂系将领李宗仁、廖磊、李品仙曾先后任国民党安徽省政府主席。——第111页。

88 汤恩伯（一九〇〇——一九五四），浙江武义人。抗日战争时期任国民党军第一战区副司令长官、豫鲁苏皖边区总司令等职，所部驻守河南。——第111页。

89 “不但如此……我们的辛苦并不是白费的。”这是毛泽东审阅这个文件时加写的。——第115页。

90 “我中原全党同志必须对于上述各项成绩有足够的估计……那就是右倾机会主义的观点”，这是毛泽东审阅这个文件时加写的。——第116页。

91 “总体战”是国民党为挽救败局，在一九四七年底至一九四八年初推行的所谓军事、政治、经济三位一体的总体战略。其主要内容是：在军事上重新划分绥靖区，实行分区防御；在政治上加强“轮训民众，扩大地方武装”；在经济上对解放区实行封锁。国民党的总体战略在各战场实行不久，即被中国人民解放军的战略进攻所打破。——第117页。

92 襄樊作战 指襄樊战役。一九四八年六月中旬至七月上旬，华东野战军主力在中原野战军配合下进行豫东战役，国民党军抽调兵力北援豫东后，汉水流域中段襄阳、樊城等地守备薄弱。七月二日，中原野战军第六纵队和桐柏、陕南军区主力在江汉军区部队配合下，采取远距离奔袭战术，发起襄樊战役，经过十四天激战，歼敌二万余人，生俘国民党军第十五绥靖区司令官康泽，解放了光化、老河口、谷城、南漳、宜城、襄阳、樊城等地。——第126页。

93 中原局六月六日指示 即本书《贯彻执行中共中央关于土改与整党工作的指示》一文。——第127页。

94 一九四八年六月十七日至二十二日，华东野战军主力在中原野战军配合下攻克国民党军据守的河南省省会开封。为保持战场主动权，人民解放军于二十六日撤出开封。在攻占开封期间，人民解放军严格遵守三大纪律八项注意。为了保护人民的生命财产安全、维护城市的正常秩序，对放下武器的国民党军的官兵一律予以宽待；对国民党省、市、县各级政府机关的官员和属于国民党政府的经济、文化机关人员，都要求他们安心照常供职，并负责保护各机关的资产和文件，凡不持枪抵抗者，一律不加俘虏、逮捕，有功者一律优待。对其他学校、教堂、医院和一切私人工厂、商店、住宅一律给予保护。这些政策措施受到中共中央的通报肯定。——第127页。

95　双减 即减租减息。参见本书注〔50〕。——第128页。

96　京沪杭战役 又称渡江战役。一九四九年四月二十日，中国人民解放军第二、第三野战军遵照中央军委的命令，从江西湖口至江苏江阴段横渡长江，发起京沪杭战役。与此同时，第四野战军先遣兵团亦进至武汉正面，策应第二、第三野战军渡江作战。至六月二日，战役结束，共歼灭国民党军汤恩伯集团及白崇禧集团四十三万余人，解放了苏南、皖南、浙江广大地区和江西、福建、湖北部分地区及南京、上海、杭州、武汉等重要城市，宣告了国民党政府二十二年反动统治的灭亡，为中国人民解放军继续向福建、华南、西南地区进军奠定了胜利基础。战役经过参见本书《从渡江到占领上海》一文。——第130页。

97　一九四九年四月三日，中共中央军委批准了《京沪杭战役实施纲要》。当时，中共代表团和南京国民党政府代表团已开始进行谈判，中国人民解放军在完成渡江作战的一切准备之后，为争取这次谈判达成有利于人民的协定，曾数度推迟渡江的时间。四月二十日，南京国民党政府拒绝在双方代表拟就的“国内和平协定（最后修正案）”上签字，当夜人民解放军按预定计划发起渡江作战。——第130页。

98　粟裕（一九〇七——一九八四），湖南会同人。当时任中国人民解放军第三野战军副司令员。——第132页。

99　张震，一九一四年生，湖南平江人。当时任中国人民解放军第三野战军参谋长。——第132页。

100　两浦 指浦口、浦镇。——第132页。

101　谭震林（一九〇二——一九八三），湖南攸县人。一九四九年任中国人民解放军第三野战军第一副政治委员。一九五六年在中共八届一中全会上当选为中共中央书记处书记。一九五八年在中共八届五中全会上当选为中共中央政治局委员。一九五九年任国务院副总理。——第132、319页。

102 京沪杭战役第一阶段中关于第二野战军三个兵团的使用方向，总前委于一九四九年四月十七日曾提议以第四兵团东进芜湖地区接替第三野战军第九兵团留置部队的任务，歼灭芜湖地区之敌，并准备加入攻取南京的作战，第三、第五兵团主力挺进浙赣线。中央军委同意了上述建议。在战役实施过程中，由于敌情变化，第二野战军三个兵团的主力全部进至浙赣铁路及以南地区。——第133页。

103 总前委 指中共中央在淮海战役前线的代表机关。一九四八年十一月成立，由刘伯承、陈毅、邓小平、粟裕、谭震林组成，刘伯承、陈毅、邓小平为常委，邓小平任书记。总前委负责领导华东野战军和中原野战军的行动，统筹淮海前线一切事宜。淮海战役结束后，奉中央军委一九四九年二月的指示，继续行使领导中原和华东地区的军事和作战的职权，率领第二、第三野战军和第四野战军先遣兵团进行渡江战役。——第133页。

104 一九四九年六月三十日，毛泽东依据历史经验和当时的形势，在《论人民民主专政》一文中阐述了“一边倒”的外交方针，这就是倒向社会主义国家。这里的外交政策一面倒，即外交政策一边倒。——第134页。

105 一九四九年一月一日，南京国民党政府在发动内战遭到失败的形势下，向中国共产党提议举行和平谈判。一月十四日，中国共产党发表声明，同意谈判，并提出八项条件作为双方谈判的基础。这八项条件是：一、惩办战争罪犯；二、废除伪宪法；三、废除伪法统；四、依据民主原则改编一切反动军队；五、没收官僚资本；六、改革土地制度；七、废除卖国条约；八、召开没有反动分子参加的政治协商会议，成立民主联合政府，接收南京国民党反动政府及其所属各级政府的一切权力。四月，中国共产党代表团和南京国民党政府和平谈判代表团经过谈判，以八项条件为基础，拟定了《国内和平协定(最后修正案)》。协定全文共八条二十四款，四月二十日被南京国民党政府所拒绝。——第135页。

106 陈毅(一九〇一——一九七二)，四川乐至人。当时任中国人民解放军第三野战军司令员兼政治委员。——第135页。

107 辽沈战役 是一九四八年九月十二日至十一月二日中国人民解放军东北野

战军在辽宁省西部和沈阳、长春地区同国民党军进行的一次具有决定意义的战役。这次战役共歼灭国民党军四十七万人，解放了东北全境。这一胜利，连同当时其他战场上的胜利，使全国的军事形势出现了根本的变化，人民解放军不但在质量上早已占有优势，而且在数量上也转入了优势。——第138页。

**108** 淮海战役 是一九四八年十一月六日至一九四九年一月十日中国人民解放军华东野战军、中原野战军和华东、中原军区及华北军区所属冀鲁豫军区地方武装一部，在以徐州为中心，东起海州，西至商丘，北起临城(今薛城)，南达淮河的广大地区，同国民党军进行的一次具有决定意义的战役。这次战役共歼灭国民党军五十五万人，解放了长江中下游以北广大地区，使蒋介石的精锐主力丧失殆尽，国民党反动统治的中心南京以及上海、武汉等地，处于人民解放军直接威胁之下。——第138页。

**109** 平津战役 是一九四八年十一月二十九日至一九四九年一月三十一日中国人民解放军东北野战军和华北两个兵团及地方武装一部，在西起张家口，东至塘沽、唐山，包括北平、天津在内的地区，同国民党军进行的一次具有决定意义的战役。人民解放军先后歼灭了驻守新保安、张家口、天津的国民党军；由于中国共产党的努力争取，经过谈判，国民党华北“剿总”总司令傅作义率部接受人民解放军改编，北平和平解放。这次战役共歼灭和改编国民党军五十二万余人，基本上解放了华北地区。——第138页。

**110** 司徒雷登(一八七六——一九六二)，美国人，出生于中国杭州。一九四六年七月出任美国驻中国国民党政府大使。一九四九年四月南京解放后，仍然留在那里观望。同年八月离开中国。——第139页。

**111** “四面八方”的政策 是毛泽东提出的“公私兼顾、劳资两利、城乡互助、内外交流”的经济政策。这个政策照顾到四对矛盾的八个方面，所以有这个称呼。——第140页。

**112** 中央系，这里指蒋介石在贵州省安插和培植的势力。——第141页。

**113** 共同纲领 即一九四九年九月二十九日中国人民政治协商会议第一届全体会议通过的《中国人民政治协商会议共同纲领》。它是在中国共产党领导下，各民主党派、各人民团体和各族各界人民的代表共同制订的建国纲领，是全国人民在一定时期内共同的奋斗目标和统一行动的政治基础。一九五四年《中华人民共和国宪法》颁布以前，它起了临时宪法的作用。——第142、156、162页。

114 王家烈（一八九三——一九六六），贵州桐梓人。曾任国民党贵州省政府主席，是贵州地方势力的主要代表。一九三五年蒋介石的嫡系部队进入贵州后，他被调离贵州。一九四九年七月被委任为国民党政府贵州绥靖公署副主任（未到职）。中华人民共和国成立后，曾任西南军政委员会委员、中国人民政治协商会议贵州省委员会副主席。——第142页。

115 宋任穷，一九〇九年生，湖南浏阳人。当时任中国人民解放军第二野战军第四兵团政治委员。——第142页。

116 各界代表会议 即地方各界人民代表会议，是解放初期人民参政的一种形式。其代表由推选、邀请、商定及选举等方式产生。在地方各级人民代表大会召开之前，它先是地方各级人民政府传达政策、联系群众的协议机关，后曾代行地方各级人民代表大会的职权。在各界人民代表会议休会期间，设各界人民代表会议协商委员会，协助人民政府实行各界人民代表会议的决议，以及负责筹备下届各界人民代表会议。——第142、173页。

117 中央局，这里指中共中央西南局，一九四九年七月十六日中共中央决定由邓小平、刘伯承、贺龙等组成，十一月二十三日正式成立。邓小平任第一书记、刘伯承任第二书记、贺龙任第三书记。——第143页。

118 这里的《新华日报》，是中共中央西南局的机关报。一九四九年十二月十日在重庆创刊，一九五四年八月三十一日停刊。——第146页。

119 公债 即国家举借的债务。这里指一九五〇年一月中央人民政府为取得解放战争的彻底胜利、迅速恢复经济和安定人民生活而发行的人民胜利折实（即以实物为计算标准）公债。——第147页。

120 这是解放战争时期毛泽东发出的号召，原文为："军队向前进，生产长一寸，加强纪律性，革命无不胜。"——第148页。

121 这里指当时流通的旧人民币。中国人民银行自一九五五年三月一日起发行新人民币代替旧人民币，新人民币一元等于旧人民币一万元。——第148、

194 页。

122 土地法 指《中华人民共和国土地改革法》。一九五〇年六月三十日中央人民政府颁布施行。——第 149 页。

123 土改 即土地改革，这里指中华人民共和国成立后，中国共产党领导广大农民废除封建的土地所有制，实现农民的土地所有制的改革运动。一九五〇年六月，中央人民政府颁布《中华人民共和国土地改革法》。同年冬起，在新解放区陆续开展了土地改革运动。到一九五二年冬，除台湾省和一部分少数民族地区以外，全国的土地改革基本结束，使三亿无地或少地的农民（包括老解放区农民在内）分得了约七亿亩土地和其他生产资料。——第 149、169、172、186、189、288、295 页。

124 见《礼记·大学》。原文是："十目所视，十手所指，其严乎。"——第 149 页。

125 这里指一九五〇年在中国共产党内进行的整风运动。这年五月一日，中共中央发出《关于在全党全军开展整风运动的指示》，指出全国胜利后新党员大量增加，其中很多人思想作风不纯；在老党员中，也有很多人滋长了骄傲自满、命令主义作风，少数人甚至贪污腐化，违法乱纪。指示要求全党在和各项工作任务密切结合而不是相分离的条件下，用阅读若干指定文件，总结工作，分析情况，展开批评和自我批评等项方法，进行一次整风运动，以整顿全党首先是干部的作风。——第 151 页。

126 七大 即一九四五年四月二十三日至六月十一日在延安举行的中国共产党第七次全国代表大会。毛泽东作《论联合政府》的政治报告，朱德作《论解放区战场》的军事报告，刘少奇作《关于修改党章的报告》，周恩来作《论统一战线》的重要发言。大会决定了党的路线，这就是"放手发动群众，壮大人民力量，在我党的领导下，打败日本侵略者，解放全国人民，建立一个新民主主义的中国"。大会通过了新党章，选举了新的中央委员会。新党章规定以马克思列宁主义理论与中国革命的实践之统一的思想——毛泽东思想，作为中国共产党的一切工作的指针。这次大会是一次团结的大会、胜利的大会，为新民主主义革命在全国的胜利奠定了基础。——第 151、212、258、263、339 页。

127 三查三整 是中国共产党在解放战争时期结合土地改革所进行的整党整军

运动。三查在地方上是指查阶级、查思想、查作风;在部队中是指查阶级、查工作、查斗志。三整,是指整顿组织、整顿思想、整顿作风。——第151页。

128 把头制 又称把持制,是旧中国雇佣关系中具有封建垄断性的一种中间剥削制度。封建把头多为帮会头子或地痞流氓,他们与地方官府勾结,在某些行业中把持一方,垄断劳动力的雇佣,对工人进行残酷的剥削和奴役。国民党特务势力亦曾操纵和利用封建把头为其服务。中华人民共和国成立后,通过镇压反革命和民主改革运动逐步废除了把头制。——第153页。

129 供给制 是革命战争时期和建国初期,对党政机关和群众团体的工作人员以及军队的指战员,按照大体平均的原则,直接供给最基本生活资料的一种分配制度。一九五〇年以后,大部分供给制改为包干制,即把服装、伙食等一些基本的供给项目折成货币,连同津贴一起,作为生活费,以现金支付。同时还保留了一部分供给制的项目。到一九五五年,供给制和包干制一律改为工资制。——第159页。

130 云南的各少数民族大都分为若干支系,各支系又都有自己的称谓。这里的数字包括了同一民族的不同支系。目前云南省内经过识别归系后国家确认的少数民族,共有二十五个。——第161页。

131 西康,旧省名。所属昌都地区在一九五〇年十月解放,随后成立人民解放委员会,归西南军政委员会领导。一九五五年三月,昌都地区人民解放委员会划归西藏自治区筹备委员会领导。同年十月,西康省正式撤销,辖区划归四川省。——第162、189页。

132 一九五〇年五月,中共中央西南局根据党中央的指示和西藏的具体情况,提出了和平解决西藏问题的十条政策。后经中共中央批准,作为与西藏地方政府谈判的条件,并在中华人民共和国西南军政委员会、西南军区的布告中公布。其主要内容是:西藏人民团结起来,驱逐英美帝国主义侵略势力出西藏;实行西藏民族区域自治;西藏现行各种政治制度维持原状,概不变更,达赖活佛之地位及职权不予变更,各级官员照常供职;实行宗教自由,保护喇嘛寺庙,尊重西藏人民的宗教信仰和风俗习惯;维持西藏现行军事制度不予变更,西藏现有军队成为中华人民共和国国防武装之一部分;发展西藏民族的语言、文字和学校教育;发展西藏的农牧工商业,改善人民生活;有关西藏的各项改革事宜,完全根据西藏人民的意志,由西藏人民及西藏领导人采取协商方式解决;对于过去亲英美和亲国民党的官员,只要他们脱离与英美帝国主义和国民党的关系,不进行破坏和反抗,一律继续任职,不究既往;中国人民解放军进入西藏,巩固国防。——第 162 页。

**133** 指一九四七年五月一日根据中国共产党的民族平等和民族区域自治的政策成立内蒙古自治区的经验。——第 165 页。

**134** 一九四二年四月陕甘宁边区政府在定边县的四、五两区和城关镇的两个自然村曾建立回民自治区。同年九月在曲子县三岔镇曾建立过回民自治区。这里是指这些地方的经验。——第 165 页。

**135** “波巴”,又译为“博巴”,在藏语里是藏族的意思。“波巴政府”即藏族政府。中国工农红军长征经过西康时,当地藏族人民曾建立“波巴政府”。——第 165 页。

**136** 一九〇六年(清光绪三十二年)赵尔丰任川滇边务大臣后,废土司制,设县治理。辛亥革命后,康东地区部分土司复辟,虽保留县制,但形同虚设。一九三九年正式建立西康省,实行设县治理。——第 165 页。

**137** 东藏民主青年同盟 是中国共产党康藏边工委(“巴唐地下党”)领导的进步青年组织。建立于一九四九年十一月。在中国人民解放军解放该地区的过程中,它做了许多有益的工作。一九五〇年四月,东藏民主青年同盟盟员转为中国新民主主义青年团团员。——第 166 页。

**138** 中华人民共和国建立后,为了保障少数民族在地方政权中的平等权利,依据中国人民政治协商会议共同纲领关于民族政策的基本精神,在一些民族杂居地区曾建立民族民主联合政府。一九五五年十二月二十九日周恩来总理签发《国务院关于改变地方民族民主联合政府的指示》,将民族民主联合政府的县和乡改建为自治县、民族乡或一般的县和乡;将民族民主联合政府的专区和区改建为自治州和自治县或专员公署、区公所。——第 166 页。

**139** 这里的中央民族访问团 指中央人民政府于一九五〇年七月至一九五一年三月向西南少数民族地区派出的中央民族访问团。——第 170 页。

140 段君毅，一九一〇年生，山东范县（今属河南）人。当时任西南军政委员会工业部部长。蔡树藩（一九〇五——一九五八），湖北汉阳人。当时任西南军政委员会劳动部部长、全国总工会西南办事处主任。张霖之（一九〇八——一九六七），河北南宫人。当时任中共重庆市委书记、全国总工会西南办事处副主任。于江震（一九一二——一九六七），四川西充人。当时任中共中央西南局组织部副部长。——第172页。

141 党的二中全会 指一九四九年三月五日至十三日在河北省建屏县（一九五八年并入平山县）西柏坡村举行的中国共产党第七届中央委员会第二次全体会议。毛泽东向全会作了报告。会议讨论了彻底摧毁国民党统治，夺取全国胜利，把党的工作重心从乡村转到城市，以生产建设为中心任务的问题；分析了中国经济各种成分的状况和党所必须采取的正确政策；规定了党在全国胜利后，使中国由农业国转变为工业国、由新民主主义社会发展到社会主义社会的总任务和主要途径。——第172页。

142 退押 即退还押租。押租是旧时在土地、房屋或其他财物的租佃时租用者所支付的一种保证金。按租佃惯例，押租在解除租佃关系时应归还给租用者，但是地主阶级依仗权势，往往以种种借口不肯退还押租。中华人民共和国成立初期，在减租减息和土地改革中，农民纷纷要求地主退押，中国共产党和人民政府规定地主应将过去所收押租退还给农民。但在实行中可根据具体情况，采取全退、分期退、缓退、少退或者不退等办法。——第172、186、189页。

143 见毛泽东《在中国共产党第七届中央委员会第二次全体会议上的报告》（《毛泽东选集》第4卷，人民出版社1991年版，第1427页）。——第173页。

144 见毛泽东《在中国共产党第七届中央委员会第二次全体会议上的报告》（《毛泽东选集》第4卷，人民出版社1991年版，第1427—1428页）。——第174页。

145 见毛泽东《在中国共产党第七届中央委员会第二次全体会议上的报告》（《毛泽东选集》第4卷，人民出版社1991年版，第1428页）。——第174页。

146 见毛泽东《在中国共产党第七届中央委员会第二次全体会议上的报告》(《毛泽东选集》第4卷,人民出版社1991年版,第1428页)。——第175页。

147 这里的镇压反革命 指一九五〇年至一九五三年在全国开展的镇压反革命运动。中华人民共和国成立初期,全国各地残存着大量的土匪、恶霸、特务、反动党团骨干和反动会道门头子等反革命分子。他们进行各种破坏活动,危害人民的革命和建设事业。为了迅速建立和巩固革命秩序,根据中共中央《关于镇压反革命活动的指示》和中央人民政府公布的《中华人民共和国惩治反革命条例》,全国开展了镇压反革命运动。这次运动沉重打击了反革命残余势力,巩固了人民民主专政。——第182、189、288、295页。

148 一九五一年二月,中共中央向党内发出《关于进一步加强统一战线工作的指示》。"指示"分析了当时人民民主统一战线空前扩大、发展和深入的形势,号召全党利用一切有利条件,更加发展人民民主统一战线。同时提出了一九五一年统战工作的主要任务,批评了部分党员干部对统一战线工作采取的不够积极的态度。——第184页。

149 "双十二"事变 指发生在一九三六年十二月十二日的西安事变。在日本帝国主义加紧侵略中国,要把中国变为它的殖民地的危急形势下,以张学良将军为首的国民党东北军和以杨虎城将军为首的国民党第十七路军,在中国共产党的抗日民族统一战线政策和全国人民抗日运动的影响和推动下,要求蒋介石停止内战,一致抗日。蒋介石拒绝了这个要求,并亲自赶到西安积极部署"剿共"。一九三六年十二月十二日,张、杨联合行动,在西安附近的临潼扣押了蒋介石,这就是著名的西安事变。事变发生后,国民党内以何应钦为首的亲日派准备乘机发动大规模内战,牺牲蒋介石以便取而代之。中国共产党坚持和平解决西安事变的方针,并经过中共代表周恩来以及博古(秦邦宪)、叶剑英等的艰苦工作,终于同张学良、杨虎城等一道使西安事变和平解决,促进了抗日民族统一战线的形成。——第185页。

150 一九五〇年六月二十五日朝鲜内战爆发后,美帝国主义随即出兵侵入朝鲜,同时派军队侵略我国领土台湾。九月十五日,又打着联合国军的旗号,派兵在朝鲜西海岸仁川登陆,然后越过朝鲜南北两方原来的临时分界线"三八线"大举北犯,并且轰炸、扫射中国东北边境城市和村庄,严重威胁中国的安全。为了援助朝鲜人民抗美救国战争，保卫刚刚诞生的新中国，中国人民响应毛泽东主席发出的抗美援朝、保家卫国的号召，组织以彭德怀为司令员兼政治委员的中国人民志愿军，开赴朝鲜前线，同朝鲜人民军并肩作战，抗击美国侵略军。十一月四日，中国各民主党派发表联合宣言，坚决支持志愿军的正义行动。全国人民以增产节约、报名参加志愿军、捐献武器等各种方式全力支持朝鲜前线的作战。在中朝人民军队的沉重打击下，美帝国主义连遭失败，被迫于一九五三年七月二十七日在朝鲜停战协定上签字。至此，朝鲜停战实现，中国人民的抗美援朝战争胜利结束。——第185、189、195页。

151 《各民主党派联合宣言》是中国共产党、中国国民党革命委员会、中国民主同盟、民主建国会、中国人民政协无党派民主人士、中国民主促进会、中国农工民主党、中国致公党、九三学社、台湾民主自治同盟、中国新民主主义青年团于一九五〇年十一月四日联合发表的关于抗美援朝保家卫国的宣言。"宣言"谴责美帝国主义发动侵朝战争，揭露美帝国主义企图侵略中国的阴谋。呼吁世界上爱好和平的人民用积极行动抵抗美帝国主义的侵略暴行。重申和平解决朝鲜问题和帝国主义侵略者从朝鲜撤军的主张。郑重声明：中国各民主党派誓以全力拥护全国人民在志愿基础上为着抗美援朝保家卫国的神圣任务而奋斗。——第185页。

152 三大因素 指中国共产党在领导新民主主义革命过程中，正确解决的三个基本问题，即统一战线、武装斗争和党的建设。通常被称为三大法宝。——第186页。

153 周兴（一九〇五——一九七五），江西永丰人。当时任最高人民检察署西南分署检察长、西南军政委员会公安部部长。——第191页。

154 财委即政务院财政经济委员会。它负责指导财政部、贸易部、重工业部、燃料工业部、纺织工业部、食品工业部、轻工业部、铁道部、邮电部、交通部、农业部、林垦部、水利部、劳动部、人民银行和海关总署的工作。这里的四办、三办、二办、一办，是它下设的办事机构，即第一、第二、第三、第四四个办公厅的简称。——第194页。

155 大区 指当时在全国划分的华北、东北、西北、华东、中南、西南六大行政区。

各大区设有中共中央的代表机关中央局。一九四九年十月中央人民政府成立后，除华北外，其他五个大行政区都设有大区一级行政机构，东北称人民政府，西北、华东、中南、西南称军政委员会。一九五二年十一月，中央人民政府决定各大区行政机构一律改为行政委员会，作为中央人民政府的派出机关，不再是一级地方政府。华北也成立行政委员会。一九五四年四月，中共中央政治局扩大会议决定撤销大区一级党政机构。——第194页。

**156** 经中共中央批准的一九五三年十二月制发的《关于党在过渡时期总路线的学习和宣传提纲》，向全党公布了党在过渡时期的总路线，这就是："从中华人民共和国成立，到社会主义改造基本完成，这是一个过渡时期。党在这个过渡时期的总路线和总任务，是要在一个相当长的时期内，逐步实现国家的社会主义工业化，并逐步实现国家对农业、手工业和资本主义工商业的社会主义改造。这条总路线是照耀我们各项工作的灯塔，各项工作离开它，就要犯右倾或'左'倾的错误。"——第197、199、201页。

**157** 三中全会 指一九五〇年六月六日至九日在北京召开的中国共产党第七届中央委员会第三次全体会议。——第201页。

**158** 《关于增强党的团结的决议(草案)》是根据毛泽东的建议起草的，一九五四年二月十日在中共七届四中全会上通过。"决议"对党的内部情况作了全面的分析，指出党内一部分干部甚至某些高级干部对于团结的重要性认识不足，滋长着一种极端危险的骄傲情绪和夸大个人作用的倾向。"决议"强调加强党的团结的重要性，指出党的团结，工人阶级的团结，劳动人民的团结，全国人民的团结，是革命胜利的基本保证。"决议"认为党的中央委员会和省(市)委员会以上负责同志，以及武装部队的高级负责同志的团结是全党团结的关键，并为此作出了党的高级干部应遵守的六条规定。"决议"强调充分发扬民主，广泛发展批评与自我批评，以加强全党在马克思列宁主义基础上的团结。——第201页。

**159** 一九四九年四月十日至五月七日，刘少奇到天津巡视，其间作了多次讲话，详细阐述了中国共产党的"四面八方"政策，强调要处理好公私关系、劳资关系、内外(贸易)关系、城乡关系，组织好工人阶级队伍，转变农村工作方式，以促进国民经济的恢复和发展。这些讲话批评了当时对待民族资产阶级的某些"左"倾情绪，指出在当时中国的具体条件下私人资本主义存在和发展的意义。——第205页。

160 从一九四八年起，华北、东北的中共党组织陆续提出关于党员发展成为富农者如何处理的问题。刘少奇认为当时提出这个问题为时过早，主张暂缓解决，以利于尽快恢复和发展农业生产。——第206页。

161 关于工人阶级是中国新民主主义革命和社会主义革命的领导阶级，在中国共产党的文件中历来是明确的。半工人阶级也是领导阶级的提法，只在建国前后的个别文件中出现过。一九四八年二月毛泽东在修改《中共中央关于土地改革中各社会阶级的划分及其待遇的规定》时曾使用过这一提法，说"无产阶级和半无产阶级(贫农)为人民民主革命和新民主国家政权的领导阶级，而无产阶级则是主要的领导阶级。"刘少奇一九五一年三月二十八日在中共第一次全国组织工作会议的报告中关于党员条件部分，曾讲到"以前的革命是城市工人阶级和乡村里面的半工人阶级通过共产党，在共产党领导之下，把蒋介石打倒了，把土地改革完成了"。同年五月五日正式印发的刘少奇《在中国共产党第一次全国组织工作会议上的报告》，删去了讲党员条件的部分，这段话也就随之删去了。根据刘少奇这个报告起草的《关于整顿党的基层组织的决议》中，保留了"中国革命在过去是城市工人阶级和乡村半工人阶级领导的"提法。一九五一年七月《中共中央关于工人阶级与半工人阶级的领导作用问题的解释》中，将这句话改为"中国革命在过去是城市和乡村的工人阶级与半工人阶级领导的"。后中共河北省委党校阴一刚、罗云路致书党中央和毛泽东，不同意半工人阶级也是领导阶级的提法。毛泽东与刘少奇、安子文经过商讨，同意改正这一提法。一九五一年十二月，中共中央正式发出《关于中国革命领导阶级问题的修正指示》指出："关于中国革命的领导问题，无论过去或今后，均应只提是工人阶级(通过其先锋队中国共产党)领导的，不应再把半工人阶级包括在内。"——第206页。

162 这里的**文委**是政务院文化教育委员会的简称。——第210页。

163 **郭老**指郭沫若(一八九二——一九七八)，四川乐山人。当时任政务院副总理、文化教育委员会主任、中国科学院院长等职。——第211页。

164 见毛泽东《论联合政府》(《毛泽东选集》第3卷，人民出版社1991年版，第

1094 页）。——第 215 页。

**165** 见毛泽东《关于领导方法的若干问题》（《毛泽东选集》第 3 卷，人民出版社 1991 年版，第 899 页）。——第 217 页。

**166** 农业生产合作社 是当时我国劳动农民在中国共产党领导下自愿联合组成的集体经济组织。按照集体化程度的不同，分为初级农业生产合作社和高级农业生产合作社。初级农业生产合作社实行土地入股、统一经营；收益按土地和劳力比例分配；牲畜、农具等生产资料入股，也取得合理的代价。高级农业生产合作社，土地取消了报酬，归集体所有，牲畜、农具等生产资料作价入社，完全实行按劳分配的原则。——第 220 页。

**167** 肃反运动 指一九五五年七月至一九五七年底在全国范围内开展的肃清暗藏的反革命分子的运动。——第 220 页。

**168** 党的七届四中全会 指一九五四年二月六日至十日在北京召开的中国共产党第七届中央委员会第四次全体会议。刘少奇在会上作了《中共中央政治局向第七届第四次中央全会的报告》，朱德、周恩来、陈云、邓小平在会上作了发言。会议肯定了七届三中全会以来各项工作中的成绩，批准了中央政治局提出的党在过渡时期的总路线和关于召开全国代表会议的决定，讨论了第一个五年计划纲要及有关问题。会议揭发批判了高岗、饶漱石阴谋分裂党、篡夺党和国家最高权力的活动，通过了根据毛泽东的意见起草的《关于增强党的团结的决议》，维护和加强了党的团结和统一。——第 227 页。

**169** 见毛泽东《关于健全党委制》（《毛泽东选集》第 4 卷，人民出版社 1991 年版，第 1340—1341 页）。——第 230 页。

**170** 关于在企业中实行党委集体领导下的厂长负责制或经理负责制问题，一九八〇年八月，中共中央讨论党和国家领导制度的改革问题时，邓小平提出要有准备有步骤地改变。一九八四年十月二十日中共十二届三中全会通过的《中共中央关于经济体制改革的决定》中规定，企业实行厂长（经理）负责制，企业中党的组织要积极支持厂长行使统一指挥生产经营活动的职权，保证和监督党和国家各项方针政策的贯彻执行，加强企业党的思想建设和组织建设，加强对企业工会、共青团组织的领导，做好职工思想政治工作。同时要求健全职工代表大会制度和各项民主管理制度，充分发挥工会组织和职工代表在审议企业重大决策、监督行政领导和维护职工合法权益等方面的权力和作用。——第 231 页。

171 见列宁《共产主义运动中的“左派”幼稚病》(《列宁全集》第 39 卷,人民出版社 1986 年版,第 21 页)。——第 234 页。

172 高岗原任中共中央政治局委员、中央人民政府副主席、中共中央东北局书记、东北行政委员会主席、国家计划委员会主席。饶漱石原任中共中央委员、中央人民政府委员、中共中央华东局第一书记、华东行政委员会主席、中共中央组织部部长。一九五三年,他们阴谋分裂党、篡夺党和国家最高权力。一九五四年二月,中共七届四中全会对他们进行了揭发和批判。一九五五年三月,中国共产党全国代表会议总结了这一重大斗争,通过决议开除他们的党籍。——第 237 页。

173 中国共产党第八次全国代表大会 于一九五六年九月十五日至二十七日在北京举行。这次大会分析了生产资料私有制的社会主义改造基本完成以后的形势,提出了全面开展社会主义建设的任务。毛泽东致开幕词,刘少奇作政治报告,周恩来作《关于发展国民经济的第二个五年计划的建议的报告》,邓小平作《关于修改党的章程的报告》;朱德、陈云、董必武等作了重要发言。大会通过了《关于政治报告的决议》、《中国共产党章程》和《关于发展国民经济的第二个五年计划(一九五八年到一九六二年)的建议》,并选举了新的中央委员会。八大制定了正确的路线,为社会主义事业的发展和党的建设指明了方向。——第 257、261、270、300、347 页。

174 一次右倾机会主义错误 指一九二七年以陈独秀为代表的右倾投降主义错误。三次“左”倾机会主义错误指一九二七年十一月至一九二八年四月以瞿秋白为代表的“左”倾盲动主义错误,一九三〇年六月至九月以李立三为代表的“左”倾冒险主义错误和一九三一年一月至一九三五年一月遵义会议前以王明为代表的“左”倾冒险主义错误。——第 263、342 页。

175 “骨头”和“肉” 是计划部门在分配基本建设投资时划分项目类别的一种形象化的说法。“骨头”一般指工业、交通建设项目。“肉”一般指配合生产和适应职工生活需要的各种设施,如科研、文教、卫生、商业服务网点、职工住宅和城市公用事业等。——第 266 页。

176 见毛泽东《论十大关系》、《关于正确处理人民内部矛盾的问题》(《毛泽东著作选读》下册,人民出版社 1986 年版,第 733、789 页)。——第 272 页。

177 见毛泽东《关于正确处理人民内部矛盾的问题》(《毛泽东著作选读》下册,人民出版社 1986 年版,第 783 页)。——第 272 页。

178 "大民主"、"小民主"是一种讽刺性的用语,毛泽东在一九五六年十一月中共八届二中全会的讲话中曾加以援引和解释。他批评了一种人主张大民主,说小民主不过瘾,要在中国实行西方式的资产阶级民主的错误观点。同时讲话中也用大民主来表示大规模的群众斗争或闹事。这里所说的"大民主",是指大规模的风潮和闹事。下面所说的"要有小民主",是指认真执行我国宪法所规定的民主制度,使人民自由发表意见的权利和其他民主权利受到应有的尊重和保障。——第 273 页。

179 指一九五六年十月至十一月发生在匈牙利的政治事件。——第 273 页。

180 指一九五六年六月在波兰的波兹南市发生的事件。——第 273 页。

181 见毛泽东《为建设一个伟大的社会主义国家而奋斗》(《毛泽东著作选读》下册,人民出版社 1986 年版,第 715 页)。——第 278 页。

182 指一九六〇年一月十二日中共中央对共青团中央书记处关于开展毛泽东著作学习运动的提法问题请示的批复。批复指出:在青年中组织毛泽东著作学习运动,用"学习马克思列宁主义、学习毛泽东著作"的提法较为妥当。不要把学习马克思列宁主义、学习毛泽东思想并列起来提,以避免人们把马克思列宁主义和毛泽东思想误解为是两回事。毛泽东思想本身就是马克思列宁主义,而且是马克思列宁主义的重大发展。——第 283 页。

183 胡耀邦(一九一五——一九八九),湖南浏阳人。当时任中国共产主义青年团中央第一书记。——第 285 页。

184 "共产风"是一九五八年"大跃进"、人民公社化运动中发生的错误。主要内容是:不承认生产队之间的差别,贫富队拉平,在公社范围内实行平均分配;公共积累过多,义务劳动过多;破坏等价交换原则,无偿调拨生产队和社员个人的某些财产。——第 285 页。

185 一九五七年八月,中共中央书记处在讨论中国妇女第三次全国代表大会的工作报告时，邓小平提出把“勤俭建国、勤俭持家，为建设社会主义而奋斗”作为妇女工作的长期方针。他的建议，得到中央书记处的一致同意和中央政治局的批准。——第294页。

**186** *三反* 指一九五一年底至一九五二年十月在国家机关、部队和国营企业等单位中开展的“反对贪污、反对浪费、反对官僚主义”的斗争。——第295页。

**187** *五反* 指一九五二年在全国资本主义工商业中开展的“反对行贿、反对偷税漏税、反对盗骗国家财产、反对偷工减料和反对盗窃经济情报”的斗争。——第295页。

**188** 指刘少奇代表中共中央向这次扩大的中央工作会议提出的书面报告。这个报告已收入《刘少奇选集》下卷。——第297页。

**189** 指毛泽东一九六二年一月三十日在这次扩大的中央工作会议上的讲话。这个讲话在一九七八年七月一日公开发表。一九八六年出版的《毛泽东著作选读》节选了讲话的第一、二、四、六点。——第297页。

**190** 一九三五年六月，长征中的红一方面军在四川懋功（今小金）地区与红四方面军会师。当时中共中央确定了北上建立川陕甘根据地的战略方针。在红四方面军工作的张国焘不承认在北方建立根据地的可能，主张南下，向四川西康边境地区退却，并干扰北上方针的实施。南下、北上两种方针，关系革命全局和红军命运，所以红军指战员十分关注。——第300页。

**191** 见毛泽东《一九五七年夏季的形势》（一九五七年七月）。——第306页。

**192** 见毛泽东《党委会的工作方法》（《毛泽东选集》第4卷，1991年版，第1442页）。——第311页。

**193** 在一九五八年“大跃进”运动中，中共中央政治局于八月召开扩大会议，决定一九五八年钢产量要比一九五七年翻一番。会后立即掀起了全国规模的全民大炼钢铁运动。与此同时，在交通、邮电、教育、文化、卫生等事业中，也都开展了“全民大办”运动。这种由大炼钢铁带起来的一系列“大办”把“大跃进”推向高潮，造成国民经济主要比例的严重失调，使社会主义经济遭到重大损失。——第312页。

**194** 即一九六一年六月十五日发出的《中共中央关于讨论和试行农村人民公社

工作条例修正草案的指示》。——第315页。

195 财经小组的报告 指中央财经小组一九六二年四月三十日上报中共中央的《关于讨论一九六二年调整计划的报告》。报告分析了当时国民经济的基本形势，如实地指明了经济上的严重困难，提出三项重要决策：(一)整个国民经济需要进行大幅度的调整；(二)财政经济状况的基本好转，要争取快，准备慢；(三)坚决缩短工业生产建设战线，继续精减职工和减少城镇人口，大力加强农业生产战线。报告还提出了实现这三项决策的具体措施。一九六二年五月召开的中央工作会议讨论了这个报告。五月二十六日中共中央批发全党贯彻执行。——第318页。

196 指一九六二年四月二十七日发出的《中共中央关于加速进行党员、干部甄别工作的通知》。"通知"指出："凡在拔白旗、反右倾、整风整社、民主革命补课运动中批判和处分完全错了和基本错了的党员、干部，应当采取简便的方法，认真地、迅速地加以甄别平反"。这次甄别平反，对于调动广大党员、干部的积极性，团结全党全民恢复和发展工农业生产，克服暂时困难起了积极作用。——第319页。

197 扩大的中央工作会议 即一九六二年一月十一日至二月七日中共中央在北京举行的扩大的工作会议。参加会议的有中央、各中央局、各省市自治区党委及地委、县委、重要厂矿企业党委和部队的负责干部共七千多人，所以又称七千人大会。会上刘少奇代表中共中央所作的报告，初步总结了一九五八年"大跃进"以来工作中的经验和教训，分析了几年来工作中的主要缺点错误，指出全党当前的主要任务是做好调整工作。毛泽东在会上作了重要讲话，着重阐述了民主集中制问题，要求在党内党外充分发扬民主；还提出要在总结正反两方面的经验的基础上，加深对社会主义建设规律的认识。对前几年工作中的缺点和错误，毛泽东承担了责任，作了自我批评。——第320、330页。

198 "五风" 指"大跃进"和人民公社化运动中发生的"共产风"、浮夸风、命令风、干部特殊风和对生产瞎指挥风。——第320页。

199 "五统一"是六十年代初在我国一些地区农村出现的生产管理的一种形式。主要内容是：生产资料集体所有，劳力、耕牛统一调配，生产统一计划安排，肥料统一使用，庄稼统一收打，统一分配，在这个前提下，实行主要农活集体操作，一般农活责任到人。——第 323 页。

**200** 一九六二年七月下旬至八月下旬中共中央在北戴河召开工作会议。会议期间，毛泽东对当时在某些地区农村出现的适合生产力发展水平的包产到户等形式的生产责任制，作了错误的批判。——第 323 页。

**201** 八届十中全会 指一九六二年九月二十四日至二十七日在北京召开的中国共产党第八届中央委员会第十次全体会议。全会指出全党面临的迫切任务是：贯彻执行以农业为基础，以工业为主导的发展国民经济的总方针，继续切实做好国民经济的调整、巩固、充实、提高工作。会议通过了《关于进一步巩固人民公社集体经济，发展农业生产的决定》、《农村人民公社工作条例(修正草案)》、《关于商业工作问题的决议》等文件。毛泽东在会上作了关于阶级、形势、矛盾和党内团结问题的讲话，把社会主义社会中一定范围内存在的阶级斗争扩大化和绝对化，发展了他在一九五七年反右派斗争以后提出的无产阶级同资产阶级的矛盾仍然是我国社会的主要矛盾的观点，进一步断言在整个社会主义历史阶段资产阶级都将存在和企图复辟。同时，他也指出不要因为提阶级斗争又干扰经济调整工作的进行。会上还错误地批判了所谓"黑暗风"(指对当时严重困难形势作充分估计的观点)、"单干风"(指包产到户)和"翻案风"(指为一九五八年以后历次运动中被错误批判和处分的党员、干部甄别平反和彭德怀给中共中央、毛泽东写申诉信)。——第 333 页。

**202** 指一九六一年九月十五日中共中央发出的《关于轮训干部的决定》。"决定"指出："当前一件最重要的事，就是在全党开展一个新的学习运动"。为此，中央决定对全党各级各方面的领导干部，采取短期训练班的方式普遍地进行一次集训。其目的是帮助干部进一步认识和掌握社会主义建设的客观规律，克服某些片面性的认识和在实际工作中的错误，自觉掌握马克思列宁主义作风，克服脱离实际、脱离群众，违反政策、违反纪律的错误。——第 333 页。

**203** 见毛泽东《论联合政府》(《毛泽东选集》第 3 卷，人民出版社 1991 年版，第 1096 页)。——第 333 页。

204　这里指一九五八年中国共产党第八次全国代表大会第二次会议根据毛泽东倡议通过的“鼓足干劲、力争上游、多快好省地建设社会主义”的总路线。——第334页。

205　我国在第一个五年计划期间和第二个五年计划初期，曾经以重(工业)、轻(工业)、农(业)为序安排国民经济计划。一九五九年的庐山会议前期，毛泽东指出：“过去安排是重、轻、农，重、轻、农的关系要反一下，现在是否提农、轻、重”，并说：“农、轻、重问题，把重放到第三位”，“重工业要为轻、农服务”。——第335页。

206　托拉斯是英文Trust的音译。它是资本主义垄断组织的高级形式。它由许多生产同类商品和与产品经营有密切关系的企业合并组成。在社会主义国家，托拉斯是社会主义企业的组织形式之一。我国在一九六三年至一九六四年，中央工业交通部门先后试办了烟草、盐业、医药、橡胶、铝业、汽车、纺织机械、地质机械仪器等十二个托拉斯企业。——第336页。

207　这里指一九六〇年根据中共中央决定建立的东北、华北、西北、中南、西南、华东六个中央局。——第336页。

208　六届四中全会　指一九三一年一月七日在上海召开的中国共产党第六届中央委员会第四次全体会议。王明等人在共产国际及其代表米夫的支持下，通过这次会议取得了在中共中央的领导地位，开始了长达四年之久的“左”倾冒险主义在党内的统治。——第338页。

209　王明　即陈绍禹(一九〇四——一九七四)，安徽六安金家寨(今属金寨县)人。一九二五年加入中国共产党。自一九三一年一月中共六届四中全会起，任中共中央委员、政治局委员。此后至一九三五年一月遵义会议前，是党内“左”倾冒险主义错误的主要代表。一九三一年十一月到苏联担任中共驻共产国际代表。一九三七年十一月回国后，参加中共中央政治局十二月会议，会后任中共中央长江局书记，在此期间，犯有右倾投降主义错误。他长期拒绝党的批评和帮助。一九五六年后一直滞留苏联。一九七四年去世。——第338页。

210　博古　即秦邦宪(一九〇七——一九四六)，江苏无锡人。一九三一年九月至一九三五年一月，曾是中共临时中央主要负责人、中共中央政治局委员。在这期间，积极推行王明“左”倾冒险主义路线。遵义会议后，被撤销了党和红军的最高领导权。抗日战争初期，在中共中央长江局、南方局工作。一九四一年以后，在延安创办和主持《解放日报》和新华通讯社。一九四五年在中共第七次全国代表大会上，对自己过去的错误作了自我批评，继续当选为中央委员。一九四六年四月因飞机失事遇难。——第338页。

**211** 一九三七年十二月，刚从苏联回国的王明在中共中央政治局会议上作了《如何继续全国抗战和争取抗战胜利呢？》的报告，提出了许多右倾投降主义的主张。随后在任中共中央长江局书记期间，又发表了一些包括错误意见的宣言、决议和文章。他相信国民党超过相信共产党，不敢放手发动群众斗争，不敢放手发展人民军队，不敢在日本占领地区扩大解放区，主张“一切经过统一战线”，将抗日战争的领导权送给国民党。由于毛泽东为代表的正确路线已经在全党占统治地位，王明的这些错误只在局部地区一度产生过影响。一九三八年九月至十一月中共中央召开的扩大的六届六中全会，批评了王明的右倾投降主义错误，确定了全党独立自主地领导抗日武装斗争的方针和政策。——第344页。

**212** **中国共产党第六次全国代表大会** 于一九二八年六月十八日至七月十一日在莫斯科召开。会上，瞿秋白作《中国革命与共产党》的报告，周恩来作组织问题和军事问题的报告，刘伯承作军事问题的补充报告。会议通过政治、军事、组织等问题的决议案，肯定中国社会是半殖民地半封建社会，当时中国革命依然是资产阶级民主革命，指出当时的政治形势是在两个革命高潮之间和革命发展的不平衡，党在当时的总任务不是进攻，不是组织起义，而是争取群众。会议在批判右倾机会主义的同时，特别指出当时党内最主要的危险倾向是脱离群众的盲动主义、军事冒险主义和命令主义。这次大会的主要方面是正确的，但也有缺点和错误。它对于中间阶级的两面性和反动势力的内部矛盾缺乏正确的估计和适当的政策；对于大革命失败后党所需要的策略上的有秩序的退却，对于农村根据地的重要性和民主革命的长期性，缺乏必要的认识。——第345页。